제2판

교회와 법

전 용 득 저

청목출판사

머리말

현대국가는 법치주의를 기본원리로 하고 있으며, 시민의 사회생활은 법에 의하여 그 질서가 유지되고 있다. 법을 모른다는 것은 사회의 운영 원리를 이해하지 못한다는 것이며 또한 생활경쟁에서 뒤지게 될 뿐 아니라 뜻하지 않은 불이익을 당하게 될 수 있다. 그러므로 현대 사회에서 기본적인 법에 대한 상식은 사회생활을 위한 필수적인 교양이다. 법에 대한 이러한 관점에 대하여는 교회도 마찬가지이다. 이 세상에 있는 지상교회이기 때문이다.

우리는 지금 급변하는 21세기 지식정보화 시대를 살고 있다. 그리고 우리가 살고 있는 이 세상의 환경이 너무나 많이 변하고 있다. 별률 환경의 변화도 마찬가지이다. 그런데 이 법은 이론으로서가 아니라 우리 주변의 현실 사회에서 발생하는 구체적인 문제를 해결하기 위한 수단과 방법으로 접근할 때에 그 의미가 있다.

이 세상 속에 존재하는 교회와 교인 간에도 다툼이나 분쟁이 있을 수 있고, 그 분쟁을 교회 내에서 해결하지 못하여 국가 법정으로 비화되는 일들을 종종 보게 된다. 문제는 교회분쟁이나 교인들 간의 사건은 한번 발생했다 하면 잘 해결되지 않는 속성을 가지고 있다. 그것은 다 각자가 옳다는 확신범적(確信犯的) 사고(思考)의 결과가 아닌가 한다.

필자는 오랜 기간 법률과 관계된 일을 하면서 많은 목회자와 교인들로부터 여러 가지 상담을 요청받은 일들이 있었다.

그것은 금전에 관한 민사문제부터 교통사고, 여러 가지 형사 문제, 교회건축과 관련된 법적 문제와 신앙생활과 관련된 문제 등이었다. 심지어는 교회분쟁의 사건을 직접 수사하면서 많은 것을 느끼기도 하였다. 제일 크게 느낀 점은 목회자를 비롯한 교회 관계자들의 법에 대한 상식이 너무 부족하다는 사실이었다. 물론 대형교회에서는 교인들 중에 법률전문가가 있는 교회도 있겠지만, 그렇지 못한 교회나 특히 중소도시 또는 지방에 소재한 교회에서는 도움을 받을 만한 곳이 마땅히 없다는 점이 문제가 된다.

그래서 법학 전공자가 아니라도 쉽게 이해할 수 있는 해설서의 필요성을 느끼게 되어 그동안 상담하였던 내용들과 실제 있었던 사건들의 판례를 중심으로 하여 교회생활과 일상생활에 필요한 문제들을 선정하여 이 책을 엮어 보았다.

이 책을 통하여 교인들의 교회생활과 시민으로서의 법에 대한 이해를 증진시키고 법적 문제 해결능력을 기르는 데 조금이라도 기여할 수 있었으면 하는 바람이다.

끝으로 이 책의 발간을 위하여 성원해 준 가족과, 자료수집과 원고정리 등에 많은 도움을 준 박태현 님, 김종일 님, 주종진 님께 감사를 드리며, 그리고 청목출판사 유성열 사장님과 관계자에게 감사를 드린다.

이 책이 목회생활과 신앙생활에 조그마한 도움이라도 될 수 있다면 큰 보람을 느끼게 될 것이다.

2013. 2.

전 용 득

차 례

제1장

법의 일반이론

1. 법의 개념

1) 법이란 무엇인가

법은 사회의 질서를 유지하기 위하여 인간이 해야 할 것과 하지 말아야 할 것을 정해 놓은 규범이다. 또한 법은 사람들의 공동선(共同善)이라고 믿는 가치로서, 법이 없다면 사회는 만인의 만인에 대한 투쟁의 상태에 놓이게 될 것이므로, 법은 평화의 질서이며 분쟁의 해결 수단이다. 법의 강제는 다른 사회규범인 도덕, 관습, 종교 등과 차이가 있다. 그래서 예링(Rudolf von Jhering)은 "강제력이 없는 법은 타지 않는 불꽃과 같다"라고 하였다.

그러므로 법이란 '사람의 사회생활에 있어서 행위의 준칙으로서, 국가에 의하여 강제되는 사회규범'이라고 정의할 수 있다.

법의 개념 요소를 구체적으로 살펴보면 다음과 같다.

(1) 법은 사회규범이다.

법은 규범이다. 규범이란 사회적 목적을 달성하기 위하여 사회구성원들이 준수해야 할 준칙 내지 법칙을 의미하며, 인류의 공동생활에 있어서는 이 법칙에 의해 사회가 유지되고 보전된다. 이것을 규범법칙 또는 당위법칙이라고 한다. 규범법칙은 자연법칙과 구별된다.

(2) 법은 강제규범이다.

대부분의 경우 사람들은 법이나 관습의 내용이 타당한 것이라는 인식하에 규범을 준수한다. 그러나 의식적으로나 무의식적으로나 규범을 준수하지 아니하는 경우도 발생하게 된다. 이런 경우 규범을 준수하지 않는 자에게 제재를 가하게 된다. 그러므로 법은 도덕이나 관습, 종교와 구별된다.

(3) 법은 문화규범이다.

법은 정의를 지향하지만 정의 자체는 아니다. 현실의 법에는 정의롭지 못하는 법도 있기 때문이다. 그러나 악법도 법인 것은 정의 그 자체는 아니지만 정의를 향하여 노력하여야 한다는 점에서 법은 정의라는 법이념을 향한 하나의 문화개념으로서 문화규범이라고 할 수 있다.

(4) 법의 자의(字意)

법이란 한자의 옛글자는 물을 뜻하는 '水'와 지나간다는 '去'가 합쳐진 문자로서, 즉 법여거수(法如去水)라는 뜻으로 법은 물이 흐르듯이 순리와 상식에 따라 사회를 다스리는 질서를 나타냈다고 한다.

그리스어에서는 법을 노모스(nomos)라고 부르는데 이는 나누어 준다(nomo)는 어원에서 유래되었다. 라틴어의 lex는 국가가 구체적으로 제정한 실정법규를 뜻하고, 라틴어의 jus는 추상적 의미의 법 일반을 지칭하며, 독일어의 recht, 불어의 droit는 옳은 것 즉 정의를 뜻한다. 영어의 law의 어원은 '정하여진 것' 즉 명령・강제를 의미하고 있다. 이와 같이 법이라는 말은 동서고금을 막론하고 정의와 강제의 뜻을 가지고 있는 사회규범이다.

2) 법의 이념

(1) 법은 만인에게 필요한 것

법은 강자가 약자를 지배하기 위한 수단이라면, 법은 강한 자의 도구라는 것 외에는 이무런 의미가 없다. 물론 법은 힘을 동반한 규범이지만 힘이 곧 정의는 아니다. 강자가 정의요, 약자는 부정의라면 이 세상은 불법의 천지가 되고 말 것이다. 오히려 반대로 법은 강자의 힘을 누르고 약자도 함께 살 수 있게 하기 위한 약속이다.

(2) 법은 물의 속성을 가져야 한다

물은 청명하다. 물은 투명하고 맑아서 누구나 안을 들여다 볼 수 있다. 청명함을 뜻하는 영어 단어 중에 'fairness'가 있는데, 이것이 '공명정대', 공평'을 뜻하기도 한다. 법은 공명정대하여야 한다. "정의를 물같이, 공의를 마르지 않는 강같이 흐르게 할지어다"라는 구약 성경 아모스의 선포는 정의와 공의가 청명하게 흐르는 물과 같이 펼쳐지기를 바라시는 하나님의 바람이다.

물은 위에서 아래로 흐른다. 이것은 하늘로부터 주어진 순리와 이치를 따른다는 의미이다. 이러한 이치를 인위적으로 바꾸려고 할 때 법의 진정한 목적은 굽혀져서 나타나기 시작하게 된다. 법의 참된 목적을 위해서는 물과 같이 위에서 아래로 흘러야 한다. 순리를 순리대로 집행하는 것이 곧 정의와 공의이기 때문이다. 법은 물처럼 순리대로 집행하는 것이 중요하다.

법은 물처럼 누구에게든지 차별 없이 흘러가야 한다. 정의와 공의는 말 그대로 공평함과 공정함이다.

불이 뜨거운 열정에 비유될 수 있다면 물은 냉정함에 비유될 수 있다. 냉정함은 침착한 판단을 유도한다. 이성에 기초한 침착한 판단력이 없으면 개인의 감정이나 사사로운 이익으로 인해 공정한 재판이 될 수 없다. 법은 늘 물처럼 차가운 이성을 견지해야 한다.

물은 정결과 정화의 기능을 가지고 있다. 물이 정화 기능을 제대로 수행하기 이해서는 어느 한곳에 고여서는 안 된다. 물은 흘러야 한다. 아모스는 정의를 물같이 "흐르게 할지어다"라고 하였다. 물은 흘러야 하되 끊이지 않고 영원히 흘러야 한다. 이것은 정의가 한순간에 그치는 것이 아니라 계속하여 끊임이 없어야 한다는 영속성과 지속성의 의미를 내포한다. 그럴 때 비로소 물은 물로서의 기능을 제대로 발휘할 수 있으며, 법 역시 세상을 깨끗하게 만들 수 있다.[1)]

---

1) 고득륜, 『사람의 법 하나님의 법』, 홍성사, 2008. pp. 44-56. 참조

2. 법과 생활

1) 법의 필요성

그리스의 철학자 아리스토텔레스(Aristoteles)는 "인간은 사회적 동물"이라 했다.

독일의 법학자 기르케(Otto v. Gierke)는 "사람이 사람다운 까닭은 사람과 사람과의 결합에 있다"고 하였으며, 독일의 철학자 하이데거(Martin Heidegger)는 "인간의 존재는 타인과의 공존(共存)에 있다"고 하였다.

중국의 고대사상가인 순자(荀子)는 "사람은 힘에 있어서는 소를 당할 수 없고 뛰는데 있어서는 말을 당할 수 없지만, 소나 말이 사람에게 이용당하는 까닭은 군집생활(群集生活), 즉 사회생활에 있다"고 하였다.

이는 모두 인간과 사회와의 관계를 불가분(不可分)의 것으로 본 것이다. 인간은 사회적 공동생활을 영위하는 사회적 조직체의 일원이고 인간의 생존 그 자체가 곧 공동생활을 의미한다.

오늘날 인간의 일상생활은 다른 사람과 더불어 살아가는 관계의 연속이다. 인간이 생활을 유지하기 위하여는 재화를 획득하여 이용하거나 소비하지 않으면 안된다.

여기에 무한한 욕망을 가진 인간은 유한한 재화의 획득이나 이용에 있어서 여러 가지 분쟁을 일으키게 된다. 인간은 이기주의적인 경향이 강하여 각자의 목적을 달성하려고 하다 보니 이해관계가 충돌하게 된다.

만일 법이 없다면, 사람들은 저마다 자신의 이익만을 주장하게 되고 서로의 의견이 조정되지 않아 사회가 큰 혼란에 빠질 수밖에 없다. 또, 법의 내용이 자신의 가치관이나 취향에 맞지 않는다는 이유로 법을 지키지 않는다면, 사회의 질서는 유지될 수 없을 것이다.

그래서 인간의 사회생활에는 일정한 규율이 필요하게 된다. 이는 원시사회든 현대사회든 마찬가지이다. 사회생활에 필요한 규율에는 전통, 종교, 윤리, 도덕, 관습 등이 있다. 이 중에서 가장 강력한 것이 법인데, 만일 이 법이 없다면 현대사회는 유지될 수가 없게 될 것이다. 법은 결국 인간이 살고 있는 사회의 질서유지와 통치를 위한 것이라 할 것이다.

그 이유는 전통, 종교, 윤리, 도덕, 관습 등의 규범 위반자가 있더라도 비난, 축출, 파문과 같은 제재밖에는 가할 수 없다. 이와 같은 규범들은 강행성이 없으나 법은 강행성이 있다. 그러므로 법은 위반자에 대하여 형벌이나 권리의 박탈, 의무의 부과를 통하여 강력하게 제재할 수 있는 힘이 있다. 그래서 법은 국가권력에 의하여 그 준수가 강제된다는 점에서 가장 강력한 사회생활의 준칙인 것이다. 따라서 법이란 사회공동생활에 있어서 행위의 준칙으로서 국가에 의하여 강행되는 사회규범으로 사회생활에 있어서는 꼭 필요한 존재이다.

2) 법지식의 필요성

최근의 우리 사회는 급격한 변화 속에서 개인의 이해관계가 복잡하게 얽혀 있는 다원화 사회가 되었다. 그러나 이해관계로 인한 개인 간의 갈등과 반복이 계속 존재하지만 이 속에서 조화를 이루면서 살아가야만 한다.

사회생활이 복잡하면 복잡할수록 이에 대한 규율이 필요하게 되어 법의 지배가 점차 넓어질 수밖에 없다.

이러한 사회 속에서 개인의 권리를 바르게 행사하고 의무를 이행하기 위하여는 기본적인 법률지식을 가지고 있어야 한다. 법률지식이 갖추어지지 않으면 법적제도에 의하여 본의 아니게 어려움을 당할 수 있다. 예를 들면 법적 규제, 법 개정, 시효 등에 의하여 분쟁에 휘말리거나 불이익을 당할 경우가 생길 수 있기 때문이다.

사회생활에 있어서는 아는 것은 힘이고, 모르는 것은 무능으로 통하게 된다. 법이 인간행위의 기준이 되는 오늘날에 있어서는 법은 특정인의 이익을 위하여 존재하는 것이 아니라 모든 사람의 권익을 보호하기 위한 제도로 존재한다. 그러므로 법 앞에 만인은 평등하며 모든 사람은 법의 보호를 받게 된다.

현대사회생활에 있어서는 법에 대한 인식은 생활의 필수적 요건이며, 사회생활을 위한 하나의 교양이다. 법은 법 위에서 잠자는 자를 보호하지 않으며, 법의 무지는 용서받지 못하므로 법을 알지 못하였다는 이유로 법적인 책임이 면제되지 않는다.

또한 모든 거래에 있어서는 법의 무지로 인하여 불이익을 당할 수 있다는 사실을 명심하여야 한다.

3. 법의 존재형식

1) 성문법(成文法)

성문법이란 문서의 형식을 갖추고 일정한 절차와 형식에 따라서 권한 있는 기관이 제정·공포한 법을 말하며 제정법(制定法)이라고도 한다. 오늘날 문명국가는 원칙적으로 성문법을 기본으로 하고 있다. 성문법에는 헌법, 법률, 명령, 자치법규, 조약 등이 있다.

(1) 헌법

헌법이란 국가의 기본법으로서 국가의 조직과 통치에 관한 최고 성문법규를 말한다. 헌법은 국가의 최상위의 규범이므로 국가의 법 제정권은 헌법에 의해 규제되며, 헌법에 저촉되는 법률이나 명령은 효력이 없으며, 또한 국가기관의 행위가 헌법에 위반되면 무효가 된다. 우리나라 헌법은 1948. 7. 12. 제헌국회에 의하여 제정되고 그해 7. 17에 공포된 성문법이다. 그 후 9회의 개정이 있었다.

(2) 법률

법률이란 국회의 의결을 거쳐서 대통령이 공포한 법을 말하고 보통 말하는 법은 법률을 의미한다. 법률은 헌법의 하위법이며 헌법에 위반된 때에는 무효이다. 법률의 하위법에는 명령·규칙·자치법규 등이 있다.

(3) 명령

명령은 국회의 의결을 거치지 않고 대통령 이하의 행정기관이 법률을 실시하기 위하여 제정하는 규칙으로 대통령령 · 총리령 · 부령 등이 있다. 법률 또는 명령을 집행하기 위한 법규명령이 부령으로 제정되는 경우에는 대통령령인 시행령과 구별하기 위하여 시행규칙이라는 명칭을 붙이고 있다.

(4) 자치법규

자치법규는 헌법 제117조에 의하여 지방자치단체(특별시 · 직할시 · 도 · 시 · 군)가 법령의 범위 안에서 제정하는 법규이다. 지방의회가 제정하는 조례와 지방자체단체의 자치법이 법규로서의 효력을 가진다.

(5) 조약

조약은 국제법상의 주체인 국가 간의 합의 문서를 말한다. 조약은 국가대표기관에 의하여 체결되고 국회의 동의와 대통령의 비준 및 공포로 성립되므로 그 효력은 국내법과 동일한 효력이 있다.

2) 불문법(不文法)

불문법이란 성문법 이외의 법 즉 성문법과 같이 일정한 절차와 형식에 의하여 제정 · 공포되지 아니한 법을 말한다.

불문법으로는 관습법 · 판례법 · 조리 등이 있다.

(1) 관습법(慣習法)

관습법이란 국가의 입법기간에 의하여 제정된 것이 아니고 국가사회 내에서 자연적으로 형성되어 관습의 형태로 존재하는 규범의 내용이 국가에 의하여 법으로서 인정을 받은 법이다. 즉 스스로 발생한 관행(慣行)이 단순한 예의적·도덕적인 규범으로 지켜질 뿐만 아니라 사회의 법적 확신 내지 인식을 수반하여 대다수인에게 지켜질 정도로 된 것을 말한다.

(2) 판례법(判例法)

판례법이란 법원의 판례를 통하여 형성되는 불문의 법규범을 말한다. 즉 법원(法院)에 의하여 동일한 취지의 판결이 반복됨으로써 판례를 법원(法源)으로 인정하는 경우에 성립되는 불문법이다.

영미법계 국가에서는 판례법이 제1차적 법원(法源)이 되므로 구체적 사건에 대한 법원의 판결이 정립한 법적 원칙이 곧 법이 된다.

대륙법계 국가에서는 판례법주의를 채택하고 있지 않기 때문에 상급법원의 판례가 하급법원을 구속한다는 원칙이 인정되지 않는다. 그러나 상급법원의 판례가 '사실상의 구속력'을 가진다는 점은 부인할 수 없다. 이 사실상의 힘을 통하여 대륙법계 국가에서도 사실상의 많은 판례법이 생기게 된다. 그것은 하급법원이 상급법원과 다르게 판결할 경우 상급심에 가서 파기될 염려가 있기 때문에 특별한 이유가 없는 한 상급법원의 판결에 따르게 되는 것이다. 그러므로 법적으로는 구속력이 없는 판례가 사실적으로 구속력을 갖게 되는 것이다.

(3) 조리(條理)

조리는 사물의 본질적 법칙, 도리 등을 의미하며 사람의 이성(理性)에 의해 승인된 사회생활 원리라 할 수 있다. 즉 일반 사회인이 보통 인정한다고 생각되는 객관적인 원리 또는 법칙이다. 이것은 통상 사회통념 · 사회적 타당성 · 정의 · 형평 · 신의성실 · 공서양속 · 이성 · 법의 일반원칙 등으로 표현된다.

성문법주의를 채택하고 있는 나라에서는 실제 사건 처리의 경우, 법을 적용하는 순서는 기본적으로는 성문법을 먼저 적용하고, 성문법이 없는 경우에는 판례법을 적용하고, 그에 해당하는 판례도 없을 경우 관습법을 적용한다. 조리는 관습법도 없는 경우에만 적용한다.

법전(法典)은 체계적으로 조식 편세된 성문법류의 전체를 말한다. 헌법 · 민법 · 형법 · 상법 · 민사소송법 · 형사소송법 등의 6법이 법률 중에서 가장 중요한 기본법이므로 이것들을 육법(六法)이라고 하며, 이들 법을 수록한 법전집을 보통 육법전서(六法典書)라고 한다. 그러나 통상 육법전서로 불리는 법전집에는 육법이외에도 다른 많은 법규들이 수록되어 있으며 이를 법전(法典)이라 부른다.

4. 법의 분류

1) 자연법(自然法)과 실정법(實定法)

자연법이란 인간의 본성 내지 사물의 본성에 근거하여 시대와 민족, 국가와 사회를 초월하여 보편타당하게 적용되는 객관적 질서이다. 그러므로 자연법이라고 말할 때 그것은 자연적 질서라는 뜻으로 사용되고, 구체적 문제해결을 위한 어떤 명확한 기준을 제시하기보다는 인간이 올바른 사회생활을 하는데 하나의 근본지침이라고 할 수 있다.

실정법이란 특정한 시대와 특정한 장소에서 효력을 가지는 법규범을 말한다. 실정법에는 국가기관이 제정하는 헌법·법률·명령·규칙 등 성문법이 보통이지만 예외적으로 관습법·판례법 등과 같이 경험적인 사실에 기하여 성립되고 현실로 행해지고 있는 불문법도 있다.

2) 공법(公法)과 사법(私法)

공법과 사법을 구별하는 견해는 여러 가지가 있으나, 사법이란 사인(私人)의 사적 생활관계를 규율하는 법으로서 그 법률관계는 주로 대등·평등관계로 규율하는 것이 특징이다.

실정법 가운데 민법·상법 등은 사법이며, 사법의 내용은 재산관계를 규율하는 재산법과 신분관계를 규율하는 신분법으로 나뉜다. 우리 민법은 총칙, 물권, 채권, 친족, 상속 편을 두고 있는데, 총칙, 물권, 채권은 재산법, 친족, 상속은 신분법에 속한다.

공법은 국가나 공공단체와 개인간의 관계를 규율하는 법, 즉 헌법·행정법·형법·형사소송법·민사소송법·국제법 등이다.

법률은 또한 그 내용상 민사법과 형사법으로 나눌 수 있다.

민사법은 일반시민 상호간에 발생하는 법률관계를 규율하는 법으로서, 당사자에 대해 우월적 입장에 서기보다는 조정적 입장에서 해결을 도모하는 성격의 법을 말한다. 민법 · 민사소송법 · 상법 등이 바로 민사법이다.

형사법은 법률관계 중에서 사회질서를 교란, 훼손하는 등 특히 사안이 중대하기 때문에 국가가 개입하여 형벌을 가하기로 할 때 그 근거가 되는 법을 말한다. 형법 · 형사소송법 · 폭력행위 등 처벌에 관한 법률 등이다.

그런데 자본주의 경제가 발전함에 따라 공 · 사법 이외의 제3의 법역(法域)이라 할 수 있는 사회법이 생기게 되었다. 이는 19세기 말에서 20세기 초에 걸쳐 나타난 것으로 사회법의 목적은 국가가 자본주의경제의 발전과정에서 발생하는 문제점을 시정하려는데 있으며, 이에는 근로기준법 등 노동과 관련된 법과 사회보장에 관련된 법, 그리고 독점규제 및 공정거래에 관한 법률 등 경제활동을 규율하는 법들이 있다.

3) 일반법과 특별법

일반법이란 법의 효력이 특별한 제한 없이 일반적으로 적용되는 법을 말하고, 일정한 장소, 사항, 사람에게만 국한하여 적용되는 법을 특별법이라 한다.

형법 · 형사소송법 등은 일반법이고, 공무원법 · 군형법 · 선원법 등은 특별법이다.

일반법과 특별법을 구별하는 실익은 '특별법이 일반법에 우선한다'는 원칙의 적용에 있다.

4) 실체법(實體法)과 절차법(節次法)

실체법은 권리·의무의 실체를 규율하는 법이고, 권리·의무를 법원 또는 공공기관에 의하여 실천하는 절차를 규율하는 법이 절차법이다.

헌법·형법·민법 등은 실체법이고, 형사소송법·민사소송법 등은 절차법이다.

5) 강행법(强行法)과 임의법(任意法)

강행법은 당사자의 의사 여하에 불구하고 적용되는 법이고, 임의법은 당사자의 의사로 그 적용을 배제할 수 있는 법이다.

실정법상 공법은 거의 전부가 강행법이고, 임의법은 민법전 중의 계약에 관한 규정과 상법전 중의 상행위에 관한 규정에 많이 있다. 그러나 사법(私法)법규 중에도 명문상 강행법규인가 또는 임의법규인가가 명백하지 않은 경우도 있다. 대체로 법문상 "하여야 한다" 또는 "하지 못한다"라고 규정되어 있는 경우에는 강행법규로 보아야 하고, "다른 의사가 없으면" "특별한 규정이 없는 한" 등으로 규정되어 있는 경우에는 임의법규라고 볼 수 있다.

5. 법의 목적

1) 법의 이념으로서의 목적

법의 목적이란 법에 의하여 달성하려고 하는 목적 또는 이념을 말하며, 이것은 곧 법의 가치를 평가하는 척도가 된다. 바꾸어 말하면 법의 이념은 법은 무엇을 위하여 존재하는가 하는 문제로서 법의 존재가치를 규명하는 것이다.

목적이란 실천의 목표가 되는 하나의 이념가치이고, 이념가치는 행위의 목표이며, 이것은 인간의 행위를 통하여 이루어진다.

법은 현실의 사회생활 관계를 규율하는 것이나 그 사회생활 관계는 인간의 목적활동에 의해서 추진되고 발전되어 간다.

법의 목적에 대하여 플라톤(Platon)과 아리스토텔레스는 "정의를 원칙으로 하는 도덕생활의 실현"에 있다고 하였고, 루소(Jean Jacques Rousseau)는 "개인의 자유와 평등을 확보하고 이를 발전시키는데 있다"라고 했다. 예링(Jhering)은 "모든 법은 목적의 소산이며 목적이야말로 법의 창조자이다"라고 하였다.

법의 목적은 그것을 통하여 실현하려는 인간의 목적에 기여하는 것이다. 인간의 목적에 대하여는 여러 가지로 설명할 수 있겠지만 한마디로 표현한다면 벤담(Jeremy Bentham)이 말한 "최대다수의 최대행복"을 실현하는 것이 인간의 목적이라 할 수 있을 것이다.

이러한 목적을 달성하기 위해서는 사회질서가 필수적으로 유지되어야만 한다. 그러므로 질서는 법의 기본이념이다. 그런데 질서는 정의(正義)나 선(善)의 기준에서 "올바르다"고 판단되어야 할 것이므로 법의 이념으로서의 목적은 라드부르흐(Radbruch)가 말한 정의의 실현과 합목적성, 법적안정성의 세 가지라고 말할 수 있다.

2) 정의(正義)

모든 법에 공통되는 목적이 정의라 할 수 있다. 정의는 인간과 사회와의 관계에 있어서 인간이 추구하여야 할 가치기준이다. 정의는 인간이 사회생활을 하는 데 있어서 마땅히 지켜야 할 생활규범상의 이념이라는 것이다.

법은 정의를 기본이념으로 하므로 정의의 개념을 명확히 할 필요가 있다. 정의의 개념에 관하여는 여러 가지 학설이 있다.

(1) 서양의 정의

칸트(I. Kant)는 "정의가 소멸하면 이미 인간이 지상에 존재해야 할 어떠한 목적도 존재하지 아니한다"고 하여 정의실현을 법의 종국적인 목적으로 보았으며 형벌도 정의의 실현을 위한 응보라고 하였다.

소크라테스(Socrates)는 법과 정의를 동일하게 보고, 정의는 개인적인 이해관계에서 나오는 것이 아니라 인간의 본성에서 나온다고 하였다.

울피아누스(Ulpianus)는 "각인에게 그의 몫을 주는 것"이라 했다. 이것은 각자가 모든 것을 요구하는 권리를 갖는다는 것이 아니고, 모든 사람은 그에 상응하는 정도의 권리를 갖는다는 것을 의미한다.

아리스토텔레스(Aristoteles)는 정의의 개념을 가장 논리적으로 설명하고 있다. 그는 정의의 개념을 체계화하여 일반적 정의와 평균적 정의, 배분적 정의로 분류하였다.

일반적 정의란 사회에 있어서 개인 권리의 상호간의 존중을 규정하고, 개인이 단체의 일원으로서 공동생활의 일반원칙에 대하여 의무를 다하는 것을 말한다. 이를 법적 의무라고도 한다. 즉 아테네의 법을 준수한다든지 국가를 위해 순직하는 것 등이다. 다시 말하자면 일반적 정의란 개인이 단체에 대하여 지는 의무를 말한다.

평균적(平均的) 정의란 산술적 정의라고도 한다. 이는 이해득실을 평균화 하고 조정하는 가치로서 인정하는 것이다. 즉 개인 상호간의 거래에 있어서 급부와 반대급부, 손해와 배상, 범죄와 형벌 등이 공정한 균형을 이루도록 손해득실을 평균화하여 조정하는 것이다. 이는 개인적 구별을 도외시한 객관적 이해 그 자체의 조정의 평등이므로 산술적 비례에 의한 평등이다. 이는 절대적 평등 내지 형식적 평등을 그 본질로 한다.

배분적(配分的) 정의란 단체 속에서 개인에 대한 관계를 규정한다. 따라서 개인 각자의 능력 및 공적에 상응하여 공정하게 명예와 재산을 분배하는 것이다.

이는 각자의 가치, 능력에 따른 개인차를 인정하고 그 개인차는 국가, 사회에 공헌하는 비율에 따라 결정하게 된다는 것이다. 즉 다수의 개인을 다루는 데 있어서 개인의 격차에 따라 개인의 이익을 배려하는 비례적 평등을 말한다.

아리스토텔레스는 사회생활에서 올바른 분배를 내용으로 하는 배분적 정의가 주된 역할을 하고 파괴된 균형을 바로잡는 평균적 정의는 보조적 구실을 한다고 하였다.

능력이나 공적에 따르는 개인의 차이를 인정한다는 점에서 아리스토텔레스의 정의론은 개인주의와 단체주의와의 이념을 조화시켜 오늘날의 사회적 정의에 결정적인 영향을 주었다. 오늘날과 같이 빈부에 따른 차등과세, 능력과 책임에 상응하는 보수지급 등과 같이 상대적 평등, 비례적 평등으로서 실천적 평등을 나타나게 되었다. 오늘날 법 앞에서의 평등이란 상대적 평등, 즉 배분적정의를 말하는 것이다.

정의의 이념이 없는 법은 법이라는 이름의 폭력에 불과할 뿐이다. 그러므로 법은 정의실현의 수단이기도 하다. 이와 같이 법과 정의는 불가분의 관계에 있다. 그러므로 법의 기본정신은 정의이고, 정의의 실질적인 내용은 평등이라고 할 수 있다.

여기서 평등이란 공평하고 균등한 기회를 말한다. 즉 기회의 평등을 의미하는 것이다.

(2) 동양의 정의

다음으로 동양의 정의에 대한 개념을 살펴보면, 중국에서는 정의라기보다는 "의(義)"라고 했으며, 법치주의(法治主義)보다는 덕치주의(德治主義) 및 예치주의(禮治主義)가 성행하여 도덕규범을 중시하였다. 이 "의"는 오늘날의 정의의 유교적인 고전적 용어로 볼 수 있다.

중용(中庸)에서는 "의는 마땅함이다"(義者宜也)라고 하였고, 순자(荀子)는 "의는 각각 그 마땅함을 얻음을 말한다"(義謂各得其宜)라고 하였다. 의는 마땅함이어서 사람에 따라 일과 때와 곳에 따라 마땅하게 처리한다는 뜻이다.

논어(論語)에는 "이를 보면 의를 생각한다"(見利思義), "얻는 것을 보면 의를 생각한다"(見得思義)라고 하여 무엇을 얻으려고 할 때는 반드시 의에 맞도록 해야 한다는 것을 말하며, 그 취사선택의 표준이 되게 하고 있다. 또한 "군자는 의로써 바탕을 삼는다"(君子義以爲質), "군자는 의를 최상으로 삼는다"(君子義以爲

上)라고 하여 의를 바탕으로 하여 그것을 최고의 원칙으로 삼아야 함을 알 수 있다.

순자는 "사람이 그 '분'(分)에 각기 마땅함을 얻는다"(各得其宜)고 하였다. 순자는 사람들이 사회생활을 할 수 있는 것은 사람들이 자기의 분, 즉 신분을 지켜 각자가 자기 분수를 알면서 살아갈 줄 알기 때문이라는 것이다.

시자(尸子)는 "베풂이 분을 얻으면 의라 한다"(施得分曰義)라고 의를 정의하였다. 이는 베풀어서 마땅히 나누어 받아야 할 몫을 얻는다는 것이다. 즉 받아야 할 몫을 베풀어준다는 것인데 그렇게 하는 덕이 의라고 본 것이다.

정의는 "각자에게 그의 것을"의 서양의 개념과 "마땅함이며 베풂이 분을 얻는 것(施得分)"이라는 동양의 개념이 비슷함을 알 수 있다. 법은 정의로서 나타나며, 정의는 법을 통하여 실현되는 실천적·목적적 이념이고 사회의 실질적 가치기준이 된다.

3) 합목적성(合目的性)

합목적성이란 목적에 맞추어 방향을 결정하는 원리이다. 즉 국가의 법질서가 일정한 표준과 가치관에 의하여 구체적으로 제정·실시되는 원리를 말한다. 합목적성은 정의의 내용을 정하는 실정법의 가치기준이라고 할 수 있다.

합목적성은 그 사회가 가지는 가치관이 어떠한 것인가에 따라 정의를 평가하는 기준이 다르게 된다. 즉 합목적성은 사회의 가치관에 따라 달라지는 상대적인 개념인 것이다.

법의 목적은 사회적·정치적·사상적 배경에 의해 구체적 내용이 결정되는 것이므로 정의가 법의 내용을 일반화하는데 반하여 합목적성은 법이 요구하는 가치관에 따라 법의 목적을 현실화하는 데 있다.

가치관의 종류에 따라 합목적성은, 개인주의에 있어서는 모든 개인이 평등하게 존중되도록 평균적 정의가 강조되며, 법의 목적은 국가의 목적에 직결되는 것이기 때문에 법의 합목적성은 결국 국가의 목적에 의해서 결정되는 것이다. 따라서 법은 정의의 실현만이 아니고 복지국가의 요청에 있어서와 같이 합목적적인 것, 즉 기술적인 것도 포함된다.

4) 법적 안정성

법적 안정성이란 법에 따라 안심하고 생활할 수 있는 상태, 즉 법에 의하여 보호되는 사회생활의 질서와 안정을 말한다. 사회질서를 형성하고 유지하는 것이 법의 목적이며 기능이다. 법은 사회의 안정 속에서만 존재할 수 있기 때문에 법질서의 안정은 사회의 필연적 요청이다. 이것이 법의 가치이므로 사회는 법을 필요로 한다. 어떤 행위나 권리의 행사가 정당한 것이면 보호를 받고 어떤 행위를 하면 손해배상을 하여야 하고 형벌을 받게 된다는 것을 명백히 함으로써 시민들이 안심하고 생활할 수 있는 것이며 이것이 바로 법적 안정성이 있기 때문이다.

한편 법은 사회질서의 안정성에 대한 요구 외에 법 자체의 안정성도 동시에 요구된다. 법자체가 자의적으로 통용된다면 사회질서는 유지될 수 없어 법의 실효성은 보장되지 못한다. 따라서 법의 실효성을 확보하기 위해서는 법적 안정성이 전제되어야 한다.

법적 안정성을 유지하기 위해서는 법의 내용이 명확하여야 하고, 쉽게 변경되어서는 안 되며, 실제로 실행이 가능한 것이어야 한다. 또한 법은 국민의 법의식에 합치되어야 하는 등의 사항들이 필요하다.

소멸시효(민법 제162조), 취득시효(민법 제245조), 민법상의 점유(민법 제192조), 선의취득 및 국제법 에서의 현상유지이론 등도 법적 안정성을 위한 것이다. 그리고 법률불소급(法律不遡及)의 원칙이나 일사부재리(一事不再理)의 원칙 등은 법적 안정성의 요청에 의한 것이라고 할 수 있다.

6. 법의 기본원리

1) 비례의 원칙

오늘날 공법과 사법 전반에 걸쳐 널리 통용되는 법의 일반 원칙으로 비례원칙을 들 수 있다. 비례원칙은 두 이해관계가 충돌할 경우에 어느 한 쪽에 치우치지 않고 균형 있게 양자를 보호하기 위한 원칙이다. 특히 헌법재판소에서 법률의 위헌성을 판단함에 있어, 당해 법률이 국민의 기본권을 제한하는 정도를 결정하는 기준으로써 사용된다.

헌법재판소는 비례 원칙의 내용을 다음과 같이 정하고 있다.

먼저 국가가 정책 등의 달성을 위해 국민의 기본권을 법률로 제한할 경우에는 목적이 정당해야 하고, 그 방법이 적절해야 하며, 국민의 피해를 최소화하는 수단을 사용해야 한다. 또 이러한 요건이 모두 충족된다고 하더라도, 국민의 권리 침해로 인한 마이너스 효과와 정책 달성으로 인한 플러스 효과를 최종적으로 저울질해 보아 국민의 권리 침해의 비중이 더 크다면 비례원칙에 위배된다는 것이다.

헌법 제37조 제2항에 "국민의 모든 자유와 권리는 국가 안전보장, 질서 유지 또는 공공복리를 위하여 필요한 경우에 한하여 법률로써 제한할 수 있으며, 제한하는 경우에도 자유와 권리의 본질적인 내용을 침해할 수 없다"라고 명시하고 있다. 이를 과잉 금지 원칙이라고 한다. 이에 비해, 비례 원칙은 주로 판례를 통해 형성된 원칙으로, 헌법에는 명시되어 있지는 않다. 그러나 국민의 기본권 제한이 법적 정당성을 가질 수 있는 요건들을 제시한다는 점에서 요즈음은 두 원칙이 거의 같은 의미로 쓰이고 있다.

2) 적법절차 원칙

적법절차 원칙이란 법령의 내용은 물론 그 집행절차도 정당하고 합리적이어야 하다는 원칙이다. 헌법 제12조 제1항에는 "모든 국민은 신체의 자유를 가진다. 누구든지 법률에 의하지 아니하고는 체포·구속·압수·수색 또는 신문을 받지 아니하며, 법률과 적법한 절차에 의하지 아니하고는 처벌·보안처분 또는 강제노역을 받지 아니한다"고 규정하고 있다.

이와 같이 이 원칙은 국가의 형벌권으로부터 국민의 신체의 자유를 보장하기 위한 목적에서 출발한 것이지만, 오늘날에는 공권력과 관련된 모든 행위에서 꼭 지켜져야 할 기본 원리로 인정되고 있다.

3) 죄형법정주의

죄형법정주의란 '법률 없으면 범죄도 없고 형벌도 없다'는 법치국가 형법의 기본 원리이다. 헌법 제12조 제1항에 "모든 국민은 신체의 자유를 가진다. 누구든지 법률에 의하지 아니하고는 체포·구속·압수·수색 또는 심문을 받지 아니하며, 법률과 적법한 절차에 의하지 아니하고는 처벌·보안처분 또는 강제노역을 받지 아니 한다"라고, 같은 법 제13조 제1항 "모든 국민은 행위시의 법률에 의하여 범죄를 구성하지 아니하는 행위로 소추되지 아니한다"라고, 형법 제1조 제1항 "범죄의 성립과 처벌은 행위시의 법률에 의한다"라고 각 규정되어 있다.

즉 아무리 사회적으로 비난받을 행위라 할지라도 국회에서 제정한 법률이 그러한 행위를 범죄로 규정하고 있지 않으면 처벌할 수 없고, 범죄에 대해 법률이 규정한 형벌 이외에는 부과할 수 없다는 원칙이다. 이에 따라 국가는 형벌권을 자의적으로 행사할 수 없고, 국민은 자유와 권리를 보호받을 수 있다.

죄형법정주의에 따르면, 법이 제정되기 이전의 사건을 법 세징 뒤에 소급하여 처벌할 수 없다. 선고를 할 때에는 반드시 형의 기간을 정해 피고인에게 기약 없는 수감 조치를 내려서는 안되며, 법률에 있는 명확한 내용으로 처벌하고, 비슷한 내용을 유추해석해서는 안된다.

4) 신의성실의 원칙

민법 제2조 제1항에는 "권리의 행사와 의무의 이행은 신의에 좇아 성실히 하여야 한다"고 규정하고 있다. 모든 사람은 사회공동생활체의 일원으로서 상대방의 신뢰를 헛되이 하지 않도록 성실하게 행동하여야 한다. 이 윤리적 규범을 법률에 있어서는 신의성실의 원칙이라고 하는 것이다. 권리의 행사와 의무의 이행이 신의성실에 위반 될 때에는 동시에 공서양속(公序良俗)에 위반하게 된다. 공공의 질서와 선량한 풍속과 함께 법과 도덕의 조화를 도모하기 위한 중요한 관념이다. 따라서 신의성실의 원칙은 법을 공유하는 법 공동체 구성원들이 가져야 할 공동체 의식을 강조하는 원리라고 할 수 있다.

5) 권리 남용 금지의 원칙

민법 제2조 제2항에는"권리는 남용하지 못한다"고 규정하고 있다. 이 권리 남용 금지의 원칙은 겉으로 보기에는 권리를 행사하는 것 같지만 실제로는 타인에게 고통을 주기 위한 행위를 막기 위한 원칙이다. 헌법 제23조조 제2항에는 "재산권의 행사는 공공복리에 적합하도록 하여야 한다"고 규정하고 있다. 이 원칙을 지키지 않는 권리 행사는 법이 보장하지 않으며, 경우에 따라서는 권리 행사 자체를 불법 행위로 보고 상대방에게 손해 배상을 하도록 한다.

제 2 장

국가의 법(헌법)

국가에는 많은 법이 있으나 여기에서는 국가의 법 중에서 가장 기본이 되는 헌법만을 설명하기로 하되, 그 중에서 권리(기본권)와 의무 부분을 중점적으로 기술한다.

1. 헌법의 원리

1) 헌법의 개념

헌법이란 국가의 기본법을 말한다. 국가의 법 가운데서 가장 상위의 법이 헌법이다. 헌법의 내용은 국가권력의 조직과 작용에 관한 것과 국민의 기본권 보장으로 되어 있다.

(1) 고유의미의 헌법

헌법이란 국가의 영토·국민·통치조직의 기초를 정한 국가의 기본법을 의미한다. 따라서 이러한 의미의 헌법은 시대와 국가를 막론하고 국가가 존재하는 곳이면 성문이든 불문이든 존재하는 헌법을 말한다.

(2) 근대입헌주의적 헌법

근대입헌주의적 헌법이란 개인의 자유와 권리를 보장하고 국가권력분립에 관하여 규정한 헌법을 의미한다. 그 기본원리로는 국민주권, 기본권보장, 권력분립, 성문헌법, 경성헌법의 원리를 들 수 있다.

1776년 미국 버지니아주 헌법, 1787년 미국 연방헌법, 1791년 프랑스헌법이 대표적인 근대입헌주의적 헌법이며, 이는 근대시민혁명을 통하여 성립되었다.

(3) 현대복지국가적 헌법

현대복지국가적 헌법은 근대 입헌주의적 헌법의 형식적 기본권 보장에서 국민의 인간다운 생활의 보장을 위한 생존권적 기본권을 명문화하고 경제생활에 관한 규제와 조정을 내용으로 하는 사회적 법치국가 헌법이라고 할 수 있다.

현대복지국가적 헌법의 특징으로는 복지국가화와 행정국가화의 경향, 실질적 법치주의의 확립, 헌법재판관제도의 강화와 정당제도의 법적 수용 및 국제평화주의 등이라 할 수 있다.

(4) 실질적 헌법과 형식적 헌법

실질적 헌법은 국가가 있는 곳에는 언제나 존재하며 법의 형식에 구애받지 않고 국가의 구성, 조직, 상호작용을 정하는 법규범 전체를 말한다.

이에는 헌법을 비롯하여 법률, 명령, 규칙 등이 포함된다.

형식적 헌법은 헌법전과 같이 특별한 형식을 갖추고 성문화된 법규범을 갖추고 있는 것을 말한다.

형식적 헌법은 그 효력에 있어 법률보다 상위에 있고, 개정절차도 법률보다 까다로운 것이 보통이다.

2) 한국헌법의 기본원리

우리나라 헌법 전문(前文)에는 헌법이 추구할 근본이념이 표명되어 있다.

여기에는 국민주권의 이념, 정의사회의 이념, 문화민족의 이념, 평화추구의 이념 등을 선언하고 있다.

헌법의 기본원리도 헌법전문에 나타난 이와 같은 4가지 근본이념을 구체화하고 실현하기 위하여 나타나는 원리라고 할 수 있다.

(1) 국민주권의 원리

헌법 제1조 2항에는 "대한민국의 주권은 국민에게 있고 모든 권력은 국민으로부터 나온다"고 하여 국민 주권주의를 선언하고 있다.

국민주권의 원리란 국가의 최고의사를 결정할 수 있는 원동력이 되는 주권을 국민이 가지며, 모든 국가 권력의 정당성의 근거가 국민에게 있다는 원리를 말한다.

주권은 국내에서 최고의 권력이며, 국외에 대하여 독립의 권력을 의미하고 절대적 · 항구적 성질을 가진 권력이다.

국민주권주의는 민주정치의 기본원리이며 민주국가의 기본적 조직원리인 것이다.

헌법에서 이 원리를 구현하기 위한 제도적 장치로서는 대의제의 원리, 직접민주제의 부분적인 채택, 다수결의 원리, 민주적 선거제도, 복수정당제, 정치적 기본권보장, 지방자치제의 채택 등을 들 수 있다.

(2) 자유민주주의의 원리

자유민주주의란 자유주의와 민주주의가 결합된 정치원리이다.

자유주의란 타의 간섭을 배제하고 개인의 자유와 자율을 존중해 줄 것을 요구하는 주의이다. 개인의 자유를 이상으로 하고, 완전경쟁에 입각한 자율적 행동원리를 그 수단으로 하는 원리이다. 이에 대하여 민주주의라 함은 국민에 의한 지배 또는 국가 권력이 국민에게 귀속되는 것을 특징으로 하는 정치원리를 말한다.

우리 헌법은 국민주권의 이념을 실현하기 위하여 자유민주주의 원리를 채택하고 여러 가지 제도를 통하여 이를 구체화하고 있다.

자유민주주의의 가치의 핵심이며 실질적인 내용이 되는 것은 자유・평등 및 정의이다. 우리 헌법상의 기본적 인권의 존중, 권력분립의 원리, 의회제도, 복수정당제도, 선거제도, 사유재산제와 자유시장 경제질서 및 사법권의 독립 등은 자유민주주의를 실현하기 위한 수단이다.

(3) 법치주의의 원리

법치주의란 법에 의한 지배를 의미하며, 국가가 국민의 자유와 권리를 제한하거나 국민에게 새로운 의무를 부과할 때에는 반드시 의회가 제정한 법률에 의하여 하거나 그것에 근거를 두고 하여야 한다는 원리를 말한다.

법치주의의 목적은 국민의 자유와 권리의 보장이며 그 바탕은 권력분립이요, 그 내용은 법률의 우위, 법률에 의한 행정, 법률에 의한 재판을 의미한다. 우리 헌법에는 법치주의 내지 법치국가의 원리를 기본원리로 한다는 직접적인 명문규정은 없지만, 기본권 보장이 선언되어 있고(제10조, 37조 2항 등), 권력분립 및 위헌법률심사제가 채택되고 있으며(제107조 1항, 제111조 1항, 제113조 등), 포괄적 위임입법을 금지하고, 행정의 사법적 통제를 보장하며, 공권력 행사에 대한 예측가능성의 보장과 신뢰보호의 원칙을 보호하는 등 법치주의의 구성요소를 광범위하게 채택하고 있다.

(4) 권력분립의 원리

권력분립의 원리란 국가 권력의 남용을 막고 국민의 자유를 확보하기 위하여 국가권력을 입법·행정·사법으로 분리, 독립시켜 별개의 기관에 담당하게 하여 기관상호간에 견제와 균형을 유지하려는 통치조직의 원리이다.

따라서 권력분립의 본질은 권력분할, 권력상호간의 견제와 균형, 권력의 통제에 있다.

(5) 복지국가의 원리

복지국가의 원리란 모든 국민에게 생활의 기본적 수요를 충족시켜주어 건강하고 문화적인 생활을 할 수 있도록 정부가 책임을 지며 그것이 국민의 권리로서 인정되는 국가를 말한다.

복지국가는 산업사회에서 발생하는 갈등문제를 사회정의의 이념에 입각하여 이를 해결하려는 것이다.

사회정의란 사회구성원 전체의 이익이 보호되고, 복지가 균등하게 추구되며, 여러 가지 공적부담이 균등하게 배분되어 개개의 국민에게 적정수준의 경제적 · 문화적 생활을 보장하게 되는 분배의 원리를 말한다.

이러한 원리를 실현하기 위하여는 사회적 기본권의 보장, 재산권의 사회적 기능의 강조, 경제적 민주화와 경제질서에 대한 규제와 조정 및 사회보장 내지 사회복지정책의 추진 등이 요청된다.

우리 헌법은 복지국가의 실현을 위하여 인간의 존엄성과 행복추구권을 보장하고 사회보장, 사회복지에 관한 국가적 의무를 규정하고 있으며 복지국가 건설을 위한 환경권을 규정하고 있다.

(6) 문화국가의 원리

문화국가란 국가로부터 문화의 자유를 인정하면서도 국가도 문화의 산물임을 인정하고, 국가가 문화를 보호하고 지원하며 조정하는 것을 내용으로 하는 국가라고 할 수 있다.

헌법 제9조에는 "국가는 전통문화의 계승 · 발전과 민족문화의 창달에 노력하여야 한다"고 하여 문화진흥의무를 규정하고 이에 대한 대통령의 책무(제69조), 평생교육의 진흥을 위한 국가적 의무를 규정하여 문화국가의 지향을 위한 원리를 헌법의 기본원리로 하고 있다.

(7) 국제평화주의의 원리

헌법 전문에는 "밖으로는 항구적인 세계평화와 인류공영에 이바지함으로써"라고 규정하고, 제5조 1항에서는 구체적으로 "대한민국은 국제평화의 유지에 노력하고 침략적 전쟁을 부인한다"고 하여 대외적으로 평화주의를 헌법의 기본원리로 채택하고 있다. 그러나 침략적 전쟁만이 부인되고, 자위전쟁까지 금지되는 것은 아니다.

현대국가들은 1,2차 세계대전을 거치면서 전쟁의 참혹성과 인간의 잔인성에 대한 반성에서 출발하여 국제평화와 국제협조를 통하여 인류의 평화와 행복을 확보하려고 하고 있으며 각 국의 헌법은 예외 없이 국제 평화주의를 표방하고 있다.

2. 국가와 구성요소

국가란 고유한 목적, 과제, 기능을 지니고 있으면서 일정한 지역을 토대로 하고 최고권력에 의하여 결합된 인간의 집단을 말한다. 즉, 국가는 주권, 국민, 영토로써 이루어진다.

1) 주권

주권이란 대내적으로 최고이며, 대외적으로 독립적인 권력을 말한다. 대한민국의 주권은 국민에게 있고, 국민은 직접 또는 대표자에 의하여 주권을 행사한다.

2) 국민

국민이란 국가에 소속하여 통치권에 복종할 의무를 가진 개개의 자연인을 말한다. 국민이 되는 자격을 국적이라고 하며, 국민이 되는 요건은 국적법으로 정한다. 우리나라는 국적법상 출생당시 부 또는 모가 한국인인 자는 대한민국 국적을 취득하도록 하고 있다(속인주의 원칙). 이러한 선천적인 국적취득 외에도 후천적으로 인지, 혼인, 귀화에 의하여 우리나라의 국적을 취득할 수 있다.

3) 영역

영역이란 국가가 국제법상 제한없이 배타적으로 지배할 수 있는 공간을 의미하는 것으로 영역은 영토·영해·영공으로 구성된다. 대한민국의 영토는 한반도와 그 부속도서이며, 영해는 12해리(대한해협은 3해리)이다. 북한지역도 우리의 영토이다.

3. 헌법의 제도보장

1) 정당제도

정당이란 국민의 이익을 위하여 책임있는 정치적 주장이나 정책을 추진하고 공직선거의 후보자를 추천 또는 지지함으로써 국민의 정치적 의사형성에 참여함을 목적으로 하는 국민의 자발적 조직이다. 정당은 여론과 정부를 연결시키는 중개자적 역할을 담당한다. 정당의 경비는 당비, 후원금, 기탁금, 국고보조금 같은 정치자금에 의하여 충당한다.

2) 선거제도

선거란 국민의 대표자를 선출하는 행위로서 민의에 의한 정치를 가능하게 하는 수단이다. 선거에는 임기가 끝난 경우에 전원을 선거하는 총선거, 당선이 없거나 선거무효의 판결이 있거나 임기개시 전에 사망·사퇴하거나 피선거권이 상실되거나 선거범죄로 인하여 당선이 무효로 되어 다시 선거하는 재선거, 그리고 임기중에 사망 등의 사유로 결원이 생겼을 때 실시하는 보궐선거 등이 있다.

선거의 기본원리로는 보통·평등·자유·비밀·직접선거의 원리가 있다. 보통선거란 선거의 사회적 신분이나 재산·지위에 관계없이 모든 사람에게 선거권이나 피선거권을 인정하는 제도이고, 평등선거란 선거인의 투표가치가 평등하게 취급되는 제도이며, 직접선거란 선거인이 직접 후보자를 뽑는 제도이다. 그리고 비밀선거란 선거인이 누구에게 투표하였는지 모르게 하는 제도이고, 자유선거란 어떠한 압력이 없이 자유롭게 투표가 행해지도록 하는 제도를 말한다.

대통령, 국회의원, 지방자치단체의 장과 지방의원 선거의 선거권자는 원칙적으로 결격사유가 없는 한 19세 이상의 국민이 선거권을 가진다.

대통령선거 피선거권은 선거일 현재 5년 이상 국내에 거주하고 있는 40세 이상인 자에게 있고, 국회의원은 25세 이상인 자, 지방자치단체 의원 피선거권은 25세 이상으로 60일 이상 당해 자치단체구역에 주소를 가진 자 에게 있다.

3) 지방자치제도

지방자치란 일정한 지역을 단위로 그 지역주민이 자신의 사무를 자기 책임 하에 자신이 선출한 기관을 통하여 직접 처리하는 것을 의미한다. 지방자치단체의 기관으로는 업무집행기관으로 지방자치단체의 장(서울특별시장·광역시장·도지사, 시장·군수·구청장)이 있으며, 부단체장이 있다. 또한 주민의 대표기관으로 지방의회가 있고, 광역지치단체인 시·도에는 의결기관으로서 교육위원회(집행기관은 교육감)가 있다.

19세 이상의 주민은 주민투표권이 있다.

4. 권리와 의무

1) 권리(기본권)

기본권이란 인간이 인간으로서 당연히 가지는 권리를 말한다. 이것을 인권 또는 인간의 권리라고 한다. 이와 같은 인권을 최초로 선언한 헌법전은 버지니아 권리장전과 프랑스 인권선언이다.

이 인권 또는 인간의 권리를 독일에서는 기본권이라고 한다. 그러나 엄밀한 의미에서는 인권과 기본권은 다르다.

인권은 인간이 인간이기 때문에 당연히 가진다고 생각되는 천부적 권리를 의미하지만, 기본권은 헌법이 보장하는 국민의 기본적 권리를 의미한다.

이러한 기본권의 일반적인 특질은 인종, 성별, 사회적 신분 등에 의하여 차별받지 아니하는 보편성을 가지며, 기본권은 인간에게 고유한 권리이지 국가나 헌법에 의하여 창설된 것이 아니라 단지 문서로써 확인한 것에 지나지 않는 천부성(天賦性)을 가진다. 또한 기본권은 영구히 박탈당하지 아니하는 항구성을 가지며, 기본권의 기본적 내용은 어떠한 경우에도 침해당하지 아니하는 불가침성을 가진다. 그러므로 국가권력은 기본적 인권을 최대한으로 존중하고 보장할 의무를 지며, 기본적 인권의 내용은 어떠한 경우에도 침해될 수 없다.

2) 기본권의 내용

(1) 인간의 존엄과 가치 · 행복추구권

헌법 제10조는 "모든 국민은 인간으로서의 존엄과 가치를 가지며, 행복을 추구할 권리를 가진다"고 하여, 인간이 인간으로서의 존엄과 가치의 소유자임을 확인하고 있다.

인간의 존엄이란 정신적 존재로서의 인간의 본질인 인격의 존엄을 의미하며, 인간의 가치란 인간의 정신적 존재로서 가지는 독자적인 가치를 말한다.

'인간으로서의 존엄과 가치' 조항은 직접 실현될 수 있는 구체적 권리를 보장한 조항이 아니라, 모든 기본권의 근원 내지 핵심이 되는 이념적 전제가 되고, 모든 기본권 보장의 종국적 목적 내지 기본이념이 되는 객관적 헌법원리를 규범화한 것을 말한다.

행복추구권은 고통이 없는 만족감을 느낄 수 있는 상태를 실현할 수 있는 권리이다. 모든 국민은 안락하고 만족스러운 삶을 추구할 수 있는 행복추구권을 갖는다. 행복이란 물질적 만족과 정신적 만족이 동시에 이루어져야 하기 때문에 이는 자유권으로서의 성격과 사회적 기본권으로서의 성격을 동시에 가진다.

(2) 평등권

헌법 제11조에 "모든 국민은 법 앞에 평등하다. 누구든지 성별, 종교 또는 사회적 신분에 의하여 정치적 · 경제적 · 사회적 · 문화적 생활의 모든 영역에 있어서 차별을 받지 아니한다"고 규정하고 있다.

자유와 평등은 근대시민혁명 이후 인간의 정신세계와 국가적 생활을 지배해 온 2대 이념이다. 이중에서 평등의 개념에는 참정평등과 법적용평등이 포함되며, 형식적 평등보다는 실질적 평등을 요구하게 된다. 모든 국민에게 평등하게 다룰 것을 요구하는 법원칙을 평등의 원칙이라 한다. 평등의 원칙은 기본권 보장을 위한 최고의 헌법원리로서, 헌법해석과 입법 · 행정 · 사법기관까지 구속한다.

평등의 의미에 대하여는 현대의 평등사상은 평균적 정의의 실현에 두는 것이 아니라 배분적 정의의 이념에 바탕을 두고 실질적 평등구현에 노력하고 있는 것이다. 그러므로 상대적 평등의 입장에서 보아 합리적 차별은 인정되어야 할 것이다.

(3) 자유권적 기본권

자유권적 기본권이란 국민이 그의 자유영역에 대해서 국가 권력으로부터 침해를 받지 않을 소극적, 방어적인 권리를 말한다. 자유권은 국가의 부작위를 요청할 수 있는 권리이지 국가의 작위를 적극적으로 요청할 수 있는 권리가 아니다.

근대헌법은 자유권을 천부불가양(天賦不可讓)의 자연권으로 파악하여 오늘날 각국 헌법의 기본이 되고 있다.

① 신체의 자유

헌법 제12조에는 "모든 국민은 신체의 자유를 가진다. 누구든지 법률에 의하지 아니하고는 체포, 구속, 압수, 수색 또는 심문을 받지 아니하며, 법률과 적법절차에 의하지 아니하고는 처벌, 보안처분 또는 강제 노역을 받지 아니한다"라고 신체의 자유를 규정하고 있다.

신체의 자유는 인간이 인간으로서 당연히 누리는 천부적, 초국가적 자연권으로서, 국가에 대한 개인의 소극적, 방어적 공권이다.

이는 법률과 적법절차에 의하지 아니하고는 신체의 안전성, 자율성을 제한하거나 침해당하지 아니하는 자유를 말한다.

신체의 자유는 부당한 체포·구속으로부터, 부당한 압수·수색으로부터, 불법한 심문으로부터, 불법한 처벌로부터, 불법한 보안처분으로부터의 자유를 말하며, 불법한 강제 노역을 받지 아니함을 규정하고 있다.

헌법에는 신체의 자유와 관련한 여러 가지 규정을 두고 있다. 즉, 법률에 의한 체포·구속 등 법률주의와 죄형법정주의 및 적법절차의 보장, 고문의 금지와 불리한 진술거부권, 영장제도와 영장실질심사제, 변호인의 조력을 받을 권리와 국선변호인제도, 구속이유 등 고지제도, 구속적부심사제, 자백의 증거능력제한, 형벌법규불소급의 원칙과 일사부재리의 원칙, 연좌제의 금지, 신속한 공개재판청구권, 형사피고인의 무죄추정, 형사보상청구권, 범죄 피해자구조 청구권 등이다.

② 생명권

생명권이란 인간의 인격적·육체적 존재형태, 즉 생존에 대하여 국가로부터 침해받지 않을 권리를 말한다.

우리 헌법에는 독일 기본법과는 달리 생명보장에 대한 명문의 규정은 없지만, 통설·판례에 따르면 생명권을 헌법상의 권리로 인정하고 있다.

생명권은 인간의 권리이므로 내외국인을 막론하고 그 주체가 된다. 태아의 생명도 보호되어야 한다. 국가는 인간의 생명의 존엄과 가치를 최대한 보호할 의무를 진다.

생명권에는 신체를 훼손당하지 아니할 권리가 포함된다. 이는 신체의 완전성을 훼손당하지 아니할 권리를 말한다.

③ 사생활의 비밀과 자유

헌법 제17조에는 "모든 국민은 사생활의 비밀과 자유를 침해받지 아니한다"라고 함으로써 사생활의 비밀과 자유의 불가침을 규정하고 있다. 현대사회는 정보화사회로서 정보 자체가 다른 재화나 에너지 이상의 유력한 자원이 되고, 정보가치의 생산을 중심으로 경제·사회구조가 변화, 발전되어 가고 있다. 사회의 정보화가 급속히 진행되면서 개인의 사생활은 중대한 위기를 맞이하게 되어 사생활의 비밀과 자유는 더욱 중요성이 높아지게 되었다.

사생활의 비밀과 자유란 개인의 사적 생활의 영위를 위한 자유와 사생활의 부당한 공개로부터의 자유를 말한다.

이는 소위 사생활(privacy)의 권리를 말하는 것으로, 자기와 관련된 정보의 전파를 통제할 수 있는 권리로서 소극적, 방어적 성질을 가진 자유이다.

④ 주거의 자유

헌법 제16조에는 "모든 국민은 주거의 자유를 침해받지 아니한다"라고 하여 주거의 자유를 규정하고 있다.

주거의 자유라 함은 사람이 거주하는 설비로서 사생활의 중심이 되는 장소는 사생활의 안전을 위하여 제3자로부터나 공권력으로부터 영장 없이 침해당하지 아니하는 자유를 말한다. 주거에 대한 압수·수색에는 검사의 신청에 의하여 법관이 발부한 영장을 제시하여야 한다.

⑤ 거주·이전의 자유

헌법 제14조에는 "모든 국민은 거주 · 이전의 자유를 가진다"라고 하여 거주 · 이전의 자유를 규정하고 있다.

거주 · 이전의 자유란 국가 권력의 간섭을 받지 아니하고 자신이 원하는 곳에 주소 또는 거소를 정하거나, 그곳으로부터 자유로이 이전할 수 있는 권리를 말한다.

이러한 권리에는 국외이주와 해외여행의 자유, 귀국의 자유 및 국적이탈의 자유도 포함된다.

⑥ 통신의 자유

헌법 제18조에는 "모든 국민은 통신의 비밀을 침해받지 아니한다"고 하여 통신의 자유를 규정하고 있다.

통신의 자유란 개인이 그 의사나 정보를 서신 · 전화 · 전신 등의 수단에 의하여 전달 또는 교환하는 경우에 그 내용이 본인의 의사에 반하여 공개되지 아니할 자유를 말한다. 사생활의 비밀과 자유를 통신의 측면에서 보장하려는 것이다.

⑦ 양심의 자유

헌법 제19조에는 "모든 국민은 양심의 자유를 가진다"라고 하여 양심의 자유를 규정하고 있다.

양심은 인간의 존엄과 가치의 내면적 기초가 되는 것이며 양심의 자유는 어떠한 경우에도 제한될 수 없는 절대적 자유이다.

양심의 자유에는 양심상 결정의 자유, 침묵의 자유를 포함하나, 양심상의 결정을 표명 또는 실현하는 자유는 포함되지 않는다. 즉 내심의 작용으로 머무는 한 전혀 제한 받지 않는다.

침묵의 자유는 인간의 내면세계에서 결정되거나 형성된 양심을 외부에 표명하도록 강제 받지 아니할 자유를 말한다.

⑧ 종교의 자유

헌법 제20조에는 “모든 국민은 종교의 자유를 가진다”라고 하여 종교의 자유를 규정하고 있다.

종교의 자유는 정신적 자유의 근원으로서 신앙의 자유, 종교적 행위의 자유, 종교적 집회・결사의 자유, 선교 및 종교교육의 자유를 내용으로 한다. 이중에서 신앙의 자유는 인간내면의 작용이므로 어떠한 경우에도 제한될 수 없는 절대적 자유이다. 종교행사의 자유와 같이 종교의 자유가 외부에 표현될 때에는 일반적 법률 유보조항에 의하여 제한될 수 있는 상대적 자유권이다.

⑨ 언론・출판의 자유

헌법 제21조에는 “모든 국민은 언론・출판의 자유와 집회・결사의 자유를 가진다”라고 하여 언론・출판의 자유를 규정하고 있다.

언론・출판의 자유는 사상 또는 의견을 불특정 다수에게 발표하는 자유로서 현재의 민주정치에서 필수불가결의 자유이다.

언론・출판의 자유는 국민의 권리가 아니라 인간의 권리이므로 국민만이 아니라 외국인도 보장된다. 이 자유는 입법・행정・사법의 모든 국가기관을 구속한다.

그러나 언론・출판의 자유도 절대적, 무제한적 자유는 아니므로, 자유 민주적 기본질서에 위배되거나, 타인의 명예나 권리, 공중도덕이나 사회윤리를 침해하여서는 아니 되는 내재적 한계가 있다.

⑩ 집회 · 결사의 자유

헌법 제21조에는 "모든 국민은 언론 · 출판의 자유와 집회 · 결사의 자유를 가진다"라고 하여 집회 · 결사의 자유를 규정하고 있다.

집회 · 결사의 자유는 집단적 표현의 자유를 의미하는 것으로, 다수인이 공공목적을 가지고 회합 또는 결합하는 자유를 말한다.

집회의 자유에는 집회를 개최하는 자유와 개최하지 아니할 자유, 집회를 사회 또는 진행하는 자유 및 집회에 참가하는 자유와 참가하지 아니할 자유 등이 있다.

결사의 자유에는 단체 결성의 자유, 단체 존속의 자유, 단체활동의 자유, 결사에 가입할 자유와 가입하지 아니할 자유 및 결사에의 진류의 자유와 탈퇴의 자유 등이 있다. 집회결사에 대한 허가제는 인정되지 아니한다(헌법 제21조 2항). 다만 신고제나 등록제 및 금지통고제 등은 '집회 및 시위에 관한 법률'이 구체적으로 정한다.

⑪ 학문과 예술의 자유

헌법 제22조 1항에는 "모든 국민은 학문과 예술의 자유를 가진다"라고 하여 학문과 예술의 자유를 규정하고 있다.

학문의 자유란 배움과 탐구의 자유를 말한다.

학문의 자유는 학문적 활동에 관하여 간섭이나 방해를 받지 아니하는 자유로서 대학의 교수, 연구소의 연구원, 모든 국민에게 보장되는 기본적 인권이다.

학문의 자유는 연구와 강학의 자유, 연구결과 발표의 자유, 연구하고 발표하기 위한 집회 · 결사의 자유 등을 포함하며, 대학자

치까지 포함된다.

예술활동은 인간의 창조적 정신의 표현이며, 예술의 자유에는 예술창작의 자유, 예술표현의 자유 및 예술적 집회결사의 자유 등이 포함된다.

⑫ 재산권의 보장

헌법 제23조에는 "모든 국민의 재산권은 보장된다. 그 내용과 한계는 법률로 정한다. 재산권의 행사는 공공복리에 적합하도록 하여야 한다. 공공필요에 의한 재산권의 수용, 사용 또는 제한 및 그에 대한 보상은 법률로써 하되, 정당한 보상을 지급하여야 한다."고 하여 재산권을 보장하고 있다.

재산권 보장은 구체적인 재산권과 사유재산제도를 보장하며, 재산권의 행사는 공공복리에 적합하도록 하여야 한다.

개인의 구체적 재산권이 국가권력에 의하여 합법적으로 침해된 때에는 손해보상청구를 할 수 있고 위법한 경우에는 손해배상청구를 할 수 있다.

(4) 생존권적 기본권(사회적 기본권)

생존권적 기본권 또는 사회적 기본권은 생활을 영위하기 위하여 필요한 전제조건을 국가 권력의 적극적인 관여에 의하여 보장받을 것을 요청할 수 있는 적극적인 권리를 의미한다.

이는 복지 국가에서 인간다운 생활을 할 권리가 대전제가 된다.

① 인간다운 생활을 할 권리

헌법 제34조 1항에는 "모든 국민은 인간다운 생활을 할 권리를 가진다"라고 하여 인간다운 생활을 할 권리를 규정하고 있다. 2항

이하에는 이의 구체적인 실현규정을 두고 있다. 특히 국가는 국민의 인간다운 생활을 위하여 사회보장, 복지증진에 노력할 의무를 규정하고 있다.

인간다운 생활이라 함은 인간의 존엄성에 상응하는 건강하고 문화적인 생활을 의미한다. 이 같은 건강하고 문화적인 생활을 보장해 주도록 요구할 수 있는 권리를 말한다. 어느 정도·어떠한 생활이 인간다운 생활인지에 대한 기준은 한마디로 설명하기는 어려우나 여러 가지를 참고하여 결정할 수 있을 것이다. 그러나 인간적인 최저생존수준에 머무를 수밖에 없는 현실적인 한계가 있다.

② 교육을 받을 권리

헌법 제31조에는 "모든 국민은 능력에 따라 균등하게 교육을 받을 권리를 가진다"라고 하여 교육을 받을 권리를 규정하고 있다.

교육을 받을 권리라 함은 교육을 받을 것을 국가로부터 방해받지 아니하고 교육을 받을 수 있도록 국가가 적극적으로 배려하여 주도록 요구할 수 있는 권리를 말한다. 교육을 받을 권리는 국민의 정치 참여를 필요로 하는 민주국가에 필수적이며, 현대자본주의 경제질서 아래에서는 국민의 교양과 적절한 직업적인 지식을 갖추는 것이 생존의 필수조건이고, 개인의 능력을 전면적으로 개발하기 위한 국가의 대책이 필요한 것이다.

③ 근로의 권리

헌법 제32조 1항에는 "모든 국민은 근로의 권리를 가진다. 국가는 사회적·경제적 방법으로 근로자의 고용의 증진과 적정임금의 보상에 노력하여야 하며, 법률이 정하는 바에 의하여 최저임금제를 시행하여야 한다"라고 하여 근로의 권리와 근로자의 고용증진, 적정임금의 보장, 최저임금제의 시행 등을 규정하고 있다.

근로의 권리란 근로자가 본인의 의사에 의하여 직업 또는 근로의 종류 등을 자유롭게 선택하고 가장 유리한 조건으로 노동력을 제공하여 대가를 얻어 생존하면서 타인의 방해를 받지 않고 계속 유지할 수 있는 권리를 말한다.

근로권은 현행헌법에 있어서 생존권적 기본권으로서의 근로권을 그 사상의 기반으로 하며, 국가는 근로기회의 확보를 위해서 필요하고 강력한 조치를 취하여 완전고용을 도모한다는 헌법상의 책임을 지는 것을 말한다. 그러나 우리나라는 위와 같은 조치를 실천할 재정적 기반이 약하고 이를 뒷받침할 구체적인 법적 규정이 없기 때문에 이를 실현하기에는 애로가 있다.

④ 근로3권

헌법 제33조에는 "근로자는 근로조건의 향상을 위하여 자주적인 단결권·단체교섭권 및 단체행동권을 가진다"라고 하여 근로3권을 규정하고 있다.

근로3권(노동기본권)이란 자본주의 사회에서의 경제적 약자인 근로자들이 인간다운 생활을 확보하기 위하여 근로조건의 향상을 위한 자유로운 단결, 단체이름으로서의 교섭, 단체행동을 할 수 있는 권리를 말한다.

근로권은 17,8세기의 자연법사상에서 연유하며 노동을 하는 것이 인간의 천부적인 권리로서 국가권력의 침해를 배제하는 근로의 자유를 의미하였으나, 20세기에 들어와서는 사회적으로 경제적 약자인 근로자의 생존을 위하여 근로의 권리를 국가가 보장해야 하는 것으로 바뀌었다.

⑤ 환경권

헌법 제35조 1항에는 "모든 국민은 건강하고 쾌적한 환경에서 생활할 권리를 가지며, 국가와 국민은 환경보전을 위하여 노력하여야 한다"라고 하여 환경권을 규정하고 있다.

환경권이라 함은 오염되지 아니한 환경에서 생활할 수 있는 권리를 말한다. 이 권리는 공업화에 따라 야기된 대규모의 환경파괴가 국민의 신체와 생명에 지대한 영향을 미치게 됨에 따라 오염된 환경을 제거해 줄 것을 국가에 요구할 수 있는 권리이다. 여기에 대한 입법으로는 자연환경보전법과 해양오염방지법 등이 있다.

⑥ 혼인 · 보건에 관한 권리

헌법 제36조 1항에는 "혼인과 가족생활은 개인의 존엄과 양성(兩性)의 평등을 기초로 성립되고 유지되어야 하며, 국가는 이를 보장한다"라고 규정하고, 2항에는 "국가는 모성의 보호를 위하여 노력하여야 한다" 제3항에는 "모든 국민은 보건에 관하여 국가의 보호를 받는다"고 규정하여 모성의 국가보호와 보건권을 규정하고 있다.

보건권이란 국민이 건강유지를 위하여 필요한 국가의 급여와 배려를 요구할 수 있는 권리를 말한다.

오늘날 가족제도는 개인의 존엄과 양성의 본질적 평등을 기초로 한다.

(5) 청구권적 기본권

청구권적 기본권이란 국민이 국가에 대하여 적극적으로 일정한 행위를 청구할 수 있는 주관적 공권이다.

여기에는 청원권, 사법절차에 있어서의 기본권이 있다.

청구권적 기본권은 다른 권리나 이익을 확보하기 위해서 일정한 국가적 행위를 요구할 수 있는 적극적이며 현실적인 권리라는 점에서 다른 기본권과 그 성격을 달리한다.

① 청원권

헌법 제26조에는 "모든 국민은 법률이 정하는 바에 의하여 국가 기관에 문서로 청원할 권리를 가진다. 국가는 청원에 대하여 심사할 의무를 진다"고 규정하고 있다.

청원권이란 국가기관에 대하여 피해의 구제, 공무원의 비리의 시정 또는 공무원에 대한 징계나 처벌의 요구, 법률·명령·규정의 제정·개정 또는 폐지, 공공의 제도 또는 시설의 운영, 기타 공공기관의 권한에 속하는 사항에 관한 의견이나 희망을 진술할 수 있는 권리이다.

청원은 반드시 문서로써 제출하여야 하며 국가기관은 국민이 제출한 청원을 수리하여 심사할 의무가 있기 때문에, 청원권은 국민이 국가에게 특정한 행위를 청구할 수 있는 청원권적 기본권이다.

② 사법절차에 있어서의 기본권

㉮ 정당한 재판을 받을 권리

헌법 제27조 1항에는 "모든 국민은 헌법과 법률에 정한 법관에 의하여 법률에 의한 재판을 받을 권리를 가진다"라고 규정하고 있다. 정당한 재판을 받을 권리란 헌법과 법률에 의하여 임명되어 신분보장이 된 법관과 법률이 정하는 절차에 의하여 재판하는 독립된 사법부인 법원에 의하여 공정한 재판을 받을 권리를 가진다는 것을 의미한다.

㈏ 신속한 공개재판을 받을 권리

헌법 제27조 3항에는 "모든 국민은 신속한 재판을 받을 권리를 가진다. 형사피고인은 상당한 이유가 없는 한 지체 없이 공개재판을 받을 권리를 가진다"라고 규정하고 있다.

신속한 공개재판을 받을 권리는 모든 국민에게 각종재판에 있어서 신속하게 재판을 받을 권리를 보장함과 동시에 형사재판에 있어서 형사피고인이라도 재판확정 전까지는 죄의 유무는 미정(무죄추정)이며, 그 미결상태의 고통을 주지 않도록 특별한 이유가 없는 한 지체 없이 공개재판을 받을 권리를 보장하자는 것이다.

신속한 공개재판의 필요성은 형사피고인의 인권옹호를 위해 필요한 것이다.

㈐ 형사보상청구권

헌법 제28조에는 "형사피의자 또는 형사피고인으로서 구금되었던 자가 법률이 정하는 불기소처분을 받거나 무죄판결을 받은 때에는 법률이 정하는 바에 의하여 국가에 정당한 보상을 청구할 수 있다"고 규정하고 있다.

형사보상청구권은 형사피의자 또는 형사피고인으로 구금되었다가 무죄판결을 받은 자의 물질적, 정신적 피해를 국가가 보상해 줄 것을 청구하는 권리이다. 형사보상청구권은 정당하고 적법한 행위로 구속되었던 경우라 할지라도 무죄확정판결이 있으면 그 손실을 보상해 주는 제도이다.

형사보상청구는 무죄판결을 받거나 기소유예처분이외의 불기소처분을 받은 자가 구금 또는 형의 집행을 받았을 경우에만 할 수 있으므로 불구속된 피의자나 피고인은 그 청구권이 없다.

㉣ 국가배상청구권

헌법 제29조 1항에는 "공무원의 직무상 불법행위로 손해를 받은 국민은 법률이 정하는 바에 의하여 국가 또는 공공단체에 정당한 보상을 청구할 수 있다. 이 경우 공무원 자신의 책임은 면제되지 아니한다"라고 규정하고 있다.

국가배상청구권은 국민이 공무원의 직무상 불법행위로 말미암아 손해를 입은 경우에 국가에게 그에 관한 손해를 배상해 주도록 청구할 수 있는 권리이다.

국가배상청구권이 성립하더라도 공무원 스스로의 책임은 면제되지 아니하며, 국가 또는 지방자치단체가 피해자에게 손해를 배상한 경우에 가해공무원에게 고의나 중과실이 있으면 구상권을 행사할 수 있고 경과실인 경우에는 구상권을 행사할 수 없다(국가배상법 제2조 2항).

㉤ 범죄피해자구조청구권

헌법 제30조에는 "타인의 범죄행위로 인하여 생명, 신체에 대한 피해를 받은 국민은 법률이 정하는 바에 의하여 국가로부터 구조를 받을 수 있다"고 하여 범죄피해자 구조청구권을 규정하고 있다.

범죄피해자구조청구권이란 타인의 범죄행위로 말미암아 생명, 신체에 피해를 입은 국민이 국가에 대하여 유족구조 또는 장해구조를 청구할 수 있는 권리를 말한다.

범죄피해자구조는 타인의 범죄행위로 말미암아 생명, 신체에 대한 피해를 받은 자가 가해자의 불명 또는 무자격으로 인하여 피해의 전부 또는 일부를 배상 받지 못하고 그 생계가 곤란한 사정이 있을 때에 이루어진다.

구조금은 유족구조금과 장해구조금으로 나누는데 구조금의 금액은 피해자 또는 생계유지상황과 장해의 정도를 참작하여 대통령령으로 정한다. 구조여부를 결정하는 기관으로는 범죄피해구조심의위원회가 있고 이는 지방검찰청 내에 설치되어 있다.

(6) 참정권

참정권이란 국민이 국가기관의 구성원으로서 공무에 참여하는 권리를 말한다. 참정권에는 공무원을 선거하고 공무를 담당하는 권리이므로 국민주권주의의 국가에서는 정치권(정치적 기본권)이라고 부르기도 하며, 개인적인 국민의 능동적인 공권이라고 말할 수 있다.

① 공무원 선거권

헌법 제24조에는 "모든 국민은 법률이 정하는 바에 의하여 선거권을 가진다"라고 하여 선거권을 규정하고 있다. 공무원선거권은 공무원선거에 참가할 수 있는 국민의 기본권을 말한다.

여기서 법률은 대통령 및 국회의원선거법과 지방자치법 등을 의미한다.

② 공무담임권

헌법 제25조에 "모든 국민은 법률이 정하는 바에 의하여 공무담임권을 가진다"고 하여 공무담임권을 규정하고 있다.

공무담임이란 입법부, 행정부, 사법부와 지방자치단체 및 공공단체에 구성원으로서 그 직무를 담당하는 것을 의미한다. 모든 국민이 이 규정에 의하여 직접공무를 담당하는 것은 아니다.

법률이 정하는 바에 따라 선거에 당선되거나 임명에 필요한 자격을 구비하거나 시험에 합격하여야 한다.

(7) 기본권 제한의 한계

헌법 제37조 1항에는 "국민의 자유와 권리는 헌법에 열거되지 아니한 이유로 경시되지 아니한다"고 규정하고 있다.

국민의 자유와 권리는 헌법의 규정여하를 막론하고 존중되어야 한다는 의미이다. 그렇다고 해서 이 자유와 권리가 무제한인 것은 아니다. 헌법 제37조에는 "국민의 모든 자유와 권리는 국가안전보장, 질서유지 또는 공공복리를 위하여 필요한 경우에 한하여 법률로써 제한할 수 있으며, 제한하는 경우에는 자유와 권리의 본질적인 내용을 침해할 수 없다"고 규정하여 기본권 제한의 한계를 설정하고 있다. 즉 기본권의 제한은 예외적으로 최소한으로 그쳐야 함을 말하고 있다.

기본권의 제한은 기본권 자체가 절대적으로 보장되지 않을 뿐만 아니라 민주적 기본질서, 타인의 권리, 공공질서 등과 경계에서 그 한계를 가지고 있고 그 한계를 짓기 위하여 필요하다. 기본권의 제한은 국가안전보장, 질서유지, 공공복리의 목적을 위하여 필요한 경우에 제한된다.

기본권을 제한하는 경우에는 반드시 국회에서 제정한 법률에 의하여야 하며, 기본권의 본질적인 내용이 침해되는 것을 금지하고 있다. 기본권의 본질적 내용은 기본권의 핵심인 인간의 존엄과 가치를 의미한다.

3) 의무

국민의 기본적 의무라 함은 국민이 부담하는 여러 의무 중에서 특히 헌법이 규정하고 있는 의무를 말한다. 따라서 국민의 기본적 의무를 헌법상의 의무 또는 공의무라고도 한다.

헌법은 국민의 기본적 의무로서 납세의 의무, 국방의 의무, 교육의 의무, 근로의 의무, 환경보전의 의무를 규정하고 있다.

① 납세의 의무

헌법 제38조에는 "모든 국민은 법률이 정하는 바에 의하여 납세의 의무를 진다"고 규정하고 있다.

납세의 의무는 국가의 통치 활동에 필요한 경비를 충당하기 위하여 국민이 조세를 납부하는 의무를 말한다.

납세의 의무는 모든 국민에게 능력에 따라 공평하게 부과해야 하고 정부의 세금부과는 의회제정의 법률에 의하여야 한다.

② 국방의 의무

헌법 제39조에는 "모든 국민은 법률이 정하는 바에 의하여 국방의 의무를 진다"고 규정하고 있다.

국방의 의무라 함은 외국의 침략행위로부터 국가의 독립을 유지하고 영토를 보전하기 위한 국토방위의 의무를 말한다. 국가는 자국민에게 충성을 요구할 권리를 가지기 때문에 이 의무의 주체는 자국민을 원칙으로 한다.

국방의 의무는 일신전속적 성격을 가지므로 타인에 의한 대리이행은 불가능하다.

③ 교육을 받게 할 의무

헌법 제31조 2항에는 “모든 국민은 그 보호하는 자녀에게 적어도 초등학교와 법률이 정하는 교육을 받게 할 의무를 진다”고 규정하고 있다.

교육을 받게 할 의무란 친권자나 후견인이 그 자녀나 보호 하에 있는 아동에게 초등교육과 법률이 정하는 일정한 교육을 받게 할 의무, 즉 취학시킬 의무를 말한다.

여기서 교육의무의 주체는 우리나라 국민으로서 교육을 받아야 할 자녀, 즉 학령아동을 가진 친권자 또는 후견인이다.

모든 국민은 인간다운 생활의 보장을 위하여 교육을 받을 권리가 생활권적 기본권의 하나로 인정되며 이 권리는 실효성을 갖추기 위해서 교육을 받게 할 의무가 부과되는 것이다.

④ 근로의 의무

헌법 제32조 2항에 “모든 국민은 근로의 의무를 가진다. 국가는 근로의 의무의 내용과 조건을 민주주의 원칙에 따라 법률로 정한다”고 규정하고 있다.

근로는 노동의 뜻과 같다. 근로라 함은 정신적 근로를 포함하는 의미의 근로를 말한다. 근로의 의무는 생존권 보장을 위한 근로의 권리를 생활권적 기본권으로 인정하게 된 데에 따른 국민의 의무이다.

⑤ 환경보전의 의무

헌법 제35조 1항에 “국민은 환경보전을 위하여 노력하여야 한다”고 하여 국민의 환경보전의무를 규정하고 있다.

모든 국민에게 건강하고 쾌적한 환경에서 생활할 권리를 보장하는데 따른 국민의 의무이다.

환경보전의 의무는 환경을 오염시키거나 파괴하지 않도록 노력할 의무이며, 구체적인 내용은 환경정책기본법에 규정하고 있다.

5. 국회

1) 국회의 지위

국회는 국민의 대표기관이다. 그러나 국회와 국민간에 법적인 위임관계가 존재한다는 것은 아니고, 다만 국회의 의결은 국민의 의사로 간주한다는 의미에 불과하다. 국회는 입법기관이며, 국정감시기관이다.

2) 국회의 구성

국회의원의 수는 법률로 정하되 200인 이상으로 하며, 국회의원의 임기는 4년으로 한다.

3) 국회의 권한

(1) 입법에 관한 권한

국회는 법률제정권을 가진다. 국회의 여러 가지 권한 중 가장 중요한 권한이다. 국회의원과 정부는 법률안을 제출할 수 있다.

국회는 헌법 개정의 제안과 의결을 할 수 있으며, 조약의 체결·비준에 대한 동의권을 가진다. 그리고 국가의 예산안을 심의하고 확정할 권한을 가진다. 이를 재정에 관한 권한이라고 한다.

그리고 일반국정에 관한 권한으로는 국정감사 및 조사권, 대통령, 국무총리, 행정각부의 장 등에 대한 탄핵의 소추를 의결할 수 있다. 또한 국무총리 또는 국무위원의 해임을 대통령에게 건의할 수 있다.

4) 국회의원의 특권

국회의원은 현행범이 아닌 한 회기 중 국회의 동의 없이 체포 또는 구금되지 아니하며, 회기 전 체포 또는 구금된 때에도 현행범이 아닌 한 국회의 요구가 있으면 회기 중 석방된다. 그리고 국회의원은 직무상 발언과 표결에 대하여 국회 외에서 책임을 지지 아니한다.

6. 정 부

정부란 행정권의 주체만을 뜻하는 개념으로서 대통령 · 국무회의 및 행정각부 장관을 포함하는 개념으로 규정되어 있다.

대통령의 지위에는 행정권의 수반으로서의 지위와 국가원수로서의 지위의 두 가지가 있다. 행정권의 수반으로서의 권한은 국무총리 · 국무위원 임명권, 명령 제정권, 법률안 제출권, 국무회의 의장권 등이 있고, 국가원수로서의 권한은 긴급명령권, 대법원장 임명권, 국민투표 회부권 등이 있다. 대통령의 임기는 5년으로 중임할 수 없다.

대통령의 국법상 행위는 문서로써 하는데, 이 문서에는 국무총리와 관계 국무위원이 부서한다. 군사에 관한 것도 같다.

국무회는 대통령 · 국무총리와 15인 이상 30인 이하의 국무위원으로 구성되며 대통령이 의장이 되고, 국무총리가 부의장이 된다. 행정각부의 장관은 국무위원 중에서 임명된다.

7. 법 원

권리관계를 확정하여 구체적 쟁송을 해결하는 국가작용이 사법이며, 이러한 권한을 행사하는 국가기관이 사법부, 즉 법원이다.

법원은 최고법원인 대법원과 고등법원, 지방법원으로 조직된다. 특수법원으로는 가정법원, 특허법원, 행정법원이 있다. 법관의 자격은 법률로 정하게 되어 있고(헌법), 이에 의거 법원조직법은 법관의 자격을 규정하고 있다. 대법원장은 국회의 동의를 얻어 대통령이 임명하고, 대법관은 대법원장의 제청으로 국회의 동의를 얻어 대통령이 임명한다. 대법원장과 대법관이 아닌 법관은 대법관회의의 동의를 얻어 대법원장이 임명한다.

대법원장의 임기는 6년이며, 중임할 수 없으나 대법관의 임기는 6년으로 하며, 법률이 정하는 바에 의하여 연임할 수 있다. 대법원장과 대법관이 아닌 법관의 임기는 10년으로 하며, 법률이 정하는 바에 의하여 연임할 수 있다.

8. 헌법재판소

헌법재판이란 헌법을 운용하는 과정에서 헌법규범의 내용이나 기타 헌법문제에 대한 다툼이 생긴 경우에 이를 유권적으로 해석함으로써 헌법의 규범적 효력을 지키고 헌법생활의 안정을 유지하려는 헌법의 실현 작용을 말한다.

헌법재판소는 9인의 재판관으로 구성되며, 헌법재판소의 권한은 법원의 제청에 의한 법률의 위헌여부심판, 탄핵심판, 정당의 해산심판, 국가기관 상호간, 국가기관과 지방자치단체간 및 지방자치단체 상호간의 권한 쟁의에 관한 심판, 헌법소원 등에 관해 헌법재판권을 가진다.

제 3 장

교회의 법(교회 헌법)

본장은 한국 장로교의 여러 교단 중에서 대한예수교장로회 합동과 고신의 헌법을 중심으로 살펴본다. 한국 교회의 장로교는 교단을 다를지라도 헌법의 내용은 대동소이(大同小異)하다.

1. 교회

1) 교회의 정의

성경에는 교회를 지칭하는 용어가 다양하게 나타나는데, 가장 대표적인 용어는 에클레시아이며, 이는 '부름받은 사람들'이라는 뜻이다. 즉 예수 그리스도의 지체로 부름받은 사람들, 이들이 바로 교회인 것이다. 그러나 차츰 교회라는 개념은 부름받은 사람들과 예배당, 그리고 조직을 통칭하는 의미로 사용되었다. 교회를 칭하는 영어의 church나 스코틀랜드어의 kirk 혹은 독일어의 kirche는 모두 '하나님의 집'이란 뜻의 헬라어 키리아콘(kyriakon)

에서 유래된 말이다.

예수 그리스도의 복음 사역과 십자가 부활 이후 이 지상에 생겨난 최초의 교회는 예루살렘 교회였다. 이 예루살렘 교회는 최초의 지역교회(local church)였다. 그 후 교회는 안디옥, 에베소, 빌립보, 고린도, 로마 등지로 확산되어 갔다. 이처럼 여러 지역에 흩어져 있는 교회들을 지역교회라고 말한다. 그러나 따지고 보면 이 지상의 모든 참된 교회는 오직 하나 뿐인 그리스도의 교회에 속해 있다. 비록 시간적으로나 공간적으로 각기 다른 시기에, 다른 곳에 설립되었다 할지라도 모든 교회는 예수 그리스도에게 속해 있다. 예수 그리스도는 머리이시고 모든 신자는 그 지체들이다. 이 하나 뿐인 교회를 보편교회라고 말한다. 즉 참 교회는 우주적이며(universal) 보편적(catholic)인데, 모든 지역 교회는 보편교회에 속해 있다.[2)]

교회법적인 교회의 정의는 대한예수교장로회 교단헌법에 의하면 "교회는 하나님의 부르심을 받은, 과거와 현재와 미래에 있어서 그리스도를 믿는 택한 백성의 거룩한 공회이다"(고신 정치 제9조)라고 정의하고 있고, 이를 전제로 구체적 기준에 의하여 교회의 성립을 인정하고 있다.

"하나님이 만민 중에서 대중을 택하사 저희로 영원토록 무한하신 은혜와 지혜를 나타내게 하시나니 저희는 생존하신 하나님의 교회요, 예수의 몸이요, 성령의 전이라, 전과 지금과 이후에 만국의 성도니 그 명칭은 거룩한 공회라 한다."(합동 정치 제2장 제1조)

---

2) 이상규, 『교회의 역사』, 영문, 2005. pp. 11-12.

즉 예수를 믿는다고 고백하는 자들과 그 언약의 자녀들이 일정한 장소에서 그 원대로 합심하여 하나님을 경배하며, 성실하게 생활하고, 예수의 나라를 확장하기 위하여 성경에 교훈한 대로 연합하고 제정된 교회 정치에 복종하며, 공동예배로 회집하면 이를 개체교회라 하며, 개체교회 설립에 필요한 교인들의 수는 장년교인 20인 이상이어야 한다고 규정하고 있다.(고신 헌법적 규칙 제1조)

합동교단은 15인으로 규정하고 있다.(합동 헌법적규칙 제1조)

2) 개신교회

교회는 초대교회 시대, 중세교회 시대를 거쳐 오는 동안, 특히 중세 교회시대의 당시 교회가 가르치는 잘못된 주장에 대해 토론할 것을 제의하면서 시작된 것이 종교개혁이다. 이는 본래적 기독교 회복운동이었다. 1517년 10월 31일 독일 비텐베르그(Wittenberg)대학의 교수였던 마틴 루터(1483-1546)는 그가 봉직하고 있던 대학 게시판에 95개조의 항의문을 게재했는데, 이것이 16세기 교회개혁운동의 시발점이 되었다.

종교개혁은 교회의 개혁(Reform)과 부흥(Revival)이라는 교리적 측면과 영적 측면을 동시에 지니고 있었다. 오직 믿음(sola fide), 오직 은혜(sola gratia), 오직 성경(sola scriptura)의 개혁정신이었다.

교회개혁운동은 루터를 비롯하여 쯔빙글리(U. Zwingli, 1484-1531), 칼빈(J. Calvin, 1509-1564), 존 낙스(J. Knox, 1515-1574)등의 개혁자들에 의해 독일, 스위스, 화란, 영국 스코틀랜드 등지로 확대되어 갔다.

종교개혁의 결과로 루터파, 개혁파, 장로교, 성공회 등의 교파가 생성되었는데 오늘날의 장로교, 감리교, 성결교 등으로 발전되어 현재의 개신교회가 생겨나게 된 것이다.

2. 교회법의 필요성

보이는 교회는 신앙고백을 한 자들의 모임이나 이 세상에 살고 있는 세상사람들의 모임이므로 조직을 운영하거나 다스릴 규칙이 필요하게 된다. 또한 거짓 신앙고백자들이 있을 수 있고, 육신을 가진 인간이므로 실수나 과오가 있을 수 있으므로, 이들을 구원으로 이르도록 진리로 교육하고 교회생활을 바르게 지도하기 위하여 치리와 권징이 필요하게 된다.

이 부분이 교회정치이며, 이를 규율하는 규칙이 교회 헌법이다.

교회법은 교회의 조직과 치리 및 신자들의 생활을 규율하기 위하여 교회가 제정한 법규범으로 교회의 법률이다. 이 교회 법률은 교회의 자주적인 입법권에 의하여 제정한 법률로서 신앙공동체인 교회의 목적달성을 위하여 필요한 제반 사항을 정한 법규 또는 규정(헌법, 헌장 등)을 말한다. 지상 교회, 즉 예수 그리스도를 구주로 신앙고백하는 사람들이 모인 신앙공동체에서 하나님의 사업을 효과적으로 수행하기 위하여는 질서와 규범이 필요하므로 교회법을 제정하게 되는 것이다. 이 교회법은 하나님의 사랑과 공의의 법칙이 기준이 되어야 하는 것은 말할 필요가 없다.

이 교회법에는 교단의 교리에 관한 사항, 지교회의 일반적인 조직과 관리 운영에 관한 사항, 개교회와 교단의 관계, 교단에 관한 사항, 교회재산에 관한 사항, 권징 재판에 관한 사항 등을 규정하고 있다.

예수 그리스도는 "율법을 폐하러 온 것이 아니요 완전케 하려 함이로다"고 말씀하셨고(마태복음 5:17) 바울 사도는 "사랑은 무례히 행치 않는 것이며, 불의를 기뻐하지 아니하며, 진리와 함께 기뻐하는 것이라"(고전 13:4-7)고 하였다. 그러므로 율법과 정당한 법을 지켜야 한다.

교회법은 하나님의 법을 원천으로 하고 있으므로 이를 잘 준수하여야 한다. 하나님의 법이란 성경을 통하여 주신 말씀과 하나님의 피조물인 인간의 마음에 주신 윤리규범, 즉 양심인 자연법을 포함한다. 즉 "선을 행하라", "악을 피하라"는 자연 이성(理性)의 명령이다(아모스 5:14).

자연법은 도덕률로서 모는 덕행을 망라하고 이성과 양심의 소리에 따라 이를 명하는데 대하여, 국가의 실정법은 그 목적인 공동선(公同善)을 달성하기 위한 규범으로 국가 권력으로 강제하는 것이며, 교회법은 신자들의 생활을 규율하고 교회의 목적달성을 위한 것이다.

3. 교회 정치

기독교는 현재 교리적 차이와 문화적 차이로 여러 교파로 나누어져 있다. 대체로 기독교를 분류하면 로마 가톨릭 교회, 그리스 정교회, 프로테스탄트 교회, 러시아 정교회, 영국 성공회 등이라 할 수 있다.

1) 교회의 정치제도들

교회의 정치란 예수 그리스도로부터 교회가 받은 임무와 사명을 수행하는데 필요한 교회의 행정체제를 말한다. 교회정치의 목적은 땅끝까지 그리스도의 삶과 십자가와 부활을 증거하는 데 있다.

(1) 교황제도

로마 가톨릭 교회(천주교회)는 교회를 위계제도(位階制度)에 의한 법국가(法國家)로 본다. 그래서 세계의 여러국가와 외교관계를 갖거나 조약을 맺기도 한다. 천주교회의 위계제도는 군대처럼 계급으로 구성되어 있다. 위계제도는 종속의무와 순종심을 가지고 복종하도록 구속되어 있다.

(2) 감독제도

감독제도는 성직자로 안수받은 사제 이상의 교직자들이 교회에 관한 모든 행정적인 일들을 관장한다. 감독 제도를 택하고 있는 교회는 영국 성공회, 감리교, 유럽의 루터교회와 모라비아파 등이며, 감독제 교회는 장로직이 없다.

(3) 회중제도

회중제도는 모든 교인이 자유로운 신앙고백을 토대로 삼아 구성한 자치교회이다. 그들은 신앙고백, 예전, 규칙, 목사나 집사 등 교직을 선임할 때 일체 외부의 간섭을 받지 않는다. 그들은 상회에 의해서 개 교회가 모인 것이 아니라, 자발적으로 만나고 모임으로써 하나님 안에서 하나가 될 수 있다고 믿는다. 회중파, 조합

교회라고도 불리었고, 개교회의 자주권을 주장함으로써 감독제도와 정반대되는 교회정치체제로 발전시켰다. 회중교회는 침례교회와 미국내의 그리스도교회와 형제단 교회 등이 있다.

(4) 대의제도(장로제도)

칼빈은 제네바에서 성직자의 대표와 평신도들의 대표인 장로와 함께 교리위원회(당회)를 만들어, 교회의 일을 대의제도로 그리고 민주적으로 처리케 하였다. 이 제도를 대의제도, 또는 장로제도라고 한다.

장로제도의 특징은 평신도의 존재를 경시하는 감독제도의 단점과 상회와 평신도를 경시하는 회중제도의 단점을 시정하고 교회를 성도 전체에 의해서 구성하는 그리스도의 몸으로서 성도의 교제를 두텁게 하고, 교회의 일을 모든 교인이 힘을 합하여 수행하려는데 있다.

이 대의제도를 채택하고 있는 교회는 개혁교회와 장로교회이다.

(5) 무교직제도

교회라는 조직체 자체를 부인하고, 순전히 내적이고 영적인 신앙생활을 주장한다. 하나님의 말씀은 내적인 것이기 때문에 외적인 형식이나 의식에 의지할 필요가 없다고 한다.

이러한 주장의 대표적인 교회는 스위스의 메노파와 영국의 퀘이커파, 독일의 경건주의의 일파가 있다.

4. 한국 교회법의 개요

한국 교회의 교회법, 즉 각 교단 헌법은 교단에 따라 약간의 차이는 있으나 대체적으로 교리, 예배지침, 교회정치, 권징조례, 헌법적 규칙 등으로 편제, 구성되어 있다.

그런데 교회정치는 국가의 정치개념과는 차이가 있다. 정치(政治)의 사전적 의미는 '①국가권력을 획득하고 유지하며 행사하기 위하여 벌이는 여러 가지 활동 ②통치자나 위정자가 국민을 위해 시행하는 여러 가지 일'이라고 되어 있다.

교회헌법의 교리부분은 웨스트민스터 신앙고백서, 웨스트민스터 대교리문답(대요리문답), 웨스트민스터 소교리문답(소요리문답)을 포함하고 있어 성도들이 믿고 가르치는 표준으로 개혁주의 신학과 신앙에 관한 내용을 제시하고 있다. 즉 신학과 신앙에 관한 문제의 답을 제시하고 있는 것이다.

그리고 교회관리의 부분에는 예배지침, 교회정치, 권징조례가 포함되어 있어 예배를 인도하며 교회를 치리하는 원리와 권징의 문제들에 대한 답을 제시하고 있다. 예배와 교회정치, 권징조례에 대한 신학적인 문제는 교리부분에서 찾아야 그 답을 찾을 수 있을 것이다. 그래서 교리 부분과 교회관리 부분은 유기적인 관계를 가지고 있다.

헌법 가운데 정치부분의 내용은 교회정치원리, 교회, 교인, 교회직원, 교회 치리회, 교회회의, 선교 및 교단교류, 재산, 각종 고시, 헌법개정 등으로 되어 있다.

한국 교회법 즉 헌법의 내용을 요약하면 교리, 교회직분자, 치리회, 회의, 재산에 관한 규정 등이라고 말할 수 있겠다.

그러므로 교회 정치의 목적은 교리를 바르게 알고 믿어서 행하여야 하고, 직분자는 그 책임과 의무를 철저히 이행하도록 하는 것이라고 할 수 있다.

5. 장로교의 정치원리

1917년 대한예수교장로회 총회가 헌법을 제정하면서 웨스트민스트 헌법 책을 번역하여 총회가 작성한 대로 편집하여 국한문으로 출판하였다. 이때 8대 원리를 수용하였다. 장로교의 8대 교회정치 원리는 다음과 같다.

1) 양심의 자유

양심을 주재하시는 이는 하나님 뿐이시다. 그가 신앙과 예배에 대하여 그 말씀에 위반되거나 탈선되는 사람의 명령이나 교리를 받지 않게 양심의 자유를 주셨다. 그러므로 누구든지 종교에 관계되는 각 항 사건에 대하여 속박을 받지 않고, 각자 양심대로 판단할 권리가 있으므로 누구든지 이 권리를 침해하지 못한다.(교회정치 제1조)

양심의 자유는 신앙과 예배에 관하여 성경에 위반한 양심 형성, 양심 유지, 양심 표현을 거부할 자유와 권리를 의미한다. 그러므로 교인은 이단이나 사이비의 가르침에서 자유롭게 벗어날 수 있으며 거부할 권리를 가진다.

또한 상회의 결의 또는 명령이 양심에 비추어 성경에 위배된다고 판단되면 불복종할 자유권이 있다는 것이다.

양심 형성의 자유는 양심 결정의 자유라고도 할 수 있는데, 어떤 강제나 간섭, 강요 등을 받지 아니하고 자기의 내면적 세계에서 내적으로 도덕적, 윤리적 판단, 세계관, 인생관, 정치적 주의와 사상, 종교적 신조와 신념에 따라 시비와 정의 및 부정에 관한 확신을 결정하여 형성하는 자유를 의미한다.

양심 유지의 자유는 형성된 결정의 양심을 계속성, 일관성 있게 지속하여 나가는 자유를 의미하고, 침묵의 자유를 포함하며, 양심 표현의 자유도 포함된다.

기독교 신자의 양심은 원칙적으로 하나님의 말씀으로 밝혀진 양심이며, 따라서 착한 양심이다.(딤전 1:5, 19)

양심이란 동양에서는 자연적으로 가지고 있는 본체라고 하였고, 성경의 원어는 '같이 안다'(to know together)라는 뜻으로 지식을 같이 한다는 의미이다. 양심은 하나님이 인간에게 주신 자각장치 즉 스스로 깨닫게 하는 장치이다. 자신의 행위의 '가치와 무가치'를 구분하는 잣대가 바로 양심이므로 양심은 인간 속에 있는 심판자이다.

그러므로 양심은 인간 속에 있는 사법기관과 같아서 깨끗한 양심이 없이는 믿음의 비밀을 깨닫지 못한다.(딤전3:9)

2) 교회의 자유

전조(前條)에서 설명한바 개인 자유의 일례로 어느 교파, 어느 교회든지 각기 교인의 입회 규칙과 세례교인 및 직원의 자격과 교회 정치의 일체 조직을 예수 그리스도의 정하신 대로 설정할 자유권이 있다. 교회는 국가의 권력을 의지하지 아니하고 오직 국가에서 각 종교 기관의 안전을 보장하며 동일시함을 바라는 것 뿐이다.(제2조)

교회를 만들고 신앙생활을 하기 위하여는 교회의 자유가 필요하고 예수 그리스도께서 가르치신 원리 안에서 교회의 규칙이나 모든 것을 설정할 자유가 있다.

교회의 자유에는 종교적 행위의 자유와 종교적 집회와 결사의 자유, 정교분리 원칙을 내용으로 한다.

종교적 행위의 자유란 교회에서 하나님께 경배 드리고 기도하고 찬양, 설교, 봉헌 등 모든 예배행위뿐 아니라 교회 안팎에서 행하는 모든 성경과 진리에 바탕을 둔 행위의 자유를 말한다. 선교, 전도, 교육, 봉사, 친교를 위한 모든 행위의 자유를 포함한다.

교회와 국가는 서로 독립되어 있는 것이 원칙이나. 이는 정교분리(政敎分離)의 원칙이다. 교회와 국가의 관계에 있어서, 교회의 영적인 사항에 대하여 국가가 간섭을 해서는 안되고, 교회도 국가적 권력에 의지하여서도 안된다. 이 독립의 개념은 교회나 신자가 국가에 대한 의무와 책임을 이행하지 않아도 된다는 의미가 아니라, 국가나 교회가 지니고 있는 각 영역의 주권은 하나님께서 주신 권리이므로 서로 존중하여야 한다는 것이다.

3) 교회 직원

교회의 머리되신 주 예수께서 그 몸된 교회에 덕을 세우기 위하여 직원을 세우셔서 복음을 전파하며, 성례를 거행하게 하실 뿐만 아니라, 신자로 하여금 진리와 의무를 준수하도록 권징을 시행하게 하신 것이다. 그러므로 교인 중 거짓 교리를 신앙하는 자나 행위가 악한 자가 있으면 교회를 대표한 직원과 전교회가 당연히 책망하거나 출교할 것이다. 그러나 항상 성경이 교훈한 법규대로 행할 것이다.(제3조)

직원 임명과 치리권 행사의 자유이다. 그리고 직원 직무 행사의 자유를 포함한다. 이것은 국법상으로부터의 자유이며 교회의 자율권이다.

교회는 교회의 직원을 세우기 위한 직원의 책임, 자격, 권한, 선출방법 등의 규칙 제정권이 있으며 그 권리는 성경에 근거하여야 한다는 내용의 원리이다. 교회의 직원은 교회에 덕을 세우기 위하여 세우고, 그 직원의 책무는 복음을 전파하고 성례를 거행하고 신도들로 하여금 진리와 본분을 지켜 하나님을 영화롭게 하는 것이다.

교회의 직원을 통하여 그리스도의 3중직인 왕, 제사장, 선지자의 직분을 수행하도록 한다.

교회직원은 특수한 분량의 은사 때문에 직분을 받아 그 은사로 사역하는 것이다. 그러므로 직원은 겸손과 인내와 온유로 직분에 임하여야 한다.

4) 진리와 행위

진리는 선행의 기초이다. 진리가 진리되는 증거는 사람으로 성결하게 하는 경향에 있으니 주께서 말씀하시기를 "열매로 그 나무를 안다"하심과 같다. 진리와 거짓이 평등하다고 하거나, 사람의 신앙이 어떠하든지 무관하다하는 이 말들보다 더 패역하고 모순된 것은 없다. 신앙과 행위, 진리와 의무는 서로 연결되어 분리될 수 없다. (제4조)

예수 그리스도가 바로 진리요, 그의 말씀과 복음이 진리이다. 이러한 진리를 믿으면 구원을 받고 또한 이 믿음에는 행함이 따르는 것이다. 믿음과 행함, 신앙과 행위는 분리할 수 없는 양면이다. 진리가 이러한 믿음과 행함의 기초이며 근본이고, 뿌리이다.

진리는 믿음과 행위의 기초이므로 신앙과 행위로 분리할 수 없다. 그러므로 진리는 선행의 근본이 되고 선행은 진리의 열매와 증거가 된다. 즉 진리는 뿌리이고 행위는 열매이다.

5) 직원의 자격

제4조의 원리에 의거하여 교회가 직원을 선정하되 교회의 도리를 완전히 신복하는 자를 선택하도록 규칙을 제정할 것이다. 그러나 또한 사람에 따라 성격과 주의가 다르고 교회규칙에 대한 의견이 다를지라도, 교우와 교회가 서로 관용하여야 한다.(제5조)

이는 교회직원의 자격과 선정의 자유를 말한다. 교회직원의 자격은 성경말씀을 믿고 따르는 자로서 신앙사상이 건전해야 한다. 성경과 교리와 신조 뿐 아니라 교회 헌법을 준수하고 직분에 충실하여야 한다. 이 경우 교인들의 성향에 따라 의견이 다를 때는 서로 관용하여야 한다는 원칙을 밝히고 있다. 그러나 진리의 말씀에서 이탈한 경우까지를 관용하라는 의미는 아니다.

6) 직원 선거권

교회 직원의 성격, 자격, 권한 및 선거와 위임의 규례는 성경에 기록되어 있으므로 어떤 회의에서든지 그 직원을 선정하는 권한은 그 회에 있다.(제6조)

교회직원은 교인의 자율적인 선거에 의해서 선임되어야 한다.

교회직원을 교인이 선택하는 것은 교회 자유의 원리에 의한 것이며, 교회 직원을 교인의 양심의 판단에 의해 선택하는 것은 양심의 자유의 원리에 의한 것이다.

교회 직원의 선택에 상회인 노회나 총회가 간섭할 수 없으며, 노하 산하 다른 지교회 에서도 관여할 수 없다. 그러나 직원의 선택은 총회의 규정이나 노회의 규칙 등을 따라야 하며, 선거에 관한 4대 원칙인 보통 선거, 평등 선거, 직접 선거, 비밀 선거는 보장되어야 한다.

7) 치리권

치리권은 전 교회로서나 그 선정된 대표자로 행사함을 불문하고, 하나님의 명령을 좇아 전달하는 것뿐이다. 곧 성경은 신앙과 행위에 대한 유일한 법칙이므로 어느 교회의 치리회든지 회원의 양심을 속박할 규칙을 자의로 제정할 권리가 없고, 오직 하나님의 계시(啓示)하신 뜻에 근거한다.(제7조)

치리(治理)는 다스린다는 뜻이다. 치리권이란 교회의 신성(神聖)과 질서를 유지하기 위하여 목사와 장로로 구성된 당회, 노회, 총회가 교회를 다스리기 위하여 행사하는 권한이다. 치리권은 협의(狹義)로는 행정과 권징을 의미하고, 광의(廣義)로는 정치를 포함한다.

치리권의 내용은 정치권과 행정권 및 권징권으로 나눌 수 있다.

치리권은 개인에게 있지 않고, 교회가 세운 목사와 장로로 구성된 치리회, 즉 당회에 있다. 치리권의 행사자는 교회가 택하여 세운 대표자가 행한다. 개체교회에시 시무하는 목사와 장로로 구성되는 당회가 행사하며, 상회에서 노회원목사와 총대장로로 조직,

구성되는 노회가, 목사총대와 장로총대로 조직, 구성되는 총회가 행사한다.

당회의 정치권이란 당회에서 노회원목사와 총대장로의 노회 파송권, 당회장의 당회장권, 제직회 회장권, 공동의회 회장권, 당회장 및 당회원의 당회권, 당회원의 당회원권, 제직회 회원권, 공동의회 회원권, 당회원의 각종회의에서의 발언권, 표결권, 지교회 공무담임권 등 여러 가지가 있다.

노회의 정치권이란 총회 총대 파송권, 노회원 목사나 총대장로의 노회에서의 발언권, 표결권, 노회 공무담임권 등이 있고, 총회의 정치권도 당회나 노회의 경우와 마찬가지이다.

행정권이란 지교회, 노회, 총회의 일반 행정, 당회의 직무, 노회의 직무, 총회의 직무, 제직회 5항의 회의 안건, 즉 공동의회에서 의결한 예산집행사항, 예산 추가경정 사항, 보봉재산과 특별헌금 관리사항, 기타 중요사항 등과, 공동의회 5항의 회의 안건, 즉 당회가 제시한 사항, 개체교회 예산과 결산사항, 개체 교회 기본재산의 취득과 처분에 관한 사항, 직원의 선거 사항, 상회가 지시한 사항 등에 관한 모든 업무처리에 관한 권리를 말한다.

모든 권한과 책임의 행사는 당회는 당회장, 노회는 노회장, 총회는 총회장이 가진다. 모든 치리권은 목사와 장로가 상호 협력하여 이를 관장하여야 한다.

하나님의 말씀에 의지하지 않고는 교회의 거룩함을 유지할 수 없고, 하나님께서 세워주신 법도를 떠나서는 교회의 질서를 바로 잡을 수 없다. 치리의 유일한 법칙은 성경이므로 성경에 계시된 하나님의 뜻을 따르고 시행하는 것이 되어야 한다.

8) 권징

교회가 이상 각 조의 원리를 힘써 지키며 교회의 영광과 복을 증진할 것이니 교회의 권징은 세계 교회의 머리이신 그리스도의 능력과 권위에서 온 것이므로 반드시 그 성격이 순전히 도덕적이고 영적이어야 하며, 도덕성과 신령성의 것이요, 국법에 의한 시벌(施罰)이 아니므로, 그 효력은 정치의 공정과 모든 사람의 공인(公認)과 만국 교회의 머리이신 주 예수 그리스도의 권고와 은총에 있다.(제8조)

이 권징은 도덕상 및 신령상(神靈上)의 문제이며 국법상(國法上)의 것이 아니다. 그러므로 그 효력은 교회 안에서만 미칠 뿐이다.

권징의 주체는 각 치리회 즉 당회, 노회, 총회이며, 권징의 객체는 교회헌법과 헌법이 위임한 여러 가지 규정을 위반하여 범죄 한 교인, 직원, 각 치리회이며, 이러한 권징권의 근거는 예수그리스도이다. 권징의 방법은 권리의 행사와 법의 시행이며, 권징의 구체적 실현방법은 재판을 통하여 권고하고 징계하는 것이다.

즉 권징은 교회재판이라는 절차를 통하여 예수 그리스도께서 교회에 부여한 권한에 따라 법이라는 이름으로 규정한 규범을 위반한 구체적 행위에 대하여 권고하고 징계하는 방법을 통하여 처벌하는 것을 말하는 것이다.

권징의 목적은 하나님의 영광과 권위를 위하여, 진리를 수호하고 선행, 성결을 수호하며, 범죄자를 회개하게 하기 위함이다. 즉 교회의 권징은 형벌(刑罰)을 과하는 것이 아니라, 죄를 범한 자를 교정, 양육시켜 올바른 신앙인의 생활로 회복시키게 하는 것이므로 사랑의 요소가 필요하다.

권징의 범위, 즉 사유는 교단에 따라 약간 다르나 대체로 11가지 내지 13가지로 권징조례에 규정하고 있다. (합동권징조례 제3조, 고신 제5조 참조) 이 사유 이외의 행위에 대하여는 범죄가 인정되지 않는다.

범죄행위에 대한 책벌(責罰)은 견책, 근신, 시무정지, 정직, 면직, 수찬정지, 출교 등 7가지인데, 9개로 규정하고 있는 교단도 있으나 대동소이(大同小異)하다.(고신 제11조) 합동은 권계(勸誡), 제명이 포함되어 있다.

권징은 영적(靈的)인 법의 시행이므로, 공정하고, 정확하게 교회법을 해석, 적용해야 한다.

통합교단은 8대원리 중 3), 5), 6)을 하나로 묶어 교회의 직원과 선택으로 하여 6대 원리로 만들었다.

6. 정치원리의 기본원칙

1) 평등의 원리

(1) 평등의 개념

교단 헌법에는 평등의 원리나 평등권에 관한 명문 규정은 없지만, 헌법 전체의 사상과 정신의 취지를 살펴 볼 때 평등의 원리를 인정하여야 한다.

평등사상은 정의(正義)의 개념과 관계가 있는데, 정의의 개념은 아리스토텔레스(Aristoteles, BC 384-322)의 이론이 가장 논리적이고 체계화 되어 있다고 볼 수 있다. 그에 의하면 정의는 평균적(平均的)정의와 배분적(配分的)정의로 나누어지고, 평균적 정의는 절대적 평등으로, 배분적 정의는 상대적 평등과 연관되어진다.

한국 교회헌법 정치편의 평등이란 ①하나님 앞에서의 평등 ②법 앞에서의 평등 ③직분의 평등으로 나눌 수 있다.

(2) 하나님 앞에서의 평등

모든 교인은 하나님 앞에서 절대적 평등이다. 바울이나 루터의 '이신득의'(以信得義), 오직 믿음으로(Sola Fide)는 절대적 평등의 가치를 나타내는 사상이다. 루터의 '만인제사장설'도 하나님 앞에서의 절대적 평등을 나타내는 하나의 상징이다.

마태복음 20장의 포도원 일꾼의 비유에서 어느 시간에 일하러 왔던지 동일한 임금을 지불하는 것을 볼 수 있다. 이로써 하나님의 천국의 문은 절대적 평등이고, 평균적 정의라는 것을 알 수가 있다.

누가복음 23장의 십자가에 달린 한 강도에게 하신 말씀은 하나님 앞에 있어서 절대적 평등 또는 평균적 정의의 사상을 나타내신 사건이다. 구원이나 인간의 존엄과 가치 그리고 천부적(天賦的)기본권 문제에 있어서는 하나님 앞에서는 절대적으로 평등한 것이다.

따라서 장로교의 정치원리에서 평등의 원리는 교회정치법의 해석과 적용에 있어서 기준이 된다고 할 수 있다.

(3) 법 앞에서의 평등

평등의 원칙은 기본권 보장에 관한 헌법의 최고원리라고 말할 수 있다. 여기서 법이란 교회 헌법 정치편에 규정된 실정법 뿐만 아니라 초실정법으로서의 자연법을 포함한다. 따라서 총회나 노회, 당회의 규칙이나 규정 등 모든 것이 이 평등의 원칙을 준수하여야 한다. 치리회의 입법권 자체도 이 원칙에 따라야 하며, 치리회장의 법집행이나 재판국의 법적용에 있어서도 이 평등의 원리가 적용된다.

하나님 앞에서의 평등은 절대적 평등을 의미하며, 법 앞에서의 평등은 상대적 평등, 즉 배분적 정의를 말한다. 여기에서의 평등은 절대적 무차별의 평등을 의미하는 것이 아니고, 정당한 이유가 있고 합리적인 근거가 있는 차별은 허용되는 것이다.

즉, 불합리한 차별대우를 금지한다는 취지이다.

이러한 상대적 평등의 기준으로 민주주의 이념, 사회통념, 사회정의, 합목적성, 합리성 등을 말 할 수 있다. 그러나 철저한 자의(恣意)의 금지, 주관성의 배제가 요구된다.

(4) 직분의 평등

교황제도, 감독제도는 교직위계주의(教職位階主義, Hierarchy)에 입각하고 있으며, 교황제도는 주교(Bishop), 사제(Priest), 부제(Deacon,조제)등으로 위계가 있고, 감독제도는 감독, 주교, 사제, 집사 또는 감독, 장로, 십사 등으로 직분에 위계가 있다.

그러나 장로제도에서는 항존직으로 목사, 장로, 집사, 권사 등의 직분이 있지만 이는 어디까지나 직분이며 기능과 역할, 은사와 직무에 차이가 있을 뿐 그 신분과 권위에 있어서는 평등하다.

사도행전 20:17에서 사도바울은 에베소교회의 장로들에게 고별설교를 하면서 에베소교회의 양 떼를 부탁하고, 28절에는 장로들을 감독자로 지칭한 사실과 디도서 1:5에서 장로들이라고 하고 곧 이어 7절에서 감독이라고 한 것을 본다면, 사도들이 교회를 세우고 장로를 세운 다음 그들에게 교회를 다스리게 하였다. 이는 사도들 수(數)의 제한과, 많은 교회들의 순회(巡廻)직무의 부족함을 보충, 보완하고, 교회를 감독도 하고 치리도 하게 한 것들 보면 장로나 감독이나 동의어(同義語)라고 보는 것이다. 이를 장로감독동일설(長老監督同一說)이라고 한다. 이 설을 취하게 된다면 직분의 평등은 당연한 것이 된다.

2) 대의정치의 원리

민주정치는 주권자의 정치참여의 방식에 따라 직접민주정치와 간접민주정치로 분류된다. 직접민주정치는 국민투표적 민주정치, 간접민주정치는 대표적 민주정치 또는 대의정치(代議政治), 대표제민주정치로 부른다.

장로교의 대의정치는 교인들에 의하여 선택된 장로를 통하여 조직되는 치리회가 다스리는 체제를 말한다.

구약시대와 초대교회시대에 있었던 장로제는 로마 가톨릭시대를 지나면서 사라졌다가 종교개혁 후 칼빈에 의하여 부활되어 장로교회의 대의정치제도로 자리잡게 되었다.

3) 법치주의

법치주의(法治主義)란 법의 지배, 법에 의한 통치를 의미한다. 당회, 노회, 총회는 그 치리회에 상응하는 법을 제정하여 그 법에 의하여 스스로 지배를 받고 회원과 총대, 당회원을 기속(羈束)하여 교인을 치리하여야 한다. 총회에는 헌법이 있고, 노회에는 노회

헌장(규정, 규칙 등 여러 명칭이 있음),당회에는 당회 정관(규칙, 규정등)이 있으며 하회(下會)의 법은 상회(上會)의 법을 위반할 수 없다. 특히 치리회장(총회장, 노회장, 당회장)은 법에 의하지 아니하고는 정치와 행정을 할 수 없다.

권징조례 제8조(시벌의 원칙) "죄과를 범한 자의 책벌은 재판 절차를 거쳐서 행하여야 한다" "재판을 받지 않고는 시벌할 수 없다"고 하여 법치주의와 권징절차법정주의를 채택하고 있다. 그리고 "모든 교인(직원)은 재판을 받아 자기를 방어할 권리를 가진다"라고 규정하여 피고인의 방어권을 보장하고 있다.

그러므로 법치주의는 장로교회의 정치원리의 특징이라고 할 수 있다.

그리고 재판은 3심제(三審制)로 하여 제1심은 당회인 치리회에서, 제2심은 노회 상설재판국에서, 제3심은 총회 상설재판국에서 관장토록 하여 삼심 재판이 원칙이다.[3)]

7. 교회 직원

1) 직분의 정의

교회의 여러 분야의 업무를 나누어 맡은 사람을 직원이라고 한다. 그 직원의 임무, 업무를 직임(職任) 또는 직무(職務)라 한다. 사회 조직에서는 직무의 난이도(難易度), 책임도(責任度)에 따라 계급이나 직위가 생기는데 반해, 교회의 직무에는 그러한 계급이 없으므로 직분(職分)이란 용어를 사용한다. 이 직분의 개념에는

3) 이성웅, 『헌법정치론』, 한국장로교출판사, 2008, pp. 67-71 참조

장로교회의 정치원리의 특징의 하나인 직분의 평등사상이 포함되어 있다.

성경에서는 직분자의 직임을 은사(恩賜)와 관련하여 말씀하고 있다. 은사란 하나님의 은혜로운 선물을 말하는데, 그 선물은 성도가 특별히 잘할 수 있는 기능, 역할, 직임, 직무를 말한다. 직임에는 은사가 결부되어 있지만 은사에는 반드시 직임이 따르지 않는다.(고전 12:8-10, 12:28-31, 롬 12:6-8, 엡4:11 참조)

2) 직원의 종류

교회에는 항존직원, 준직원, 임시직원이 있다. 항존직원에는 목사, 장로, 집사(안수집사)가 있고, 준 직원으로는 강도사와 목사후보생이, 임시직원은 전도사, 권사, 서리집사 및 권찰이 있다.

3) 목사

(1) 목사의 의의

목사는 노회의 안수로 임직을 받아 그리스도의 복음을 전파하며, 성례를 거행하고, 교회를 치리하는 자이다.(합동 정치 제4장 제1조, 고신 정치 제39조) 목사의 칭호는 위임목사, 전임목사, 부목사, 전도목사, 기관목사, 종군목사, 선교사, 무임목사, 은퇴목사, 원로목사 등이 있다.

위임목사는 조직교회의 청빙을 받고 노회 허락으로 위임받은 담임목사이다.

전임목사는 개체교회의 청빙으로 노회에서 허락받아 전임으로 시무하는 담임목사이다.

부목사는 담임목사를 보좌하는 목사이다.

전도목사는 노회의 허락을 받아 특수한 곳에 파송되어 전도하는 목사이다.

기관목사는 신학교, 병원, 학교 기타 기관에서 가르치고 전도하는 목사이다.

종군목사는 총회의 파송을 받아 군대에서 전도하는 목사이다.

선교사는 다른 민족이나 타문화권에 전도하기 위하여 파송받은 목사이다.

무임목사는 일정한 시무처가 없는 목사이다.

은퇴목사는 정년이 되거나, 혹은 특수한 사정으로 퇴임한 목사이다.

원로목사는 한 개체교회에서 20년 이상 시무한 목사로, 그 교회에서 추대절차에 따라 원로목사로 추대 받은 목사이다.

모든 직분은 평등하다. 구약의 교회는 제사장의 위계제도가 있었으나, 신약의 교회는 의식 중심이 아니므로 위계제도가 없다. 따라서 위임목사, 전임목사, 부목사는 직무상의 차이일 뿐, 계급의 차이는 아니다. 즉 직분의 차이이며 기능과 역할, 은사와 직무에 차이가 있을 뿐 신분과 권위에 있어서는 평등하다.

(?) 목사의 자격

신학(대학원)을 졸업하고 강도사 자격을 취득한 자로 학식이 풍부하며 행실이 선량하고 신앙이 진실하며, 노회의 목사고시에 합격한자, 교수에 능한 자, 자기 가정을 잘 다스리어 외인에게서도 칭찬을 받는 자여야 한다.

(3) 목사의 직무

교인을 위하여 기도하며, 하나님 말씀으로 교훈하고 설교하며, 찬송하는 일, 성례거행, 축복하는 일, 교우 심방, 궁핍한 자와 병자와 환난 당한 자를 위로하고, 장로와 협력하여 치리권을 행사하는 일 등이다.

4) 장로

(1) 장로의 의의

장로는 당회의 결의로 노회의 허락을 받아, 40세 이상의 남자 입교인 중에서(합동은 만35세 이상) 공동의회에서 선출한다.(2/3 이상 찬성)

장로는 장로로 피택된 후 당회의 지도로 6개월이상 교육을 받고 노회고시에 합격하면 개교회에서 안수로 임직한다.

장로의 권한은 설교와 교훈은 전적인 책임은 아니나, 치리회에서는 목사와 같은 권한으로 제반 사무를 처리한다.

시무장로는 장로장립 후 장로직에 시무 중인 장로이다.

휴무장로는 장로시무를 쉬는 장로이다.

무임장로는 시무하는 본 교회를 떠나 다른 교회로 이거하고 그 교회에서 취임받지 않은 장로이다.

협동장로는 무임장로 중에서 당회 의결로 협동장로로 선임된 장로이다.

은퇴장로는 시무에서 은퇴한 장로이다.

원로장로는 한 개체교회에서 20년 이상 시무한 장로가 퇴임할 때 공동의회 결의로 원로장로로 추대한 장로이다. 당회와 제직회에서 언권(言權)을 가질 수 있다.

(2) 장로의 자격

만 40세 이상 65세 이하의 남자 입교인 중 흠 없이 7년을 경과하고(합동은 만 35세 이상 무흠5년) 상당한 식견과 통솔력이 있으며 딤전 3:1-7에 해당하는 자를 투표로 선출한다. 장로 장립한 후에는 70세까지 시무한다. 여자 장로를 세우는 교파, 교단도 있다.

(3) 장로의 직무

교회의 신령적 관계를 총찰하고, 도리오해나 도덕상 부패를 방지한다. 교우 심방, 위로, 교훈, 권면 한다. 목사와 협력하여 행정과 권징을 관리하며, 교인을 위하여 기도하고 전도하는 일, 특별히 심방할 자를 목사에게 보고하는 일 등이다.

5) 집사

(1) 집사의 의의

집사는 장립(將立)집사를 의미하며 안수집사라고도 한다.

집사는 35세 이상 65세 이하의 남자 세례교인으로 무흠하게 5년을 경과한 자를 당회의 결의로 공동의회에서 선출한다.(2/3이상 잔성) 집사는 당회의 지도로 6개월 이상 교육을 받고, 고시에 합격하면 개체교회에서 안수로 임직한다.

집사의 직무는 목사, 장로와 합력하여 빈핍, 곤궁한 자를 돌보며, 교회의 서무, 회계와 구제에 관한 사무를 담당한다.

(2) 집사의 자격

선한 명예와 진실한 믿음과 지혜와 분별력이 있고, 그 생활이 다른 사람의 모범이 될 만한 자여야 한다.

6) 강도사

강도사는 신학대학원 공부를 마치고 총회에서 실시하는 강도사 자격심사(고시)를 받아 설교할 자격을 취득하고 노회의 지도를 따라 사역하는 자인데, 교회 치리권은 없다. 강도사는 개인으로는 당회의 관리 아래 있고, 직무상으로는 노회의 관리 아래에 있다(고신 정치 제89조)

7) 목사후보생

목사후보생은 목사직을 희망하여 노회 허락을 받고 신학대학원에서 교육을 받는 자이다. 목사후보생은 개인으로는 당회의 관리 아래 있고, 직무상으로는 노회의 관리 아래에 있다.(고신 정치 제89조)

8) 전도사

전도사는 노회의 전도사 고시에 합격한 자로서 당회나 목사가 관리하는 개체교회의 직무를 돕는 자이다.

9) 권사

권사는 당회의 결의로 45세 이상 65세 이하의 여자 세례교인으로 무흠하게 5년을 경과한 자 중에서 공동의회에서 선출(2/3 이상 찬성)하며, 개체교회에서 당회의 지도로 6개월 이상 교육을 받고

고시에 합격하면, 안수 없이 임직한다. 권사는 당회가 후보를 추천하여 공동의회를 통하여 선출할 수도 있다.

권사는 당회의 지도아래 교인을 심방하되 특히 병자와 궁핍한 자, 환난을 당한 자, 시험 당한 자, 믿음이 연약한 자를 위로하고 돌보아 권면하는 직무를 담당한다.

모든 임시 직원의 임기는 1년이나, 권사는 70세까지 계속 시무한다. 권사는 비록 임시직이기는 하나, 70세까지 계속 시무하므로 실제적으로는 항존직과 같다. 그래서 준항존직이라고 할 수 있다. 통합측은 권사를 항존직으로 분류하고 있다.

10) 서리집사

남녀 서리집사는 무흠 세례교인으로 2년을 경과하고 25세 이상 70세 미만자로 신앙과 덕행에 본이 되는 자를 안수 없이 당회에서 임명한다.

서리집사는 개체 교회의 형편에 따라 당회나 목사가 진실한 교인 중에서 선임하여 집사의 직무를 하게 하며 임기는 1년이다.

11) 권찰

당회나 목사는 무흠 2년 이상 된 세례교인 중에서 신앙이 독실한 자를 권찰로 세워 교인 심방하는 일을 맡길 수 있다. 임기는 1년이고 집사 중에서 권찰을 겸무하게 할 수 있다.

12) 직분의 평등

목사, 장로, 집사, 권사는 계급의 차이가 없다. 담당한 직무의 내용이 다를 뿐이다. 직분의 평등이 장로교 정치의 특성이다.

모든 교인은 하나님 앞에서 절대적으로 평등하다.

13) 시무정년

목사, 장로, 집사 등 교회직원의 시무정년은 교단에 따라 다르나 대체적으로는 만 70세까지이다. 그럼에도 개교회의 결정으로 65세까지로 하는 교회도 있으며, 교단에 따라서는 정년규정을 없엔 교단도 있다. 이럴 경우 건강이 허락하는 한 시무할 수 있다는 의미이다.

14) 명예직

헌법 정치에는 명예직은 없다. 원로목사, 공로목사, 원로장로 제도는 명예를 보존하고, 공로를 기념하기 위하여 추대하는 직분으로 어디까지나 목사이며, 장로이다. 그러므로 명예직 목사, 명예직 장로는 없다.

그런데 현실적으로 각 개교회에서 명예장로, 명예권사, 명예집사의 칭호를 사용하는 수가 있으나 아무런 법적 효력이 없을 뿐만 아니라, 예우 차원에서 호칭을 수여할 뿐이다. 그러나 이러한 호칭의 남발도 바람직한 일은 아니다.

8. 교인의 권리와 의무

1) 교인의 정의와 신급(信級)

교인이란 성부, 성자, 성령 삼위일체이신 하나님을 믿는 자인데 그리스도인이라 칭한다. 교인의 구분은 원입교인, 학습교인, 유아세례교인, 입교인, 세례교인 등이다.

원입교인은 예수를 믿기로 작정하고 공예배에 참석하는 자를 말하고, 학습교인은 만14세 이상으로 신앙을 고백하고 학습을 받은 자이다.

유아세례교인은 만 2세까지의 유아(幼兒)로 부모 중 한편 만이라도 세례교인(혹은 입교인)으로서 유아세례를 받은 자이다. 유아세례란 유아자신은 신앙고백을 할 수 없으므로 그 부모가 신앙으로 유아를 기독교 법도와 교양에 따라 양육하기로 서약할 때 그 유아에게 주는 세례이다.

입교인은 유아세례를 받은 자가 만14세 이상이 되어 입교서약을 한 자이며, 세례교인은 학습을 받아 학습교인이 된 자가 세례를 받은 자이다.

2) 교인의 권리

교인의 권리는 교회헌법에 의한 청구권(청원, 소원, 상소)이 있다. 또한 개체교회에서 법규대로 직원의 선거권 및 피선거권이 있다. 여기서 교인이라 함은 세례교인, 입교인을 말한다.

세례교인은 성찬에 참여할 권리가 있으며, 교회를 위하여 일할 특권이 있다.(합동 정치 헌법적규칙 제3조). 성찬은 그리스도와 성도와의 연합과 교제를 의미하는 떡을 떼고 나눔으로 주님의 몸을 기념하고, 포도주를 주고받음으로 십자가에서 흘리신 주님의 피를 기념하는 예식이다. 원입교인과 학습교인은 성찬 참여권이 없다.

또한 세례교인, 입교인은 공동의회 회원권과 영적보호를 받을 권리가 있다.

3) 교인의 의무

교인의 의무로는 공예배(公禮拜)에 참석하여야 하며, 교회 발전에 진력하며 사랑과 선행으로 하나님을 영화롭게 하여야 한다.

헌금, 전도 그리고 봉사와 교회 치리에 복종할 의무를 가진다. (합동 헌법적 규칙 제2조, 고신 정치 제25조)

9. 치리회

1) 치리회의 종류

교회의 치리회는 당회(堂會), 노회(老會), 총회(總會)가 있다. 합동은 노회와 총회 사이에 대회(大會)가 있다.

2) 당회

(1) 당회의 조직

당회는 개채교회 시무목사와 시무장로로 조직하며 회장은 목사가 된다.

(2) 당회의 직무

당회의 직무는 교인들의 신앙과 행위 총찰, 제반예배주관, 학습·입교 및 세례의 문답과 시행, 성찬예식의 주관, 공동의회 소집권, 교인의 이명증서 교부 및 접수와 제적, 집사와 권사의 선택, 고시 및 임직, 장로의 피택 요청과 임직, 교회 직원의 임면, 각종 헌금의 실시와 재정 감독, 노회의 총대장로 파송, 노회에 상황보고 및 청원, 소속기관과 단체, 부설기관 감독 지도, 교회의 기본재산관리 등이다.(합동 정치 제5조, 6조, 고신 정치 제121조)

(3) 당회 회의록

당회 회의록에는 결의사항을 명백히 기록하고 회의록은 1년 1차씩 노회의 검사를 받아야 한다.

3) 노회

(1) 노회의 조직

노회는 일정한 지역안의 모든 목사와 교회의 당회가 파송하는 장로로 조직한다.

(2) 노회의 직무

노회의 직무는 그 구역 안에 있는 당회와 지교회와 목사, 강도사와 전도사와 목사 후보생과 소속기관과 단체를 총찰한다. 노회에서 제출한 건의, 청원, 문의, 진정에 관한 처리, 각 당회에서 제출한 소원, 상소 및 위탁판결의 접수의 처리 등이다.

또한 목사후보생을 고시, 교육, 이명, 권징, 강도사의 이명, 권징, 관리, 목사고시실시, 개교회 장로선택, 임직허락, 장로, 전도사 자격고시 실시와 개체교회의 설립, 분립, 합병, 폐지 및 당회조직 관장, 총회총대선출, 그리고 개교회와 산하기관의 재산권 문제 처리 등이다.(합동 정치 제10장,제6조, 고신 정치 제132조 참조)

(3) 노회 회의록

노회 회의록에는 회무처리와 결의사항을 명백히 기록하여 매년

1차씩 총회의 검사를 받아야 한다.

(4) 노회의 회집

정기노회는 연2회(봄 및 가을)이상 예정된 시일과 장소에서 회집하고, 임시노회는 노회임원회의 결의와 시무처가 다른 목사회원 2인과 장로 총대 2인 이상의 청원이 있을 때에 소집하고 상정안건을 목사 장로 총대 전원에게 통지하여야 하며, 특별한 사정이 없는 한 통지서에 기재된 안건만 처리한다.(제128조 참조)

4) 총회

(1) 총회의 조직

총회는 장로교의 최고 치리회이다. 총회의 조직은 각 노회에서 파송한 목사와 장로로 조직하되, 목사와 장로의 수를 같게 한다.

(2) 총회의 직무

총회의 직무는 지교회와 치리회의 모든 사무와 그 연합 관계를 총찰하며, 하회에서 제출하는 건의, 청원, 진정, 상소, 소원, 문의와 위탁판결 처리, 노회록 검사, 노회설립, 합병, 분립 폐지, 교회의 분쟁을 수습하고, 화평과 성결의 덕을 증진 유도한다.

그리고 신학대학원 설치, 경영관리, 교역자를 양성하고 강도사 고시를 시행한다. 또한 교육, 선교 및 구제에 관한 일을 계획 실천하며, 국내외의 개혁주의적 교회들과 친교를 도모하는 것 등이다(합동 정치 제5조, 고신 정치 제145조 참조)

(3) 총회의 회집

총회는 매년 1회 예정한 시일과 장소에서 회집한다.

10. 재산

1) 재산의 구분

교회의 재산은 기본재산과 보통재산으로 나눈다.

기본재산은 부동산과 결의에 따라 기본재산으로 정하는 재산을 말하며, 보통재산은 기본재산 이외의 재산이다(고신 정치 제164조)

2) 개체 교회의 재산

지교회의 재산은 지교회가 조성한 재산, 지교회 산하기관과 단체의 재산, 기타 교회가 기증받은 재산이다.(고신 정치 제165조) 교회에 속한 토지, 가옥에 관한 일은 당회의 권한에 속한다.(합동 정치 제9장 제6조)

3) 노회의 재산

노회의 재산은 노회가 조성한 재산, 개체교회가 편입한 재산, 노회 산하기관과 단체의 재산, 기타 노회가 기증받은 재산이다.(고신 정치 제166조)

개교회의 토지나 가옥에 대하여 변론이 나면 노회가 처리한다.(합동 정치 제10장 제6조 8호) 개체교회와 산하기관의 재산문제로 사건이 발생하면 노회가 처리한다(고신 정치 제132조 19호)

4) 총회의 재산

총회의 재산은 총회가 조성한 재산, 노회나 지교회가 편입한 재산, 총회 산하기관과 단체의 재산, 기타 총회가 기증받은 재산이다.(고신 정치 제167조)

개체교회 재산에 대하여 쟁론이 있어 노회가 결정한 후 총회에 상고하면 총회에서 처리한다.(합동 정치 제12장 제5조 4호)

5) 재산의 보존과 관리

교회가 기본재산을 취득, 매도, 증여, 교환, 담보 또는 용도를 변경하고자 할 때에는 먼저 당회와 공동의회에서 결의하고, 노회와 총회는 정기회의에서 결의한다.(고신 정치 제168조 2항)

개체교회에서는 기본재산은 당회가 관리하고, 보통재산은 제직회가 관리하되, 부동산은 개체교회 명의로 등기한다.(고신정치 제168조 제2항5호)

대부분의 교단에서는 개체교회와 노회 및 총회의 기본재산 중 부동산은 총회유지재단에 편입 보존함을 원칙으로 하고 있다. 그러므로 각 개체교회에서는 취득한 교회 건물 등 부동산 재산을 먼저 개체교회 명의로 소유권보존 등기 또는 소유권이전 등기를 한다. 그 후 교단 방침에 따라 교단총회유지재단에 편입하게 되면 등기원인 증여로 인한 소유권이전 등기를 다시 하게 되는 것이다.

6) 재산권의 제한

교인은 교회의 재산에 대하여 지분권(持分權)을 주장할 수 없다.(169조) 한국 민법 규정에 의한 교회재산의 소유형태는 총유

(總有)이므로 지분이 인정되지 않는다. 다만 그 목적물을 사용, 수익할 수 있는 권리가 인정될 뿐이다.

기본재산의 취득, 매도, 증여, 교환 또는 용도를 변경하고자 하는 결의는, 개체 교회의 경우, 당회에서 3분의 2 이상 결의와 공동의회에서 3분의 2이상의 결의가 있어야 한다. 노회와 총회의 경우에도 3분의 2이상의 결의가 필요하다.(제170조)

7) 감사

개체 교회, 노회 및 총회는 1년에 1차 이상 재산 상황과 회계를 감사하여야 하며 이를 위해 회계책임자는 각종 재무자료를 성실하게 제시하여야 한다.(174조)

11. 권징

1) 권징실체법

(1) 권징의 의의

권징이란 세례교인 이상의 교인과 직원 및 총회를 제외한 각급 치리회를 권고하며, 유죄가 인정된 때에는 시벌(책벌)하는 행위이다.

(2) 권징의 목적

권징의 목적은 진리를 보호하며 그리스도의 권위와 영광을 옹호하며 악행을 제거하고 교회의 정결과 덕을 세우며, 범죄자의 영적 유익을 도모하는 데 있다.(고신 권징조례 제2조)

(3) 재판건(裁判件)과 행정건(行政件)

교인과 직원, 그리고 치리회에 대하여 범죄사건으로 소송을 제기하면 재판건이고 기타는 행정건 이다.

(4) 권징의 범위

권징의 범위는 성경에 위배된 치리회의 결정과, 교인, 직원 또는 치리회의 위법사건과 타인으로 범죄하게 한 일, 성경을 기초해서 교회가 정한 교리, 법규 또는 관례에 위배된 일, 덕을 세움에 방해되게 한 일 이다.

그리고 예배를 방해한 행위, 이단적 행위와 이에 적극적으로 동조한 행위, 허위사실을 유포하여 교인 또는 직원의 명예를 훼손시킨 행위, 온라인(인터넷, 핸드폰, 팩스)과 사이버 공간에 비진리적이거나 불순한 자료를 게시하거나, 교회의 건덕과 개인의 신상을 해치는 자료를 유포하는 행위이다.

또한 직권을 남용하거나 직무를 유기한 행위, 파렴치한 행위로 국가 재판에 의해 금고 이상의 형이 확정된 범죄행위(양심범의 여우는 제외) 등이다.(권징조례 제5조 참조)

(5) 시벌(施罰)의 종류와 내용

시벌(책벌)의 종류는 견책, 근신, 시무정지, 정직, 면직, 수찬정지, 출교 등이다.(고신은 제명과 출교를 합하여 출교로 하고 있고, 합동은 제명과 출교를 분리해 놓고 있다)

견책은 상당한 과실이 있어 엄히 책망하고, 회개하여 스스로 시정하도록 촉구하는 것이다. 흔히 자진하여 근신하게 하고, 회개하게 함을 의미한다.

근신은 2개월 이상 6개월 이내의 기간 동안 죄과를 반성하고, 말이나 행동을 삼가게 한다.

시무정지는 3개월 이상 1년 이내의 모든 시무를 정지한다. (단 강도권(講道權)은 예외)

정직은 맡은 직분을 정직시키되, 범죄의 경중, 또는 그 동기 및 영향 등을 참작하여 6개월 이상 2년 이내의 기간 동안 직원의 신분은 보유하나 직무에 종사하지 못하며 정직기간 수찬정지를 겸하여 과할 수 있다.

면직은 직분을 박탈하는 것이며, 수찬정지를 겸하여 과할 수 있다.

수찬정지는 성찬에 참여하지 못하게 하는 것이다. 이는 죄가 매우 중하여 교회와 주의 성호(聖號)에 욕이 되게 한 자에게 과하는 시벌로서, 6개월 이상 수찬을 정지한다.

출교는 불신자와 같이 인정하여 교인명부에서 제명하여 교회에 출석을 금지하는 것이다. 이는 교회 회원권을 박탈하는 것으로서 그리스도와의 관계 단절이다. 이는 끝까지 회개하지 아니하는 중범죄자나 이단에 가입하여 돌아오지 아니한 자에게 과하는 책벌이다.

시벌의 대상에 있어서는, 입교인에 대한 시벌은 견책, 근신, 수찬정지, 출교 등이고, 직원(항존 및 임시직원)에 대한 시벌은 견책, 근신, 시무정지, 정직, 면직, 수찬정지, 출교 등이다.(고신 제11조)

(6) 행정건의 시벌

행정건으로 내리는 시벌은 치리회의 결의 교정, 결의의 무효 혹은 취소, 회원권 및 상회의 총대권 정지, 무흠에 해당되지 않는 견책, 근신, 시무정지등이다.(제11조 2항 4호)

2) 권징절차법

(1) 재판의 관할

권징재판의 관할은 목사에 관한 사건은 노회가 1심이며, 총회에 상소할 수 있다. 목사이외의 직원과 교인에 관한 사건은 당회가 1심이며, 노회와 총회에 상소할 수 있다.

(2) 소송의 주체

소송당사자 중 원고는 소송 제기자와 각급 치리회 및 제3자(고발자)가 되고, 피고인은 고소(고발)를 당하여 죄과를 범한 혐의로 기소위원회에 의하여 재판국에 기소된 자가 된다. (권징조례 제31조)

(3) 재판절차

재판은 대체적으로 소장(고소장과 죄증설명서)을 접수하면 재판국에서 증거조사와 증인채택, 원고 진술, 피고인 심문, 증인 진술, 변호인 변론 등으로 진행하며 유죄가 인정되면 판결로 시벌한다. 불복 시에는 상소할 수 있다.

당회 재판국은 필요시에 당회에, 노회 재판국과 총회 재판국은 상설로 노회와 총회에 각각 설치한다.(제12조)

노회 재판국 구성은 본 노회에서 선임된 재판국원 7인(목사 4인, 장로 3인)으로 구성한다.(합동 권징조례 제117조, 고신 권징조례 제19조)

총회 재판국은 총회에서 총대 중 재판국원 15인(목사 10인, 장로 5인)으로 구성하되, 재판국원은 동일한 노회 파송총대 중 1인

에 한하여 선임한다.(합동 권징조례 제134조, 고신 제24조)

재판의 절차는 인정신문, 기소위원장 진술, 피고인 심문, 피해자 진술, 증거조사 , 판결 등으로 진행된다(제76조)

기소(起訴)에 있어서는 기소위원의 기소독점주의(제57,58조), 기소장변경주의(제77조), 피고인의 무죄 추정(제75조) 규정 등이 있고, 재판에 있어서는 증거법의 기본원칙인 증거재판주의(제101조), 자유심증주의(제102조)를 규정하고 있으며, 그 외 상소제도(제106조), 위탁재판제도(제133조), 재심제도(제156조), 선거무효소송 및 당선무효소송(제 164조, 165조)등을 인정하고 있다.

(4) 시벌과 해벌

시벌은 차상급의 치리회 또는 재판국의 판결이 확정되면 피고인 소속 치리회가 시벌을 집행한다.

해벌(解罰)이란 벌 아래 있는 자가 진실히 회개하고 겸손히 치리회 앞에 자복했을 때 치리회의 결의로 해벌할 수 있다.(제176조) 해벌은 최종 판결한 재판국이 속한 치리회의 승인을 받아 피고인 소속 치리회가 시행한다.(제177조)

교회의 권징은 책벌(責罰) 그 자체에 목적이 있는 것이 아니라 범죄한 자에게 신령적 유익을 도모(회개)하는데 있기 때문에 해벌 사유가 발생하면 소정의 절차를 거쳐 시벌한 치리회의 결의에 의하여 해벌한다.

권징은 영적인 법의 시행이므로 공정하고, 정확하게 교회법을 해석하고 적용하여야 한다.

12. 교회 회의

1) 공동의회

공동의회 회원은 개체교회 무흠 세례교인(입교인)이다.

공동의회는 당회의 결의로 당회장이 소집하되, 시일, 장소, 의안을 1주일 전에 공고하여야 한다.

정기회는 1년 1차 이상 정기적으로 회집한다. 임시회는 제직회의 청원이 있을 때, 무흠 세례교인 3분의 1이상의 청원이 있을 때, 상회의 지시가 있을 때에 소집한다.

공동의회 개회는 예정한 시일과 장소에서 회집한 회원으로 가능하나, 회집한 수가 너무 적으면 회장은 일시를 다시 정하여 회집하게 할 수 있다.

공동의회 의결사항으로는 당회가 제시한 사항, 교회 예산과 결산, 교회 기본재산의 취득과 처분, 직원의 선거, 상회가 지시한 사항 등이다.

2) 제직회

제직회 회원은 개체 교회 시무목사, 장로, 집사, 권사이며, 당회의 결의로 강도사, 전도사, 서리집사에게 회원권을 줄 수 있다.

제직회 회장은 당회장이 겸하고, 필요시 회장이 이를 소집하며, 회원 3분의 1이상의 요청이 있을 때 소집한다.

제직회의 개회 성수는 교회에 공고한 후 예정한 시간에 출석한 자로 개회한다.

제직회 의결사항으로는 공동의회에서 의결한 예산집행사항, 예산 추가경정 사항, 보통재산과 특별헌금관리 사항, 기타 중요사항 등이다.

제 4 장

교회와 법

1. 교회의 법적 정의

교회는 하나님의 성령의 부르심을 받은 선택된 자들의 무리, 또는 유효하게 부르심을 받은 자들의 몸, 그리고 신자들의 공동체 등으로 정의할 수 있다.

교회의 국가법적인 정의로는 "기독교 교도들이 교리의 연구, 예배 기타 신교(信敎)의 목적으로 구성한 단체"(대법원판결 1957. 12. 31 4289민상182)라고 한다.

2. 법과 교회

교회는 이 세상 가운데 존재한다. 교인들도 이 세상에서 살아가는 존재이다. 그러므로 이 세상의 교회를 지상교회라고 한다. 이 세상에서 사는 사람은 세상환경의 지배를 받을 수밖에 없는데, 이

환경 가운데는 우리의 일상생활을 규율, 규제하는 세상의 법 즉 국가법이 있다. 교회에는 교회법이 있고, 국가에는 국가법이 있다. 그런데 교회는 국가법과는 아무 상관이 없다는 태도를 가졌다가는 어려움을 당할 수 있다. 물론 교인들은 교회법의 적용을 받아야 하지만 또한 이 세상에서 살아가야 하므로 국가법의 지배도 받아야 한다. 이 세상의 법과 규칙을 도외시하고서는 이 세상에서 살아가기가 어렵기 때문이다.

입법과정에서 교회의 특수성을 참고해 달라는 희망은 별도로 하고 일단은 국가의 법질서를 존중하고 그 범주 안에서 종교 활동, 신앙생활을 해 나가야 한다. 우리나라는 종교의 자유가 철저히 보장되어 있으므로 종교 활동에 아무런 어려움이 없다.

하나님의 법과 사람의 법은 동일하지 않다. 그러나 두 법이 완전히 다르다거나 유사점이 전혀 없다고도 할 수 없다. 사람의 법이 하나님의 법을 많이 따르고 있기 때문이다.

"그런즉 가이사의 것은 가이사에게, 하나님의 것은 하나님께 바치라"(누가복음 20:25)라는 말씀은 하나님을 섬기면서도 또한 시민으로의 의무를 다하여야 하는 성도로서의 삶의 원리를 가르쳐 주고 있다.

"각 사람은 위에 있는 권세들에게 복종하라 권세는 하나님으로부터 나지 않음이 없나니 모든 권세는 다 하나님께서 정하신 바라"(로마서 13:1)고 하는 이 말씀은 세상 권세에 대한 성도의 의무를 설명하고 있는데 권세로 인한 질서유지는 하나님이 세운 일반적 원칙이며, 구체적 권력이 다 하나님의 경륜에 의한 것이라는 의미이다.

"인간의 모든 제도를 주를 위하여 순종하되"(베드로전서 2:13)

의 말씀은 인간에 세운 모든 제도를 주를 위하여 순복하라는 의미이다. 즉 세상 질서 및 권리에 대한 성도의 태도를 말하고 있는 것이다. 그리스도인은 천국시민이지만, 국가의 국민인 이상 국가의 질서를 위해 주어진 의무이행에 충실해야 한다는 것이다.

따라서 성도들은 이와 같이 성경말씀이 가르치는 대로 살아야 할 것이다. 그렇다면 교인들도 우리나라의 법체계와 내용에 대하여 일반시민 수준의 상식은 가지고 있어야 할 것이고 지도자들은 더욱 그리해야 한다. 특히 목회자들은 많은 교인들을 지도하는 입장에 있으므로 영적인 문제뿐 아니라 세상사에 관한 지도나 조언이 필요한 경우도 있을 수 있으므로 법률에 대한 기본상식을 갖추어야 한다.

목회자가 교회에 관련된 법률문제를 도외시하고 있다가는 국가법의 제재를 받게 될 수밖에 없게 될 수도 있다. 그때에야 뒤늦게 전문가를 찾아다니는 일이 없도록 미리 대비하기 위하여 약간의 법률상식을 공부해 두어야 하며 교인들에게 영적 지도와 더불어 간단한 법률적 자문이나 안내 정도는 할 수 있는 소양을 갖추어야 할 것이다. 그리하여 무지로 인한 교회의 어려움이 없어야 할 것이며, 교회나 교인들이 손해를 보는 일도 없도록 해야 한다.

그런데 지상교회는 현실적으로 분쟁이 많이 있다. 교회내의 분쟁을 교회내에서 해결하지 않고 세상법으로 해결하려는 경향도 있다. 이것은 교회법은 상당부분에서 강제력이 없기 때문이 아닌가 한다. 그래서 교회도 세상법에 대한 지식이 필요하다. 분쟁이 생긴다면 세상법의 적용을 받게 될 가능성이 많기 때문이다. 법을 알면 분쟁을 사전에 예방할 수도 있고, 분쟁이 발생하더라도 신속히 해결할 수 있을 것이다.

3. 신앙생활과 법

교인들은 하나님 나라의 백성이며, 현실적으로는 이 세상의 백성이다. 그러므로 교인들은 하나님의 법과 교회법을 지켜야 한다. 그런데 우리는 보이는 이 세상의 법, 즉 현실적인 국가법도 잘 지키지 못하고 있다. 당장 준수하지 않으면 제재를 받게 되는 국가법도 제대로 지키지 못한다면 하나님의 법을 지키기는 더욱 어려울 것이다. 우리는 먼저 국가의 법을 지키도록 노력해야 한다.

성경에 나타난 범죄와 형벌의 관계, 즉 성경의 형벌법은 살인자, 유괴자(출애굽기 21:12-17), 부모를 저주한 자(출애굽기 21:17,), 수간자(獸姦者. 출애굽기 22:19, 레위기 20:15), 간통자(레위기 20:10, 20:17), 동성애자(레위기 20:13)는 사형에 처하도록 하고 있다. 그리고 위증자는 엄격히 처벌(신명기 19:15-21)할 것을 규정하고 있다.

이 법의 근본정신은 "눈은 눈으로, 이는 이로, 손은 손으로, 발은 발로, 데운 것은 데움으로, 상하게 한 것은 상함으로, 때린 것은 때림으로 갚을 지니라"(출애굽기 21:24-25)이다.

이는 잔인하고 가혹한 형벌로 보인다. 이를 동해보복법(同害報復法)이라고 하여 '탈리오법(lex talionis)'의 원리이다.

이 법은 피해자가 입은 피해와 같은 정도의 손해를 가해자에게 가한다는 보복의 법칙을 말한다. 이는 응보(應報)원칙의 가장 소박한 형태라 할 수 있다. 그러나 이 법의 집행을 위해서는 과잉보

복의 금지와 재판관의 판결에 의한 엄정한 법 집행이라는 전제가 주어져 있다. 따라서 이 법의 목적은 가해와 복수의 균형을 취하여 응보적 정의감을 충족시켜 불의를 방지하는데 있다.

야곱의 딸 디나가 히위족속 추장 세겜에게 강간당하자 오빠들이 성안의 모든 남자를 죽이고, 재물을 빼앗고, 노략한 것(창세기 34:1-31)과 같이 고대국가에서 무차별·무제한적으로 행사되었던 집단적 복수로부터 가해자 개인에 대한 복수와 제재라는 관념에서 나온 것이다. 즉 사투(私鬪)를 종결시키고, 가해자측의 재복수를 허용하지 않은 것이다.

다시 말하자면 이 법의 기본정신은 가해자를 잔혹하게 처벌하는 것에만 그 목적이 있는 것은 아니고, 가해자에 대한 형벌기준을 명확히 하여 범죄를 예방하기 위함이며, 가해자는 피해자가 당한 만큼만 당해야 한다는 공평하고 합리적인 기준을 제시한 것이라 할 수 있다. 다음으로는 피해자의 친족들이 사사로이 함부로 복수극을 벌이지 못하도록 가해자를 보호하고 적절한 형벌을 받을 수 있도록 제도적 장치를 마련한 것이다. 무제한의 복수가 허용되던 당시 상황에서 진일보(進一步)하여 동해보복의 정도까지 만으로 제한한 것이다.

다음은 도피성 제도이다. 이는 우발적으로 살인한 사람들을 받아들여 피난처를 제공하는 장소를 말한다(민수기 35:9-34, 신명기 19:1-13, 여호수아 20:1-9). 이 도피성에는 계획적이 아닌 우발적으로 사람을 해친 사림에게만 피난처에 머물 권한이 있는 것으로 제한하고 있다. 도피성을 설치한 이유는 가해자인 살인자와 피해자측의 피의 복수를 하고자 하는 사람 사이에 사회적 제도가 중재를 맡아 복수를 통제하는데 있다. 즉 살인자가 회중 앞에 서서 판결을 받기까지 죽지 않도록 복수자로부터 보호하기 위한 장치인 것이다(민수기 35:12).

성경의 민사법을 보면, 사람을 다치게 한 자, 낙태케 한 자, 즉 과실치상자(출애굽기 21:18-22)와 절도(출애굽기 22:1-4)는 손해배상을 하도록 하고 있다. 또한 짐승을 죽인 자는 보상해야 한다(출애굽기 22:1). 재산상 손해를 끼친 자는 피해자에게 손해를 배상해야만 한다는 것이다. 빚을 진사람(채무자)은 종으로 팔렸다(레위기 25:39, 25:47).

신약에서는 채무자는 모든 소유를 팔아 채권자에게 빚을 갚아야 하고, 빚을 갚지 못하면 옥에 갇히게 되는 사실(마태복음 18:24-30)을 볼 수 있다.

예수 그리스도는 산상수훈에서 율법의 새로운 해석을 제시하고 있다. "또 눈은 눈으로 이는 이로 갚으라 하였다는 것을 너희는 들었으나 나는 너희에게 이르노니 악한 자를 대적하지 말라 누구든지 네 오른편 빰을 치거든 왼편도 돌려대며…"(마태복음 5:38- 42).

예수 그리스도가 인용하신 내용은 탈리오법인데 강조하신 내용은 가해자는 반드시 벌을 받아야 하며, 가해자로부터 반드시 배상을 받아야 한다는 엄격한 법 논리 이상의 그 무엇이 필요하다는 것이다. 관용과 용서 더 나아가서 불쌍히 여기고 사랑을 베풀라는 것이다. 여기서 주의해야 할 점은, 구약의 교훈은 탈리오법에 충실하고, 신약에서는 그 법을 폐기한다는 것이 아니다. 예수 그리스도는 "율법을 폐하러 오신 것이 아니고 완전케 하려고 한다"는 것이다(마태복음 5:17).

예수 그리스도가 강조하신 것은 엄격한 법정신 이상의 관용과 용서와 사랑을 베풀라는 것이다.

이 세상의 사람이 만든 법은 하나님의 법을 이해하기 위한 거울과도 같다고 할 수 있다. 성경은 수천 년 전에 탄생하였다. 성경을 단순히 수천 년 전 기록으로만 이해한다면 현재의 우리와는 아무 상관이 없는 한 권의 책에 불과할 것이다. 그러나 성경은, 즉 하나님의 말씀의 법은 시간의 제약을 받지 않고 지금 이 순간에도 적용되고 실효(實效)가 있다.

이 세상의 모든 법은 현실에 실제적으로 발효되기 위하여 제정된다. 예수 그리스도의 복음 역시 추상적인 것이 아니라 오히려 우리가 깨닫지 못할 정도로 이미 우리 곁에 가까이 있다.[4)]

그러므로 현실의 제정법을 잘 이해하고 준수하여야 할 뿐 아니라 성경의 법과 정신도 잘 이해하고 준수토록 노력하여야 할 것이다.

오늘날 우리 사회의 형벌법에서는 성경에 나타난 것보다는 형량이 훨씬 낮다. 그럼에도 자기의 범죄를 자복하고 정당한 처벌을 받겠다는 태도를 가진 자를 찾아보기가 어렵다.

대인관계로 발생하는 문제를 노력 없이 바로 국가법정에 호소하는 것은 이기주의의 산물이다. 채무자의 입장에서는 약속대로

---

4) 앞의 책, p. 10.

변제하겠다는 의지가 필요하다. 채권자의 입장에서는 고리로 변리하지 말아야 한다. “가난한 자에게 돈을 꾸이거든 변리를 받지 말 것이며…”(출애굽기 22:25)의 말씀을 기억하여야 할 것이다.

교인들은 성경에서 가르치는 법인 관용과 용서와 사랑을 생활을 통하여 실천하는 삶을 살아야만 한다. 또한 교회법뿐만 아니라 국가법도 지키려는 자세가 필요하다.

법이란 필요한 경우에만 지키는 것이 아니다. 법은 우리를 규제하고 힘들게 하는 측면이 없지 않지만, 그런 작용을 통하여 사회 질서를 유지하고 결과적으로 우리를 보호하는 것이 되므로, 이를 준수하여야만 한다.

4. 성경에 나타난 법의 정신

1) 성경에서의 정의의 개념

(1) 공의(公義)와 정의(正義)

성경에 나타난 하나님의 의(義)는 단순히 어떤 추상적인 개념이 아니라, 하나님과 그의 백성 사이에 맺어진 언약관계(言約關係)를 전제로 한다.

언약이란 하나님이 인간에게 주시는 약속이다. 반대로 인간이 하나님께 드리는 약속은 서원(誓願)이다. 하나님의 불변하시는 성품에 의해 언약은 절대 변하지 않는다. 이 언약들을 모아 놓은 것이 성경이다.

구약시대에 나타난 하나님의 공의와 정의는 하나님의 본질적

속성이다. 공의와 의는 자주 함께 사용되고 있다.

한글 성경에는 공의와 정의를 여러 곳에서 다르게 변역해 놓고 있다. 즉 의와 공도(창세기18:19), 공의와 법도(신명기33:21), 정의와 공의(시편33:5, 106:3, 에스겔45:9, 아모스5:7, 5:24, 6:12), 의와 공의(시편37:6, 89:14), 정의와 심판(시편48:10-11) 등이다.

영어 성경에는 대체로 공의를 Justice로, 정의를 Righteousness로 사용하고 있으나 대체사용(對替使用)하고 있기도 하다.

구약 성경에는 미슈파트(mishpat)와 체데크(tsedaqah)라는 두 단어를 사용하고 있으나 사실 한 단어와 같은 역할을 한다.

'체데크'는 인간의 절대적인 윤리기준이 아니라 하나님과 이웃과의 올바른 관계에서 비롯된 의(義)라고 할 수 있다. 여기서 말하는 관계는 사실관계를 판단하는 재판, 권리와 의무에 관한 계약관계, 부모와 자식 간의 관계처럼 자연적인 관계를 다 포함한다. 하나님과 이웃과의 올바른 관계, 도덕적 의무와 경제적인 측면도 포함된다. 즉 평등(平等), 올바른 분배(分配), 공평성(公平性)등이다.

하나님의 규례를 따라 올바르게 살아갈 때 의롭다 하셨고(신명기 6:25) 이웃을 참소치 않으며, 행악지 않고, 훼방치 않으며, 주리고 어려운 사람을 보고 불쌍히 여기는 마음을 품고 도아줄 때 의롭다고 하셨다.(시 15:3-5, 사 58:8-9, 겔 18:5-9) 따라서 체데크는 이웃에 대한 올바른 행실(行實), 이웃을 긍휼(矜恤)히 여기는 삶과 연관되어 있다. 이러한 진실한 자세는 경제적인 거래에 있어서도 일관되어야 한다.

구약성경에는 많은 도량형(度量衡)의 단위들이 나와 있다. 그것은 에바, 밧, 호멜, 게라, 마네 등이다.(겔 45:9-12) 이렇게 많은 종류의 저울 사용법을 말씀하신 이유는 하나님의 공의와 정의의 속성(屬性)을 보여주는 것이다.

하나님은 사유재산의 보호(출20:17), 착취와 횡포금지(출22:21-27), 공정하고도 신속한 임금의 지급(신 24:14-15) 등 사회정의에 대해서도 강력하게 말씀 하셨다.

그래서 이스라엘 상거래의 기본은 '체데크의 저울'이다.(레위기 19:36, 신명기 25:15, 에스겔 45:10) 이것이 정의(正義)이다.

'미슈파트'는 하나님의 법도에 근거해 이루어지는 올바른 사회질서를 가리킨다. 이 단어는 '법, 재판, 규례 혹은 심판'까지 넓은 의미 영역으로 사용되므로 공의(公義)라고 할 수 있다. 이것은 왕으로, 재판관으로서 행하는 의이다.

3권이 분립되지 않은 상태에서 통치자의 종합적 기능으로 대표되는 말이라고 할 수 있다.

하나님은 온 땅의 거룩한 심판자로서 언제나 자신의 법에 따라 공평하게 모든 사람들이 행한 대로 공정하고 의로운 판단을 하실 뿐만 아니라 의로운 자들에게는 영광과 영예를 높이시는 공의로우신 분이시다.(창세기 18:25, 욥기 13:6-12, 시편143:11, 17:1, 18:20-21)

시편 33:5 "그는 공의와 정의를 사랑하심이여 세상에는 여호와의 인자하심이 충만 하도다"라고 하였다.

율법에는 하나님의 공의와 사랑이 투영(投影)되어 있는데, 그 중 '정의와 공의'의 측면이 나와 있다. 그리고 여호와의 인자하심이 충만하다고 하였다. 여호와를 찬양하는 근거에는 정의와 공의뿐만 아니라 그의 인자하심도 포함되며, 이 두 가지 속성이 합하여 여호와의 거룩하심을 구성한다.

성경은 공평과 정의가 하나님의 보좌의 기초임을 말하고 있다.(시편 89:14, 97:2, 33:5) 즉 하나님께서 세상을 다스리시기 위해 앉은 보좌의 두 기초는 바로 체데크와 미슈파트이다. 그러므로 하나님을 믿는 백성의 삶은 체데크와 미슈파트를 행하는 삶이어야 한다.

또한 정의의 원리는 응보(應報)라고 할 수 있다. 창세기 3장 16절 이하의 사건을 보더라도 응보에 의하여 정의를 실현한 사실을 볼 수 있다. 심판을 하지 않는다면 그것은 공의가 아니다. 그래야 공의가 세워진다. 하나님의 진노는 심판, 형벌이다. 그러나 하나님은 순종하는 자에게는 보상을 내려 주시는데 이것이 곧 구원이다. 구약의 하나님은 무조건 잔인하시고 두려우신 하나님이 아니라, 때로는 보상과 때로는 진노를 내리시는 공의의 하나님이시며, 하나님의 응징은 언제나 심판을 피할 수 있는 방법을 분명히 알려 주시고 있다. 진노는 하나님의 정의이며, 구원은 하나님의 사랑이다.

구약시대의 역사적 사실을 보면, 유다왕 아마샤는 부왕을 죽인 자들에 대하여 "왕을 죽인 자의 자녀들을 죽이지 아니하였으니 이는 모세의 율법책에 기록된 대로 함이라 곧 여호와께서 명령하여 이르시기를 자녀로 인하여 아버지를 죽이지 말 것이요 아버지로 말미암아 자녀를 죽이지 말 것이라 오직 사람마다 자기의 죄로 말미암아 죽을 것이니라 하셨더라"(열왕기하 14:6)고 하였다. 이는 아버지의 불의(不義)로 인해 불의를 행치 않은 자녀가 희생되어서는 안 된다는 것이다. 또한 자식들의 범죄 때문에 아버지가 죽임을 당하서도 안된다는 것이다. 즉 연좌법(緣坐法)이라는 또 다른 불의를 허용치 않고 있음을 의미한다.

다윗은 아말렉을 친 후에 전리품을 나누면서 "전장에 내려갔던 자의 분깃이나 소유물 곁에 머물렀던 자의 분깃이 일반일지니 같이 분배할 것 이니라"(사무엘상 30:24)고 하였다.

이는 분배의 정의를 보여주는 말씀이다. 다윗의 통치를 상징하는 가장 중요한 단어는 공평과 정의라고 할 수 있을 것이다(사무엘하 8:15, 이사야 9:7)

하나님은 공평하신 분이시다. 뿌린 대로 거두게 하시는 분, 심은 대로 거두게 하시는 분이다. 하나님의 정의는 평등이 아니다. 하나님으로부터 받은 생명의 가치는 평등하나, 개개인의 삶에 대한 평가는 공평하게 적용된다.

균등(均等)이나 평등(平等)은 공평(公平)이나 공의(公義)와는 다른 개념이다.

공의란 저울과 같이 공평한 추(錘)를 가르킨다.(잠언 16:11) 그리고 마침내는 악인들을 심판으로 보응하신다.(로마서 1:32, 2:9, 12:19, 데살로니가후서 1:8) 신명기에는 "그의 모든 길이 정의롭고 진실하고 거짓이 없으신 하나님이시니 공의로우시고 바르시도다"라고 하였다(신명기 32:4)

아모스는 사회정의(社會正義)에 대하여 자세히 기록하고 있다. 먼저 아모스 선지자는 BC 740년경에 북왕국 이스라엘을 위해 활동했던 선지자이다. 이 시기는 다윗과 솔로몬 시대에 버금가는 평화와 번영의 시기였으나 경제적 번영은 빈부의 격차를 가져왔고, 계층과 사회계급이 형성되기 시작하였다. 부정과 부페가 심해지고 가진 자들의 사치와 타락이 심하여 사회 정의가 무너지고 사회악이 나타나기 시작했다. '정의가 힘이 아니라, 힘이 곧 정의'인 시대가 된 것이다.

돈이라면 의인도 팔았다(아모스 2:6). 즉 뇌물을 받고 불의한 재판을 하거나, 죄 없는 자를 노예로 팔아넘겼다는 것이다.

정의가 실현되어야 할 법정에서 조차 부정과 부페가 만연했다. 궁핍하여 종으로 와 있는 동족을 한 켤레의 신발과 교환하는 일을 스스럼없이 한 행위는, 가난한 자의 인권(人權)을 유린한 것이며, 심지어는 많이 가지고 있으면서도 가난한 자를 착취하여 머리에 있는 티끌까지도 탐냈다고 했다.(아모스 2:7) 너무나 작은 것 까지도 탐을 내었다는 의미이다.

모세율법에 의하면 사형에 해당하는 죄(레위기 8:6-18, 20:17-21)인 부자(父子)가 한 젊은 여인에게 다니는 등 윤리와 도덕이 어지러워졌다.

저당 잡힌 옷은 해가 지기 전에 돌려주도록 되어 있었는데(출애굽기 22:26, 27. 신명기 24:12, 13) 이를 무시하고 돌려주지 않았다. 그 당시의 옷이란 낮에는 입고 다니는 옷이었고 밤에는 덮고 자는 일종의 담요였기 때문에 해지기 전에 이를 돌려주라고 한 것이다. 옷을 돌려주지 않는 행위는 가난한 자의 인권을 유린하는 행위라고 보았다.

많은 빚을 진 경우 채권자의 종이 되었으나(레위기 25:39, 40) 종으로 여기지 말고 품꾼이나 우거하는 자로 여기라고 했는데, 그렇게 하지 않았다. 이와 같이 경제적인 불의, 부정, 부자들의 탐욕이 심각하여 가난한 자들이 압제당하는 상황에서 아모스는 하나님의 공의를 선포하고 있다.

하나님께서 원하시는 것은 선을 추구하며 공의를 세우는 일이다(아모스 5:14, 15). 선을 구한다는 말은 도덕적인 선을 말하는 것 이상으로 한 인격을 구하는 것을 말한다.

아모스 5:24에는 “오직 정의를 물 같이, 공의를 마르지 않는 강 같이 흐르게 할지어다”라고 하였다. 다시 말하면 공의가 물처럼 흐르게 하고 정의가 마르지 않는 강처럼 흐르게 하라는 것이다. 이와 같은 아모스 선지자의 선포는 정의와 공의가 맑은 강물처럼 흘러 넘쳐서 이 세상 구석구석까지 펼쳐지기를 하나님이 얼마나 원하고 계시는지를 말해주고 있다.

공법과 정의는 하나님의 심판을 가리키기도 하지만(이사야 10:22) 아모스는 인간사회에 구현되어야 할 원리로 보았다.

정의(正義, judgement, justice)와 공의(公義, righteousness)가 바로 지켜질 때에는 인간에게 유익이 되나 바로 시행되지 않을 때에는 오히려 인간에게 큰 화가 될 수도 있다.

(2) 양심의 법

하나님이 인간에게 주신 또 하나의 법은 양심(良心)이다. 로마서 2장 15절에는 양심에 해당하는 헬라어로 ‘쉬네이데시스’라는 단어를 사용하고 있는데 이는 ‘함께 알다’, ‘함께 이해하다’, ‘함께 인지하다', '공통의 지식'이라는 의미를 담고 있다. 이에 해당하는 영어 단어는 'conscience'인데, '함께'를 뜻하는 접두사 'con'과 '지식', '앎', '의식'을 뜻하는 'science'가 합쳐져 이루어졌다. 즉 양심은 '함께 의식하고 있다', '함께 알고 있다'라는 뜻으로 풀이할 수 있다. 혼자만이 아니라 누군가와 함께 안다는 것이다.

여기서 중요한 것은 '함께'라는 말과 '함께 알고 있다'라는 말이다. 즉 양심이란 나 혼자만의 생각이나 판단이 아니라 다른 사람의 생각이나 판단도 포함한다는 의미이다.(고린도전서 10:29 참조)

칼빈은 말하기를 양심이란 자기 속에 있는 것을 억누르도록 허용하지 않을 뿐 아니라 그 사람을 계속 추궁하여 자기의 죄책을 시인하는데 까지 이르도록 만드는 것이라고 하였다.

서양속담에는 "양심은 고소자를 필요로 하지 않는다"라는 말이 있다. 율법이 없었던 시대에는 양심이 법의 작용을 해 주었다.

창세기에 나오는 아담은 선악과를 먹은 후 양심의 가책(苛責)으로 아무도 책망하기 전에 스스로 숨었다. 야곱은 형을 속인 가책으로 20년의 성공적인 금의환향(錦衣還鄕)도 무색하게 밤새도록 씨름하는 고민을 가졌다. 베드로는 계집종 앞에서 예수를 부인함으로 인한 죄책으로 심히 통곡하면서 자책했다. 아무도 질책하지 않았음에도 불구하고 양심의 작용으로 그렇게들 한 것이다.

가인은 자신의 동생인 아벨을 죽인 인류 최초의 살인자이다. 그런데 '살인하지 말라'는 계명은 모세가 십계명을 받았을 때의 법이다. 십계명은 이스라엘 역사상 최초의 성문법이라 할 수 있다. 가인의 살인은 이러한 법, 즉 십계명이 주어지기 훨씬 이전의 행위이다.

그러므로 오늘날의 죄형법정주의(罪刑法定主義)의 관점에서 보면 범죄가 성립되기 어렵다. 죄형법정주의란, 어떤 행위가 범죄이며 그 범죄에 어떤 형벌을 가할 것인가는 법률에 의해서만 정할 수 있다는 주의를 말한다. 즉 죄와 형을 법으로 미리 정해 놓았을 때에만 그에 해당되는 죄를 처벌할 수 있고, 법으로 미리 규정되지 않는 사안에 대해서는 죄로 규정하여 처벌을 할 수 없다는 것이다.

그러나 창세기 4:13에는 가인이 스스로 하나님에게 죄벌이라는 표현을 사용했다. 죄벌이란 '범죄에 대한 형벌'을 의미한다. 가인은 스스로 자신이 저지른 살인죄를 인정하고 있는 것이다. 이미 죄의식(罪意識)이 있었다는 말이다.

법의 존재나 그 내용을 정확히 알지 못해도 옳고 그름을 전혀 인식하지 못하는 것은 아니다. 기본적으로 인간의 마음판에 새겨주신 하나님의 법이 있기 때문이다.

양심은 하나님이 인간에게 주신 것으로, 옳고 그름을 분별할 수 있도록 인간의 마음에 새겨진 하나님의 법에 대한 입증이다.

펜(pen)의 위력이 대단하고 무섭다고 한다. 그러나 양심은 펜보다 더 강하고 예리하다.

성경에는 공동체가 합의한 예배를 위한 번역인 '개혁개정 한글번역본'이 있으며 '현대인의 성경' '쉬운 성경'등 여러 가지 성경번역본들이 있다. 이러한 번역본은 신앙생활의 경건과 삶의 유익을 위한 번역본들이다. 따라서 개인적인 신앙생활이나 성경공부를 위한 경우에는 여러가지 번역본의 성경을 참고하는 것이 유익하다.

로마서 2장 12-13절을 현대어성경은 다음과 같이 번역하고 있다. "이방인들이 죄를 범했을 때도 하나님께서는 그들을 벌하셨습니다. 비록 그들이 글로 쓰여진 하나님의 율법을 알지 못한다 하더라도 그들이 마음속에는 옳고 그른 일을 분별할 수 있는 하나님의 율법이 있기 때문입니다. 그들이 양심의 가책을 받거나 위로를 받는 것은 다 그 때문입니다"

로마서 2장 15절을 현대인의 성경은 다음과 같이 번역하고 있다. "그들의 행동은 율법이 요구하는 일이 그들이 마음에 기록되어 있다는 것을 보여주며 그들의 양심도 이것이 사실임을 증거하고 있습니다. 왜냐하면 그들의 생각이 서로 고발하며 변명하기 때문입니다"

표준새번역은 "그런 사람은 율법이 요구하는 일이 자기의 마음에 적혀 있음을 드러내 보입니다. 그들의 양심도 이 사실을 증언합니다. 그들의 생각들이 서로 고발하기도 하고, 변호하기도 합니다."

쉬운 성경은 "이런 사람들은 율법이 요구하는 것이 그들 마음속에 새겨져 있는 것을 보여주며 그들의 양심이 그것을 증언하고 그들의 생각이 그들의 잘못을 고소하기도 하며 그들 자신을 변명하기도 합니다"

바른 성경은 "이런 사람들은 그들이 양심이 증언하여 그들의 생각들이 서로 고발하기도 하고 변명하기도 하여 자기의 마음에 기록되어 있는 율법의 행위를 보여 준다"

우리말 성경은 "이런 사람은 율법의 요구가 자기 마음에 기록돼 있음을 보여 줍니다. 그들의 양심도 이것을 증거합니다. 그들이 생각이 서로 고발하기도 하고 변호하기도 합니다"라고 번역하고 있다.

즉 양심은 인간의 마음속에 기록된 하나님의 법에 대해 증명하

고 증거하는 증인의 역할, 목격자의 역할을 한다.[5)]

성경에는 양심이란 단어 대신 마음이란 단어가 사용된 곳이 여러 곳이 있다(사무엘상 24:5-7, 사무엘하 24:10, 요한1서 3:19-20 등)

그 중 사무엘하 24:10에는 "다윗이 백성을 조사한 후에 그의 마음에 자책하고 다윗이 여호와께 아뢰되 내가 이 일을 행함으로 큰 죄를 범하였나이다 여호와여 이제 간구하옵나니 종의 죄를 사하여 주옵소서 내가 심히 미련하게 행하였나이다"라고 하였다. 다윗이 인구 조사를 실시한 후에 양심의 가책을 받았던 것이다. 인구조사 자체가 실정법을 위반한 것이 아닌데도 양심의 가책을 받았는데 이는 인구조사 자체의 동기나 목적이 자신의 영광과 이스라엘의 번영과 막강한 국력을 자랑하려 했기 때문이었다.

특히 군사력에 대한 파악은(9절) 강대국으로서의 위치를 굳히려는 의도에서였다. 그래서 뒤늦게 잘못된 것을 깨닫고 회개한 것이다. 이것이 양심의 작용이며 양심은 자연법(自然法)이다.

여기서 양심이 무엇인지에 대하여 알아보기로 한다.

양심의 사전적 의미를 살펴보면 "양심이란 자기의 행위에 대하여 옳고 그름을 판단하고, 바른 말과 행동을 하려는 마음", "사물의 가치를 변별하고, 자기의 행위에 관하여 선을 취하고 악을 물리치는 도덕적 의식"이라고 되어 있다.

고린도전서 10:29에는 "내가 말한 양심은 너희의 것이 아니요 남의 것이니 어찌하여 내 자유가 남의 양심으로 말미암아 판단을 받으리요"라고 하였다.

---

5) 고득륜, 『사람의 법 하나님의 법』, pp. 79-81 참조

쉬운 성경은 "내가 여기서 말하는 양심은 여러분 자신의 양심이 아니라 다른 사람의 양심을 의미하는 것입니다. 왜 나의 자유가 다른 사람의 양심에 의하여 판단을 받아야 합니까"라고 하였고, 바른 성경은 "내가 지금 말하는 양심은 너 자신의 것이 아니라 남의 것이다. 왜 내 자유가 남의 양심에 의해 판단을 받아야 하느냐"라고 하였다.

고전 10:29 상반절 "내가 말한 양심은 너 자신의 것이 아니라 남의 것이니 …"에 대하여 살펴본다. 음식을 먹을 때에 이 음식이 우상에게 드려졌던 제물이라고 누가 알려 주었다면 그 사실을 알고도 그 제물을 먹을 수 있는지에 대하여, 제물 자체는 아무것도 아니나 양심에 따라야 한다고 설명하는 말씀이다.

사도 바울이 말하는 양심, 곧 도덕적 분별력(moral sense)은 자신의 것이 아니라 타인의 것이라는 것이다. 나 혼자 옳다고 판단하는 것이 전부가 아니라 다른 사람도 옳다고 동의했을 때에 올바른 양심이 된다는 의미이다.

그래서 음식 하나를 먹는 것도 내가 먹고 싶은 방법대로 먹고, 먹고 싶은 욕망을 채우는 것이 아니라, 사회적인 규모와 질서가 있다. 그래서 먹는 방법(manner)이 있으며, 그 음식을 먹어야 할 때가 있고 먹지 말아야 할 때가 있는 것이다. 음식 하나에도 사회적인 관습이 있고 법이 있다. 그 관습과 법에 따라서 도덕적인 판단을 하기 때문이다. 이것이 바로 하나의 관습법이다.

사도 바울은 하반절에서 반문한다. "… 어찌하여 내 자유가 남의 양심으로 말미암아 판단을 받으리요". 나의 자유함이, 나의 양심이 어찌하여 남의 양심으로 말미암아 판단을 받는가 하는 것이다. 얼핏보면 상반절과 하반절은 앞뒤가 서로 맞지 않는 말처럼 보인다. 즉 상반절에는 '양심은 나 혼자 옳다고 판단하는 것이 전부가 아니라 다른 사람들도 옳다고 동의 했을 때 올바른 양심이 된다'고 했다.

그런데 하반절에는 '그런데 어찌하여 나의 양심이 남의 양심으로 판단을 받아야 하는가'라고 하여 상반된 말처럼 이해될 수 있다.

그러나 이 부분은 '우리말 성경'을 보면 이해하기가 쉽다. 우리말 성경에는 "내가 지금 말하는 양심은 자신의 양심이 아니라 다른 사람의 양심입니다. '왜 내 자유가 남의 양심에 의해 판단을 받아야 합니까? 내가 감사하는 마음으로 식사에 참여한다면, 왜 감사하는 것으로 인해 내가 비난을 받아야 합니까'라고 반문할지도 모르겠습니다"(고전10:29-30)라고 되어 있다.

이 말씀은 '다른 사람의 판단으로 인해 너희 자유가 제약을 받아야 할 아무런 이유가 없다. 즉 왜 다른 사람의 양심으로 나의 자유함을 억제해야 하는가. 너희가 옳다고 생각되는 한 너희의 자유함을 온전히 유지하라'는 취지의 말씀이 아니다.

이 말씀의 뜻은 너희의 자유함이 다른 사람들의 비방을 듣는다면 유익한 것이 무엇이냐는 것이다. 나의 자유가 남에게 거리낌이 되어서는 안 되며, 나의 자유가 남을 죄짓게 하는데 사용되어서는 안 된다는 말이다. 양심은 사회적인 것이며, 사회질서를 위하여 내 양심대로 행위하는 것이 아니라 타인의 양심을 배려해야만 한다는 것이다.

믿음이 약한 형제가 실족하지 않도록 나의 자유함을 포기 해야만 한다.(고린도전서 8:9-13) "그러나 여러분은 먹든지 마시든지 무엇을 행하든지 모든 것을 하나님의 영광을 위해 하십시오"(고전 10:31)

하나님의 영광을 위하여, 교회의 덕을 세우기 위하여, 형제의 유익을 위하여 나의 자유를 스스로 포기해야 할 때가 있는 것이며, 또한 그렇게 하여야 한다. 이와 같이 양심은 다른 사람을 판단해서는 안 된다는 의미뿐만 아니라 다른 사람의 양심을 결코 손상시켜서는 안 된다는 의미도 포함하고 있다.

그런데 여기서 한 가지 구별해야 할 개념이 있다. 그것은 바로 소신(所信)이다. 소신의 사전적 의미는 "믿는바", "자기가 믿고 생각하는바", "자기가 확실하다고 굳게 생각하는바"라고 되어 있다. 모든 사람이 아니라고 하는데 혼자서만 옳다고 주장하는 행위는 양심이 아니라 소신이다. 그러므로 양심과 소신을 구별할 수 있어야 한다.

인간의 마음판 위에는 하나님의 법이 요구하는 사항들이 새겨져 있다. 이것이 양심이다. 양심은 하나님이 인간에게 주신 자각(自覺)장치 즉 스스로 깨닫게 하는 장치이다. 양심은 인간의 내면이다.

자신의 행위의 '가치와 무가치'를 구분하는 잣대가 바로 양심이며, 양심의 내면(內面)은 사랑이고 양심의 외면(外面)은 정의라고 할 수 있다.

사랑과 율법이 어느 한쪽으로 치우치지 않는 것이 정의이다.

(3) 사랑의 법

하나님이 인간에게 주신 또 다른 하나의 법은 사랑이다. 하나님은 사랑이시며(요한1서 4:8), 그의 사랑은 영원하다.(예레미야

31:3) 호세아는 하나님의 사랑을 아버지의 사랑으로 묘사하고 있다.(호세아 11:1-4)

신약성경에는 헬라어로 "사랑"이라는 단어를 보통 네 가지로 표현하고 있다고 본다. 즉 아가페(agape), 필레오(phileo), 에로스(eros), 스톨게(storge)이다. 아가페는 헌신적인 사랑, 무조건적 사랑 곧 하나님의 사랑을, 필레오란 친구나 동료간에 대한 사랑을, 에로스는 육체적, 성적인 사랑을, 스톨게는 가족혈족에 대한 자연적인 사랑이다.

축구동호회, 사진 동호회 등 취미가 같거나 성격이 비슷해서 가까이 지내는 것은 필레오라 할 수 있고, 올림픽 경기 때나 월드컵 축구 경기에서 우리나라가 이겨서 애국가가 울려 퍼질 때 감격스럽고 눈시울이 뜨거워지는 것은 스톨게라고 할 수 있으며, 에로스는 연인간의 사랑이라 할 수 있다. 이러한 사랑은 다 조건적인 사랑이다. 저 사람이 나를 싫어하면 나도 싫어하게 된다. 그러나 하나님의 사랑에는 이러한 조건이 없다. 무조건적 사랑, 바로 이것이 아가페, 곧 하나님의 사랑이다.

네 가지의 사랑을 사용한 곳은 아가페 고전 13:1, 스톨게 롬 12:10, 에로스 아 1:3-4, 필레오 요 5:20 등이다.[6]

이 네 가지의 단어가 용법과 문법에 있어서 엄격하고 절대적인 구별을 하고 있는 것은 아니다. 몇 가지 단어는 구별없이 사용되

6) 아가페: 고전13:1, 4:21, 고후 5:14, 요 5:42, 빌 1:9. 2:2, 히 6:10, 요일 2:15, 4:12, 살전 5:8, 엡 3:18, 롬 5:5, 12:9, 계 2:4 등
스톨게: 롬12:10, 살전 4:9, 벧전 1:22, 벧후 1:7, 히 13:1 등
에로스: 창 24:67, 삼상 18:20, 시 37:28, 사 1:23, 시 34:12, 호 3:1, 아 1:3,4 등
필레오: 마10:37, 막14:44, 요 5:20. 11:3, 딛 3:15, 계 3:19. 22:15 등
Logos Bible Software, Logos Bible Software 4, Gold Edition 2010. 참조.

어지기도 하기 때문이다. 그러나 에로스가 자연적 내지 가치(價值) 추구적(追求的)인데 대하여, 아가페는 자기 부정적이고, 기꺼이 자기를 남에게 주는 사랑을 의미한다.

구약성경의 그리스어역(칠십인역)에 있어서는 히브리어의 사랑에 해당되는 단어의 역어(譯語)에는 아가페만이 번역되어져 있다. 이것은 모두 사랑을, 다른 유사한 사랑과 구별하기 위함일 것이다.[7)]

예수 그리스도는 인간에 대한 하나님의 사랑 때문에 이 세상에 보내심을 받았다.(요한복음 3:16)

레위기 19:18에는 "원수를 갚지 말며 동포를 원망하지 말며 네 이웃 사랑하기를 네 자신과 같이 하라 나는 여호와 이니라"라고 하였다. 이 말씀은 공의의 성격을 지닌 율법의 이면에는 인간을 향하신 하나님의 크신 사랑이 전제 되어 있음을 보여 준다. 그리고 원수를 갚지 말라는 것은 악에 대하여 악으로 보응하지 말고, 모든 사람에게 선을 도모하라는 뜻이다. 그렇다고 해서 악을 그냥 방치하라는 말이 아니라, 선한 마음을 가지고 악을 이기도록 노력하라는 의미이다.(누가복음 17:3, 디모데전서 5:20)

원수를 갚는 일은 하나님께 속한 일이다.

하나님에 대한 사랑은, 보이는 이웃에 대한 실천적 사랑을 통해 증거될 수가 있다.

예수 그리스도는 "네 마음을 다하고 목숨을 다하고 뜻을 다하여 주 너의 하나님을 사랑하라 하셨으니 이것이 크고 첫째 되는 계명이요 둘째는 그와 같으니 네 이웃을 네 몸과 같이 사랑하라 하셨으니 이 두 계명이 온 율법과 선지자의 강령이니라".(마태복

---

7) http://cafe.naver.com/anyquestion/1937

음 22:37-40)하셨고, "새 계명을 너희에게 주노니 서로 사랑하라 내가 너희를 사랑한 것 같이 너희도 서로 사랑하라" (요한복음 13:34)고 하셨다.

예수 그리스도는 "또 눈은 눈으로 이는 이로 갚으라 하였다는 것을 너희가 들었으나 나는 너희에게 이르노니 악한 자를 대적치 말라 누구든지 네 오른편 뺨을 치거든 왼편도 돌려대며 또 너를 송사하여 속옷을 가지고자 하는 자에게 겉옷까지도 가지게 하며 또 누구든지 너로 억지로 오리를 가게 하거든 그 사람과 십리를 동행하고 네게 구하는 자에게 주며 네게 꾸고자 하는 자에게 거절하지 말라 또 네 이웃을 사랑하고 네 원수를 미워하라 하였다는 것을 너희가 들었으나 나는 너희에게 이르노니 너희 원수를 사랑하며 너희를 박해하는 자를 위하여 기도하라"(마태복음 5:38-44)라고 하여 보복하지 말며 원수를 사랑하라고 가르치신다.

또한 실정법을 넘어서 정의와 사랑의 문제에 대하여 "너희 의가 서기관과 바리새인 보다 더 낫지 못하면 결코 천국에 들어가지 못하리라"(마5:20)고 하여 정의 보다 높은 사랑을 실현하는 것은 결코 정의를 무시하는 것이 아님을 보여주셨다[8]

위에서 말한 마태복음 5:20의 예수 그리스도의 요구는 근본적인 유일한 계명, 즉 하나님과 이웃에 대한 사랑인 포괄적 이를 이행해야 한다는 것이다. 율법의 근본정신은 사랑이며, 이를 지키는 것이 곧 정의의 삶을 의미한다는 것이다.

사도 바울은 "남을 사랑하는 자는 율법을 다 이루었다"라고 하였다(롬 13:8). '다 이루었느니라'에 해당하는 헬라어 '페플레로켄'

8) 최종고, 『법과 윤리』, p. 292.

은 현재완료형이다. 이는 사랑하는 순간 율법을 이룬 것임을 말한다. 바울은 율법을 무시하지 않았다. 율법은 폐기되는 것이 아니라 완성되는 것이다.(마5:17)

또 사도바울은 "사랑은 이웃에게 악을 행하지 아니하나니 그러므로 사랑은 율법의 완성이니라"(로마서 13:10)고 하였다.

율법과 선지자의 강령은 곧 하나님 사랑과 이웃사랑이다.(마22:37-40) 신구약에 나타난 하나님의 모든 계명은 여러 상황과 환경에서 어떻게 사랑을 나타내 보이느냐에 대한 실제적인 가르침이다. 성경에서 말하는 사랑은 자기 자신의 유익보다 하나님과 이웃의 유익을 먼저 고려하는 마음이라 할 수 있다.

갈라디아서 5:14 "온 율법은 네 이웃 사랑하기를 네 자신같이 하라 하신 말씀에서 이루어졌나니"라고 하였다. 그리스도인은 사랑함으로써 모세의 모든 율법을 성취한다는 말이다. 그 이유는 그리스도의 법이, 곧 그리스도께서 우리가 살고 있는 새로운 영역에서의 삶의 규정으로 만든 법의 핵심이 사랑인 까닭인 것이다.

하나님은 사랑의 하나님이시다. 의로운 사람을 멸시치 않고 그들을 반드시 구원해 주시는 사랑과 자비(慈悲)의 절대불변(絶對不變)의 본성을 가지신 분이시다.

사랑은 소극적인 면에서 탈피하여 법조문의 규범을 넘어서 적극적으로 이웃을 향해 베푸는 것이다. 따라서 사랑은 개별적 윤리나 법 조항을 넘어 그 윤리와 법의 강령을 완성하는 근원적인 힘이다. 법조문 하나하나도 중요하다. 그러나 그보다 더 중요한 것은 법의 정신이다. 성경에서 말하는 정의의 근본정신은 사랑이라고 할 수 있다.

예수 그리스도는 "내가 아무것도 스스로 할 수 없노라 듣는 대로 심판하노니 나는 나의 뜻대로 하지 않고 나를 보내신 이의 뜻대로 하려 하므로 내 심판은 의로우니라"(요한복음 5:30)라고 하였다. 오직 아버지로부터 들은 대로 심판하며, 그것은 심판을 공정하게 만든다는 것이다. 여기서 의롭다는 말은 히브리어의 '체데크' 처럼 좌로나 우로나 치우침이 없이 공명정대(公明正大)한 것을 의미한다.

그러므로 하나님의 뜻대로 하는 것이 옳은 일, 즉 의(義)라는 것이다.

사도 바울은 "내가 대답하되 무릇 피고가 원고들 앞에서 고소 사건에 대하여 변명할 기회가 있기 전에 내어주는 것이 로마사람의 법이 아니라 하였으나…"(사도행전 25:16)라고 하여, 실정법에 기초한 정의를 말하고 있다. 즉 그는 국가법이 규정하고 있는 정의를 무시하거나 경시하지 않았던 것이다.

따라서 성경에 나타난 법의 정신은 '공의', '정의', '공평', '양심', "사랑' '인권의 보장' 등이라고 할 수 있으며, 이 모든 행위는 하나님의 뜻에 따르는 것임을 알 수 있다.

2) 공의와 정의에 관한 성경(聖經)의 교훈

(1) 공의를 실현하기 위한 명령

성경에는 하나님의 의(공의)를 실현하기 위한 명령들이 있다.

"너는 마땅히 공의만 좇으라 그리하면 네가 살겠고 네 하나님 여호와께서 네게 주시는 땅을 얻으리라"(신명기 16:20)

모세의 재판 규례에 나타난 근본정신은 하나님의 공의에 입각한 '공의의 정신'이다. 이런 의미에서 사법부는 그 시대 사회 정의의 보루가 되어야 하기 때문에, 재판의 주관자이신 하나님께서는 더욱 준엄하고 엄격하게 재판장들의 공정한 판결을 요청하신 것이다.

"의와 공평을 행하는 것은 제사 드리는 것보다 여호와께서 기쁘게 여기시느니라"(잠언 21:3)

의와 공평은 성경에 나란히 나오는 경우가 많다. 여기서는 실제 생활 가운데 율법을 준수하는 것 혹은 하나님 사랑에서 나온 정직한 삶이라는 의미이다.

"여호와께서 이같이 말씀하시되 너희는 공평을 지키며 의를 행하라 나의 구원이 가까이 왔고 나의 의가 쉬 나타날 것이라 하였은즉"(이사야 56:1)

언약에 신실하신 하나님은 이스라엘에게 공평과 의를 지키도록 요청하고 있다. 공평이나 의 혹은 세례요한이 외친 회개 등은 메시야의 도래를 맞을 때 요구되는 이스라엘의 삶의 태도이다.

"모든 자에게 줄 것은 주되 공세를 받을 자에게 공세를 바치고 국세 받을 자에게 국세를 바치고 두려워할 자를 두려워하며 존경할 자를 존경하라"(로마서 13:7)

공세는 피정복민이 지배국가에 바치는 조공을 의미하며 국세는 국가에 내는 세금을 가리킨다. 현세의 질서는 하나님에 의한 것이며 따라서 모든 사람은 이 질서 안에 머물러 있어야 함을 말하는 것이다.

"상전들아 의와 공평을 종들에게 베풀지니 너희에게도 하늘의 상전이 계심을 알지어다"(골로새서 4:1)라고 하였다.

바울은 상전들에게 종에 대한 대우의 문제를 의와 공평으로 대하라고 권면한다. 의는 평등의 정신을 나타내는 것으로 공평이란 말에 의해서 그 의미가 강조되고 있는 것이다.

(2) 재판관들에 대한 명령

"너는 가난한 자의 송사라고 정의를 굽게 하지 말며"(출애굽기 23:6)

법정에서 소송 사건이 심의될 때 발생할 소지가 있는 부분이다. 사회의 정의가 구현되기 위해서는 사법부가 하나님의 정의에 입각하여 공정한 재판을 실시함으로써, 권력이나 다수의 압력에 의해 판결이 왜곡되는 일이 없어야 함을 말한다.

"너희는 재판할 때에 불의를 행하지 말며 가난한 자의 편을 들지 말며 세력 있는 자라고 두둔하지 말고 공의로 사람을 재판할지며"(레위기 19:15)

재판 전 특정인에 대하여 선입견을 가지지 말고 공정한 재판을 하라는 명령이다. 재판은 개인과 개인, 개인과 사회, 사회와·사회 간의 정·부정을 밝히는 사법행위로 공정한 판단을 그 생명으로 한다. 따라서 한 국가의 질서를 바로 잡기 위해서는 오직 공의만이 판결의 유일한 기준이 되어야 한다.

"내가 그때에 너희의 재판장들에게 명하여 이르기를 너희가 너희의 형제 중에서 송사를 들을 때에 쌍방간에 공정히 판결할 것이며 그들 중에 있는 타국인에게도 그리 할 것이라"(신1:16)

"재판은 하나님께 속한 것인즉 너희는 재판할 때에 외모를 보지 말고 귀천을 차별 없이 듣고 사람의 낯을 두려워하지 말 것이며 스스로 결단하기 어려운 일이 있거든 내게로 돌리라 내가 들으리라 하였고"(신명기 1:17)

재판의 기본원리로 인도주의적 평등사상과 신본주의적(神本主義的) 공의사상을 말한다. 따라서 공정성과 하나님의 공의 성품을 따라 공정하게 시행되어져야 함을 가리킨다.

"너는 객이나 고아의 송사를 억울하게 하지 말며 과부의 옷을 전당잡지 말라"(신명기 24:17)

사회적으로 소외되거나 무시당하거나 이유 없는 학대를 당하기 쉬운 자들에게도 그들의 권익을 옹호해 주라는 말씀이다.

"악인을 두둔하는 것과 재판할 때에 의인을 억울하게 하는 것이 선하지 아니하니라"(잠언 18:5)

두 가지 대조적인 사례는 공의를 왜곡시키는 악행이다. 외모만을 취하여 악인을 변호하는 것과 이와 반대로 의인을 잘못 판단하여 억울하게 하는 것은 선하지 못할 뿐만 아니라 하나님께서 매우 싫어하시는 행위이다.

"재판할 때에 낯을 보아주는 것이 옳지 못하니라"(잠언 24:23)
편애하는 얼굴을 나타내는 것, 즉 편파성을 보이는 것을 말한다.

"너는 입을 열어 공의로 재판하며 곤고한 자와 궁핍한 자를 신원할지니라"(잠언 31:9)
경제적으로나 사회 신분적으로 비천한 자의 어려운 문제를 해결해 주라는 것이다.

"지존자의 얼굴 앞에서 사람의 재판을 굽게 하는 것과, 사람의 송사를 억울하게 하는 것은 다 주께서 기쁘게 보시는 것이 아니로다"(예레미야애가 3:35, 36)라고 하여 재판관들에게는 공정하게 재판하라고 하였다.

"만군의 여호와가 이같이 말하여 이르시기를 너희는 진실한 재판을 행하며 서로 인애와 긍휼을 베풀며, 과부와 고아와 나그네와 궁핍한 자를 압제하지 말며 서로 해하려고 마음에 도모하지 말라 하였으나"(스가랴 7:9, 10)라고 하였다.

이는 진실한 재판을 행하라는 재판관에 대한 규범으로 사적 감정이나 이기적 욕구를 떠난 공평한 판결을 하라는 의미이다. 인애는 사람들 상호간에 가져야 할 사랑과 신뢰를 말하며, 긍휼은 자비를 가리킨다.

"너희가 행할 일은 이러하니라 너희는 이웃과 더불어 진리를 말하며 너희 성문에서 진실하고 화평한 재판을 베풀고"(스가랴 8:16)라고 하여 재판관의 자세를 말하고 있다.

"송사에서는 먼저 온 사람의 말이 바른 것 같으나 그의 상대자가 와서 밝히느니라"(잠언 18:17)

원고와 피고의 말을 다 들어야 진위를 판단할 수 있음을 말하는 것이다.

"장로에 대한 고발은 두 세 증인이 없으면 받지 말 것이요"(디모데전서 5:19)

모세 율법에 의하면 두 사람 이상의 증인이 있어야 죄를 판결할 수 있었다. 특히 장로는 지도자의 위치에 있으므로 근거 없는 비난으로부터 보호할 필요가 있으므로 두세 명의 증인이 요구되었던 것이다 그러므로 재판시에는 증거와 주장을 잘 판단하라고 한 것이다.

"다수를 따라 악을 행하지 말며 송사에 다수를 따라 부당한 증언을 하지 말며"(출애굽기 23:2)

이는 군중심리에 따라가지 말고 하나님의 공의에 입각해 볼 때 다수의 결정이 올바르지 않을 때는 혼자서라도 담대히 진리의 편에 설 수 있어야 함을 말한다.

"재판장은 자세히 조사하여 그 증인이 거짓 증거하여 그 형제를 거짓으로 모함한 것이 판명되면, 그가 그의 형제에게 행하려고

꾀한 그대로 그에게 행하여 너희 중에서 악을 제하라"(신명기 19:18, 19)

이스라엘 사회는 위증과 무고를 방지하기 위해 최소한 2인 이상의 증인을 요구했다. 여기서 '2'라는 숫자는 단순히 수리적 의미만 있는 것이 아니라 성경에서 '2'라는 숫자는 '확실한 증거' '충분한 증언'이라는 의미를 가지고 있다.

"그들이 헛된 말을 내며 거짓 맹세로 언약을 세우니 그 재판이 밭이랑에 돋는 독초 같으리로다"(호세아 10:4)이는 위증의 해악에 대하여 말하며, 위증에 대하여는 엄정히 대처하라고 하였다.

"재판관들에게 이르되 너희가 재판하는 것이 사람을 위하여 할 것인지 여호와를 위하여 할 것인지를 잘 살피라 너희가 재판할 때에 여호와께서 너희와 함께 하심이니라"(역대하 19:6)

재판관들은 여호와의 대리자이다.(출애굽기 18:15,16, 신명기 1:17) 재판은 사람들이 판단을 해서 결정을 내리는 것이지만 궁극적으로는 하나님의 의(義)와 질서, 그리고 하나님의 계명을 드러내는 도구이다. 그러므로 법을 집행하는 자는 하나님의 권위와 영광을 드러내기 위하여 최선을 다해야 하며, 인정이나 자신의 욕심에 끌려 그릇된 판결을 해서는 안 된다.

"악인은 사람의 품에서 뇌물을 받고 재판을 굽게 하느니라"(잠언 17:23)

가장 공의로워야 할 재판정에서 뇌물로 인해 판결이 불공정하게 내려지는 일은 하나님이 가장 혐오스러워 하시는 것 중의 하나이다.

그러므로 재판관이 어떻게 처신해야 하는지를 가르치고 있다. 재판관들은 여호와를 두려워하는 마음으로 행하여야 한다.

(3) 소송관계인에 대한 명령

"너는 말 못하는 자와 모든 고독한 자의 송사를 위하여 입을 열지니라"(잠언 31:8)

여기서 말 못하는 자는 문자 그대로 말 못하는 자, 즉 벙어리만을 의미하는 것이 아니라 자신을 위하여 말 할 수 없는 형편에 있는 자, 또는 할 말을 못하는 자를 가리킨다. 이러한 자를 위하여 변호(辯護)해 주라는 말씀이다.

"너희 중에 누가 다른 이와 더불어 다툼이 있는데 구태여 불의한 자들 앞에서 고발하고 성도 앞에서 하지 아니하느냐"(고린도전서 6:1)

"형제가 형제와 더불어 고발할뿐더러 믿지 아니하는 자들 앞에서 하느냐"(고린도전서 6:6)

"너희가 피차 고발함으로 너희 가운데 이미 뚜렷한 허물이 있나니 차라리 불의를 당하는 것이 낫지 아니하며 차라리 속는 것이 낫지 아니하냐"(고린도전서 6:7)라고 하여 송사하지 말라고 하였다. 불의한 자'들은 재판 자체가 거짓되다는 의미가 아니라 하나님을 부인하는 '세상의 재판관'을 지칭하는 것이다. 따라서 6:1절은 세상 법에 대한 하나님의 법의 우월성과, 성도간의 문제는 법 이전에 신앙적 차원에서 해결해야 할 것임을 교훈해 주는 것이다.

“너를 고발하는 자와 함께 길에 있을 때에 급히 사화하라 그 고발하는 자가 너를 재판관에게 내어주고 재판관이 옥리에게 내어주어 옥에 가둘까 염려하라.”(마태복음 5:25)

고대 사회에서는 채무자는 채무를 모두 변제할 때까지 옥에 갇히게 되었다. 사건이 재판관에게 가기 전에 화해를 도모해야 하는데 이 화해의 기회를 선용하라는 의미이다.

“또 너를 고발하여 속옷을 가지고자 하는 자에게 겉옷까지도 가지게 하며”(마태복음 5:40)

속옷을 달라고 하거든 값이 더 나가는 겉옷까지도 주라는 의미로, 다른 사람에 대항하여 자신의 권리를 재판에서 관철시키기 보다는 오히려 모든 것을 내어주고 벗은 채로 살아가라는 예수 그리스도의 가르치심이다. 이 가르침은 더 나아가 이웃의 유익을 위해 온갖 고난과 아픔을 무릎쓰는 적극적 이타주의(利他主義)의 실현에의 요구가 강조되어 있다.

“네가 너를 고발하는 자와 함께 법관에게 갈 때에 길에서 화해하기를 힘쓰라 그가 너를 재판장에게 끌어가고 재판관이 너를 옥졸에게 넘겨주어 옥졸이 옥에 가둘까 염려하라”(누가복음 12:58)

채무자가 법정에 서기 전에 채권자와 화해하는 것이 감옥에 갇히지 않을 수 있는 유일한 방법이므로, 화해를 해서 문제를 해결하는 것이 가장 바람직한 일이라는 것이다.

그러므로 송사에 있어서는 양보하여 서로 원만히 합의하라고 하였다.

(4) 율법교사에 대한 경고

누가복음 11장 52절에는 예수께서 "화 있을진저 너희 율법교사여 · · · "라고 책망하고 있다. KJV 영어 성경에는 "Woe unto you lawyer !" 즉 "화 있을진저 너희 법률가들이여 · · · "이다. NIV에서는 좀더 포괄적인 개념으로 법 전문가를 뜻하는 "experts in the law"라는 표현을 사용하고 있다.

한글개역판과 개역개정판에는 율법교사들 이라고 하고, 쉬운 성경과 현대인의 성경, 바른 성경에는 율법학자로 표현하고 있다. 헬라어는 '노미코스'인데, 이는 법이라는 '노모스'에서 유래된 말로써 '법에 관계되는', '율법선생', '율법에 관한'이라는 의미이다.

율법교사란 유대교의 전문적인 율법해석자를 가리키는 말로서 오늘날에는 성경을 가르치는 목사나 교사들 더 나아가서는 일반 법률가들까지를 포함한다고 할 수 있을 것이다.

법률전문가들에게 하시는 예수 그리스도의 경고 말씀은 " · · · 너희가 지식의 열쇠를 가져가서 너희도 들어가지 않고 또 들어가고자 하는 자도 막았느니라"라는 것이다. 이 의미는 법 전문가들이 사람들에게 법을 잘못 가르치고 있다는 것을 의미한다.

마르틴 루터는 '유능한 법률가는 나쁜 이웃'이라고 말했다. 법률가들이 좋은 이웃이 되어주지 못했다는 말일 것이다.

하나님 앞에서 양심적인 법률가라면, 옳은 것은 옳다하고 그른 것은 그르다고 하여야 하며, 제대로 된 사역자라면 세상 풍조, 외세에 끌려가지 말고 바른 자세를 취하여야 할 것이다.

사도행전 21장에는 바울이 유대인의 법을 배척하며 모세의 율법을 어긴 위법자라고 하여 군중들로부터 구타를 당하고, 그들이 죽이려 할 때에 로마 군인들이 잡아 영내로 들어가다가 군중들에게 히브리말로 변명하면서 가말리엘 문하에서 엄한 교훈을 받았다고 말하고 로마의 실정법에 따른 조치를 하여 줄 것을 요구하는 것을 보게 된다.

사도행전 22장 3절을 현대인의 성경에는 "나는 길리기아의 다소에서 태어난 유대인이지만 자라기는 이 곳 예루살렘에서 자랐습니다. 그리고 나는 가말리엘의 지도로 우리 조상이 전해 준 율법에 따라 엄격한 교육을 받았고 오늘 여기에 모인 여러분 못지않게 하나님께 대해서도 열심히 있었습니다"라고 하여 명망 높은 가말리엘에게 자신이 법을 배웠다고 말하고 있다. 심각한 상황 속에서도 이성을 잃지 않고 효과적인 증거를 제시하는 모습은 바울이 가말리엘로부터 단순한 법적 지식만 전달받은 것이 아니라 법적 사고와 소양까지도 물려받았다는 것을 더욱 분명히 알게 해 준다.[9)]

가말리엘은 당시 유대 사회의 의회이면서 최고의 중앙재판소적 권위를 가지고 있던 산헤드린의 지도자 중 한 사람이었고 사도바울은 그의 문하생이었다. 율법에 대한 가말리엘의 포용력 있는 해석은 일반적으로 인정을 받고 있었으며, 그의 관용적인 태도는 베드로와 사도들의 행동에 대한 산헤드린의 과열된 분위기를 진정시키며 중재하는데서 잘 드러나고 있다.(사도행전 5:33-39 참조)

가말리엘은 율법학자로 유대인들로부터 존경을 받던 지도자였다.

오늘날의 율법교사, 즉 목사나 법률가는 예수 그리스도의 경고의 말씀을 기억하고 좌로나 우로나 치우치지 말고 바른 사고, 바

---

9) 고득륜, 전게서, p. 141 참고

른 자세로 사역과 업무에 임하여 정의가 물같이, 공의를 마르지 않는 강같이 흐르게 해야 하는 책임을 감당하는 하는 사람들이 되어야 한다.

5. 정의와 사랑

정의와 사랑은 밀접한 관계가 있다. 미국의 법률가 웹스터(Daniel Webster)는 '지상에 사는 인간들의 최대의 관심사는 정의이다'라고 하였다. 그리고 많은 종교인, 성직자들은 사랑을 주장하였다. 일반적으로 법은 정의를 목표로 한다고 한다.

윤리는 선과 사랑을 목표로 한다고 하기도 하고, 법과 윤리는 모두 정의와 사랑를 실천하는 수단이라고 하기도 한다.

브루너(E. Brunner)는 '사랑은 인격간의 관계를 말하며 정의는 조직 속에서 집단 간의 관계에 대한 개념'이라고 하였다

틸리히(P. Tillich)는 '사랑은 기본이요 동력이며 정의의 목표가 되기 때문에 정의가 결여된 사랑은 뼈가 없는 몸뚱이와 같다'하였다. 라이트(G. E. Eright)는 '정의는 사랑이 나타나는 하나의 현상'이라고 하였다.

윤리학자 램지(Paul Ramsey)는 '정의는 두 사람 또는 그 이상의 이웃이 만나게 될 때 기독교의 사랑이 행동하는 것'이라고 하였다.

이 모든 주장들은 정의를 기본적으로 사랑의 관계로 본 것이다.

사회나 단체의 지도자는 정의를 토대로 판난하고 정직하게 행동해야 한다. 뿐만 아니라 정의에 사랑의 옷을 입혀야 한다. 사랑

없는 정의는 사회를 메마르게 만들고 약자를 보호하지 못한다. 반면에 정의 없는 사랑은 시혜(施惠)주의의 위험성에 빠질 수밖에 없으므로 이 둘 의 조화가 요구된다. 정의와 사랑의 균형을 이루는 지혜로운 삶을 통해 이 사회를 정의롭고 평화로운 사회로 만들어 나가야 한다.

정의는 중요하지만 사랑 없는 정의는 잔인한 것이다. 정의는 사랑이라는 보다 높은 이념을 밑바닥에 깔고 실천되어야 할 것이다.

니이버(R. Niebuhr)는 '사회정의에 대한 모든 진정한 열정은 언제나 그 안에 종교적 요소를 안고 있다. 종교는 언제나 정의의 이념을 사랑의 이상으로 발효시킨다. 더 나아가 정의로운 사회에 대한 희망에는 언제나 종교적 요소가 있어야 한다'고 하였다.[10]

그러므로 사랑의 요소가 그 배경과 밑바탕에 된 정의야 말로 진정한 의미에서 정의라고 말할 수 있을 것이다.

사랑이 없는 정의는 하나님의 정의가 아니다.

6. 종교의 자유

1) 종교의 자유의 내용

우리나라 헌법 제20조 제1항은 "모든 국민은 종교의 자유를 가진다"라고 하고, 제2항은 "국교는 인정되지 아니하며, 종교와 정치는 분리된다"라고 규정하여 종교의 자유와 국교의 불인정 및 정교(政教)의 분리를 선언하고 있다.

---

10) 최종고, 『법과 윤리』, pp. .96-98 참조

종교의 자유의 내용으로는 신앙의 자유, 종교적 행위의 자유가 있다. 신앙의 자유는 '신앙을 가지는 자유'와 '신앙을 가지지 않는 자유'를 말하며, '신앙을 가지는 자유'에는 신앙선택, 신앙변경(改宗), 신앙포기, 신앙고백, 신앙침묵의 자유 등이 있다.

종교적 행위의 자유에는 종교의식의 자유, 종교선전의 자유, 종교교육의 자유, 종교적 집회·결사의 자유가 있다.

종교의식의 자유에는 예배, 기도, 예배행진, 헌금모금, 성찬식, 교회의 종울림 등과 같은 종교상의 의식과 축전 등의 행사를 할 수 있는 자유이다.

종교선전의 자유는 자신의 종교적인 확신을 남에게 선전하고 전파함으로써 신앙을 실현시키는 것이다. 종교단체에서 행하는 모금·수집운동과 여러 가지 봉사활동은 여기에 해당한다고 할 수 있다.

종교교육의 자유는 가정과 학교에서 종교의 교리에 입각한 교육을 실시할 수 있는 자유이다. 종교이념에 의해 설립된 학교 기타 육영기관에서 종교교육을 시키는 것은 종교선전의 일환으로 원칙적으로 허용된다.

이에 대한 대법원의 판례는 "종교의 자유에는 종교를 위한 선전포교의 자유가 포함되며 정교분리원칙상 국·공립학교에서의 특정종교를 위한 종교교육은 금지되나, 사립학교에서의 종교교육 및 종교지도자 육성은 선교의 자유의 일환으로서 보장된다"(대법원 1989. 9. 26 87도519)라고 하였다.

종교적 집회·결사의 자유는 같은 신앙을 가진 사람끼리 종교적 목적의 단체를 조직하고 종교행사를 위해서 모임을 가질 수 있는 자유이다. 이 중에서 신앙의 자유는 인간내심의 작용이므로 제한될 수 없는 절대적 자유이다.

2) 종교의 자유의 한계

헌법 제11조 제1항은 “모든 국민은 법 앞에 평등하다. 누구든지 성별, 종교 또는 사회적 신분에 의하여 정치적 · 경제적 · 사회적 · 문화적 생활의 모든 영역에 있어서 차별을 받지 아니한다”고 규정하고 있다.

그러나 헌법 제37조 제2항은 “국민의 모든 자유와 권리는 국가안전보장 · 질서유지 또는 공공복리를 위하여 필요한 경우에 한하여 법률로써 제한할 수 있으며…”라고 규정하여 국가는 국가질서를 유지하기 위해서는 종교의 자유에 대하여 법률로써 규제를 가할 수 있음을 명시하고 있다.

위에서 살펴본 바와 같이 신앙의 자유는 제한될 수 없는 절대적 자유이나 종교행사의 자유와 같이 종교의 자유가 외부에 표현될 때에는 법률에 의하여 제한될 수 있다는 것이다. 그렇다고 하여 국가가 국가안전보장이나 질서유지, 공공복리의 목적을 위하여 종교의 자유를 비롯한 국민의 기본권을 과도하게 침해하는 일은 없어야 할 것이다. 또한 위와 같은 목적으로 종교의 자유를 제한하는 경우에도 자유와 권리의 본질적인 내용을 침해할 수는 없다. 헌법 제37조 제2장 후단에 “제한하는 경우에도 자유와 권리의 본질적인 내용을 침해할 수 없다”고 규정하고 있는 것이다.

그러므로 국가는 기본적으로 종교와 신앙의 자유를 인정하고 보장하지만, 경우에 따라서는 국가목적 또는 행정목적을 위하여 교회의 법률행위, 재산관계 등을 규제하는 경우가 생겨나게 된 것이다.

7. 국가법과 교회법의 관계

고대사회에서는 종교와 법이 분화되어 있지 않았다. 모세가 시내산에서 하나님으로부터 계시 받은 십계명은 도덕이요 종교이며 법이었다. 중세에 있어서는 종교의 힘이 강력하여 종교규범에는 법과 도덕의 거의 전부를 포함하고 있었다.

십계명을 비롯한 구약시대로부터의 교회법과 "네 이웃을 네 몸과 같이 사랑하라"(마태복음 22:39)고 하신 예수 그리스도의 가르침이 오늘날의 국가법과 제도에 미친 영향은 여러 가지가 있다.

먼저 예수 그리스도는 사회적으로 멸시를 받던 문둥병자와 하층계급인 하인의 병을 고쳐주시는 등(마태복음 8:1-13) 인간의 존엄성, 자유, 평등을 가르치시고 몸소 실천하심으로 자유, 평등, 책임, 권리가 현대법의 기본사상이 되었다.

범죄자에 대하여는 결과보다는 내면(內面)의 의사를 중요시하고 판단기준으로 삼았는데(마태복음 5:28), 이는 근대형법에서 범의(犯意)와 동기(動機)를 중시하고, 과실범(過失犯)은 예외적으로 또한 가볍게 처벌하게 하는 토대가 되었다.

또한 재판에서는 여호와께 진실을 맹세케 한 것과(출애굽기 22:11), 거짓증거의 금지(출애굽기 20:16)는 근대소송법에서 선서제도와 위증죄의 처벌로 나타나게 되었으며, 보석금을 받고 석방하는 제도(사도행전 17:9)는 현대의 보석제도로 발전되었다.

그리고 범죄자에게 회개를 위한 징계를 한 것은(민수기 12:4-16, 사무엘하 12:11-23, 24:1-25, 사사기의 역사 등) 현대형법의 형벌목적이 응보형주의에서 목적형주의 내지는 교육형주의로 발전하는데 영향을 끼쳤다고 할 수 있다.

구약시대에 아들, 딸, 형제, 친족에게 상속을 주는 제도(민수기 27:5-11)가 현대 친족법의 상속인의 범위와 상속인의 순위에 영향을 미쳤다.

그리고 재판에서 사건을 확정하기 위하여 두 세 증인을 세우라고 한 것은(신명기 19:15, 열왕기상 21:12-13, 마태복음 18:16, 디모데전서 5:19)무고나 위증을 방지하기 위함이며 이 제도는 오늘날의 증거재판주의로 발전하게 되었다.

그리고 계약법(창세기 26:28), 사회보장제도(레위기 19:9-10, 신명기 24:19-21), 근로제도(레위기 23:3, 신명기 24:14-15), 노예해방(출애굽기 21:2, 신명기 15:16- 18), 혼인제도(창세기 2:18-24, 출애굽기 22:16, 17), 이혼문제(마태복음 5:32), 유언제도(창세기 49:28-33) 등 교회법이 현대국가법의 제도정립에 미친 영향은 크다고 할 수 있다.

그러나 오늘날은 근대 이후에 정교(政教)분리가 확립되어 교회법은 종교 내부에서만 적용되는 자치법으로서의 효력만 갖게 되었다.

오늘날은 인구의 증가, 교육수준의 향상으로 인한 개인권리의식의 신장과 개인주의, 글로벌(global)화에 따른 전통적 미풍양속의 쇠퇴와 타문화의 무분별한 유입, 정보산업의 발전으로 인한 다양한 정보와 지식의 공유화 등 사회 환경의 변화에 따른 영향이 교회와 교인들 간에도 미치게 되었다.

그래서 모든 문제는 타협과 협의에 의하던 지난날의 양속(良俗)은 점점 사라지고 모든 분쟁을 법정으로 가지고 가는 일이 많아진

시대가 되었다. 이렇게 되면 국가법은 물론이고 교회법도 교인과 교인, 교회와 교인간의 분쟁을 다루게 되므로 경우에 따라서는 동일한 사안이 국가법과 교회법이 동시에 적용될 수 있기 때문에 두 법의 관계가 문제될 수 있다.

교회법이 국가법에 저촉되지 않는다면 아무런 문제가 되지 않는다. 그러나 교회법이 국가법에 저촉되는 일이 있을 수도 있고, 상호간 상이한 판단을 할 수 있는 경우가 있을 수 있다.

이와 같이 국가법과 교회법이 동시에 적용될 수 있는 경우 어떠한 법이 적용되는지의 문제이다. 두 법의 내용이 서로 상충되는 경우에 교회문제가 일단 국가법정으로 가게 되면 교회법보다 국가법을 우선 적용하게 된다. 지상의 교회는 국가내의 조직이기 때문이다.

교회와 관련하여 발생할 수 있는 법률문제는 첫째, 대체적으로 교회내부에서 발생하여 교회내부에서만 효력이 발생하는 문제(교회 내에서의 징계 등)에 대해서는 국가법이 그 판단을 최대한 자제하고 있으며, 둘째, 교회외부에 대하여 발생한 법률문제나, 교회내부 문제라고 하더라도 교회외부에 대해 영향을 주거나 관련을 갖게 되는 사안에 대해서는 국가법은 이를 일반사안과 동일하게 취급하게 된다. 다만 이러한 경우에는 종교단체와 관련된 사안이라는 점을 참작할 뿐이다.

대체적으로 살펴보면, 국가법으로 판단하는 대법원의 입장은 교단의 헌법규정은 지교회의 재산관계에는 구속력을 가지지 못하고 지교회의 독립이라고 보고 있고, 부동산이 교단으로 소유권이전 절차가 적법하게 이루어져 교단명의로 소유권 등기가 되어 있더라도 그 등기는 명의신탁 정도로 보고 있다. 그리고 교단의 권징결정은 산하 지교회의 직원인 목사 장로를 구속한다는 입장을 취하고 있다.

교회분열시의 재산처리 문제에 있어서는 2006. 4. 20 대법원에서 교회 재산은 교인들의 총유이므로 교인 일부가 종전 교단, 교회를 탈퇴해 다른 교회, 교단에 가입하더라도 종전 교회 재산에 대한 권리를 행사할 수 없는 것이 원칙이나, 의결권을 가진 교인 2/3가 찬성해 탈퇴시에는 종전교회 재산권을 행사할 수 있다는 새로운 판례가 나와 교회 재산 처리 문제에 새로운 방향을 제시해주고 있다.

교회와 세상과의 관계에 대하여 골로새서 3장 22절에는 "종들아 모든 일에 육신의 상전들에게 순종하되 사람을 기쁘게 하는 자와 같이 눈가림만 하지 말고 오직 주를 두려워하여 성실한 마음으로 하라"고 하였다. 여기서 종이란 하인(servant)이 아니며 경제학에서 말하는 재화와 용역을 말할 때의 용역(services)도 아니고 노예(slave)의 개념이다. 노예란 인격이 인정되지 않고 짐승취급 받는 존재라는 의미이다.

이 내용은 성도의 사회생활에 대하여 주종(主從)의 의무를 가르치고 있다. 즉 그리스도인은 모두 하나님 앞에서 귀중한 존재이므로 종은 상전에게 자발적인 마음으로 주께 하듯 순종하고, 상전은 종을 동등한 인격체로 받아 들여 '의와 공평'으로 다스려야 한다는 것이다.

오늘날의 국가의 정부나 학교, 사회의 각 기관은 모두 하나님이 세우신 것이다. 그러므로 성도들은 먼저 하나님의 법(계명)과 국가의 법을 준수하여야 한다. 그리고 교회나 교단은 모든 일을 교회법과 사리에 맞게 합법적, 합리적으로 처리해야 할 것이며, 만일 어떤 사례가 생겼다 하더라도 모든 문제를 바로 국가법정으로 가져갈 것이 아니라 용서와 화해 그리고 예수 그리스도가 가르치신 사랑의 정신으로 처리하도록 노력하여야 한다.

하나님은 질서와 규범의 원천이시기 때문이다.

제 5 장

교회에 관한 법률문제

1. 교회의 실정법적 성격

1) 교회의 법적 성격

(1) 실정법상 교회의 정의

국가법, 즉 실정법에서의 교회의 정의는 무엇이며, 그 요건은 무엇인지 살펴본다.

교회의 법적 성격에 이에 대해 대법원 판례는 "기독교의 교도들이 교리의 연구, 예배, 기타 신교(信敎)의 목적으로 구성한 단체"라고 설명하고 있다.

또한 "교회라 함은 예수교의 신도들이 교리의 연구, 예배 기타 신교(信敎)상 공동목적을 달성하기 위하여 각기 자유의사로 구성한 단체로서 법률상 법인이 아니므로 그 구성원을 떠나 독자적인 권리, 의무의 주체가 될 수 없다"(대법원 1957. 12. 13. 4289민상

182 참조)라고 하였다.

이와 같은 법적 정의에 따른 교회의 법적 성격은 '법인 아닌 사단', 즉 '비법인사단'이다. 이러한 교회의 법적 성격은 학설과 판례에 의하여 확립된 것이다.

(2) 비법인사단

법률행위를 할 수 있는 주체는 '사람'뿐이며, 이 사람에는 '자연인'(自然人)과 '법인'(法人)이 있다. 모든 자연인은 성별, 계급의 구별 없이 평등하게 권리능력을 가지며 법률행위의 주체가 될 수 있다.

법인은 자연인이 아니지만 법률적으로 권리능력이 인정되고 법률행위의 주체가 될 수 있다. 이러한 법인에는 '사단법인'(社團法人)과 '재단법인'(財團法人)이 있다.

'사단법인'은 일정한 목적과 조직하에 모인 '사람들의 단체'인데 그 인적요소로서 사원의 존재를 필요로 하며, 최고의 의사기관으로서의 사원총회의 결의를 중심으로 하여 자율적 활동을 한다. 사단법인에는 민법의 규정에 의한 비영리법인인 사단법인(민법 제32조)과 상법의 규정에 의한 영리법인인 사단법인(민법 제39조 상법 제169조)이 있다. 그러나 보통 사단법인이라고 할 때에는 비영리사단법인을 가리킨다.

'재단법인'은 일정한 목적하에 바쳐진 '재산의 집단'이다. 즉 일정한 목적에 바친 재산을 개인에게 귀속시키지 않고, 그것을 독립의 것으로 하여 운영하기 위하여 그 재산을 구성요소로 하여 법률상 구성된 법인(민법 제 32조 이하)이다. 이는 일정한 재산으로써 항구적인 사업을 행하기에 적합한바, 영리 아닌 사업을 목적으로 하는 것만이 인정된다. 재단법인은 주로 민법의 규정에 의하지만, 학교법인·종교법인 등 특별법에 의하여 특수법인화한 것이 많다.

그런데 사단법인과 유사하게 사람들의 단체이지만 법률상으로는 '법인'으로 성립되지 못하는 단체가 있는데, 이를 '비법인사단' 또는 '법인 아닌 사단'이라고 부른다.

즉 실질적으로는 사단법인으로서 설립등기를 하지 않아서 법인격이 부여되지 못한 단체가 '법인 아닌 사단'(비법인사단)이다. 예를 들면, 종교단체, 친목단체, 학술연구단체, 동창회 등이 바로 '비법인사단'이 될 수 있다.

'비법인사딘'도 법인이 될 수 없는 것은 아니지만, 법률에서 정한 까다로운 요건을 갖추어야 한다든가, 정부 등의 감독기관으로부터 일정한 제약을 받는다든지 등의 이유로 법인이 되기를 꺼려하는 경우도 있다. 그래서 비법인 사단이 존재하게 된다.

이 같은 비법인 사단 중에서 대표적인 것이 '교회'이다. 교회는 비법인사단으로서 권리능력을 가지기 위해서는 사단법인으로서의 실질을 가져야 한다. 그런데 교회라고 함은 일반적으로 지교회(개체교회)를 말한다.

교회는 법률상 '비법인사단'(非法人社團)으로 인정받고 있고 대법원의 판례도 개개의 교회를 비법인사단으로 인정하고 있다.

이에 대한 판례를 보면 "기독교대한감리회 산하단체인 교회가 사단의 실질을 구비한 이상 그 조직과 활동을 규율하는 규범으로써 상부단체인 기독교대한감리회가 제정한 '교리와 장정'이 있다고 하여 사단성을 상실하는 것은 아니고, 상부단체가 사단이라 하여 구성원인 교회에 사단의 실질이 있음에도 불구하고 사단이 아니라고 할 수도 없는 것이며, 또 교회가 상부단체인 교단에서 이탈하였을지라도 사단의 실질을 유지하고 있는 이상 여전히 사단이라 할 것이다"(대법원 1960. 2. 25. 4292민상467),

즉, 교회가 사단법인인 교단에 가입하여 그 지휘, 감독을 받는다 하더라도 그것 때문에 개개의 교회가 비법인사단의 성질을 잃는 것이 아니고, 교회가 교단으로부터 이탈하더라도 여전히 비법인사단의 성격은 인정된다는 것이다.

"○○○교회는 대한기독교장로회의 소속교회로서 대한기독교장로회 헌법의 규율을 받는 신도 50명 정도와 제직 10명 정도를 가지고 있고 목사를 제직회장으로 하고 있으므로 이는 대표자가 있는 법인 아닌 사단에 해당한다 할 것이다"(대법원 1962. 7. 12. 62다133 참조)라고 하였다.

즉, 교회가 분리되어 그 한쪽이 수적으로 적은 경우라고 하더라도 그것이 여전히 교회의 실체를 갖추고 있다면 이는 '종전의 교회와 관련을 갖고 있는 별도의 교회'로서 여전히 비법인사단으로서 권리능력을 가진다는 것이다.

그리고 교회법상 교회의 상부기구로 규정되어 있는 '기독교대한감리회총리원'에 대해서도 대법원은 비법인사단으로 인정하고 있다(대법원 1964. 4. 28. 63다722 참조).

위에서 보는바와 같이 우리 법체계 상 개신교의 개 교회는 상당히 폭넓게 '비법인 사단'으로서 법적 성격을 인정받고 있다.

참고로 개개의 천주교회는 일체적(一體的) 조직 특성상 개개의 교회를 비법인 사단으로 보기 어렵다. 이에 대한 대법원의 판례는 "피고 ○○천주교회는 신자들 단체라는 면에서 보더라도 내부적으로 단체의사를 결정할 수 있는 자율적 기관이 없고 대표자의 정함이 있는 단체라고 볼 수 없고, 외부적으로 보더라도 그 단체를 구성하는 개개 신자의 개성을 초월하여 자기 재산을 가지고 독립한 사회적 활동체로 존재하는 단체라고는 볼 수 없으므로 본조 규정의 법인 아닌 사단이나 재단에 해당하는 것이라고 할 수 없다"(대법원 1966. 9. 20. 63다30)라고 하였다.

(3) 비법인사단의 성립요건

교회가 비법인사단으로서의 요건을 갖추기 위하여서는 사단법인으로서 실질을 갖추어야 한다.

갖출 요건은 첫째, 공공의 목적을 위하여 다수의 구성원이 단체를 구성하여야 한다. 즉 교회로서의 실질을 갖추어야 한다. 그러기 위하여서는 각 교단헌법에서 요구하는 일정한 교인 수를 충족해야 할 것이다.

둘째, 단체의 기관 등 조직이 있어야 한다. 즉 담임목사, 장로 등으로 구성된 당회와 공동의회, 제직회 등이 있어야 한다.

셋째, 단체의 구성원과 별개의 주체로서 단체가 존재하여 대외적으로 단체의 이름으로 활동할 수 있어야 하며, 단체의 구성원이 변경되더라도 단체의 동일성에 영향을 주지 않을 정도의 단체의 명칭이 있어야 한다. 즉 교회의 명칭이 있어야 한다.

넷째, 대표의 방법, 총회의 운영, 재산의 관리 기타 사단의 중요한 사항이 정관으로 정해져 있어야 한다. 즉 교회의 규정 등 정관이 있어야 하며 여기에 교회의 중요한 사항이 규정되어야 한다.[11]

이와 같은 실질적 요건을 갖추고 있다면 비록 십자가나 교회의 표지가 없다고 해도 교회로서 인정되어야 할 것이다.

2) 교회의 법률행위와 효력

(1) 교회의 법률행위

교회가 법률적으로 효력 있는 행위를 할 능력, 즉 당사자 능력이 있는가에 대하여는 민사소송법 제48조에는 "법인 아닌 사단이나 재단으로서 대표자 또는 관리인이 있으면 그 이름으로 당사자가 될 수 있다"라고 규정하고 있으므로 교회도 교인이나 교회의 대표자 이름이 아니라 교회자신의 이름으로 소송의 당사자가 될 수 있다.

또한 부동산등기법 제30조 제1항에는 "종중(宗中), 문중, 기타 대표자나 관리인이 있는 법인 아닌 사단이나 재단에 속하는 부동산의 등기에 관하여서는 그 사단 또는 재단을 등기권리자 또는 등기의무자로 한다." 제2항에는 "제1항의 등기는 사단 또는 재단의 명의로 그 대표자 또는 관리인이 이를 신청 한다"라고 규정하고 있어 '법인 아닌 사단'인 교회도 부동산의 권리자가 될 수 있다.

법인 아닌 사단의 재산소유관계에 대해서는 민법이 별도의 규정을 두고 있으므로 사단법인에 관한 규정이 적용되지 않는다. 이같이 법인 아닌 사단이 법률행위의 당사자가 될 수 있는 자격을

11) 양인평, 『가이사의 법과 한국교회』, 새물결플러스, 2009, p. 36.

인정받기 위해서는 여러 가지 요건이 필요하다.

그것은 앞에서 설명한바와 같이 비법인사단의 성립요건, 즉 단체로서의 조직을 갖추고 있고 단체를 대표하는 방법, 총회의 운영, 재산의 관리 등 사단으로서 실체를 인정하기에 적합한 규칙이 정해져 있어야 하며 대표자가 있어야 한다. 교회는 공동의회 또는 교인총회 등이 교회의 의사결정기관이고, 당회장 또는 담임목사 등이 교회의 대표기관이 될 것이다.

이와 같은 요건을 실질적으로 갖춘 교회라면 일정한 범위내에서 권리능력을 가지고 자연인과 동일하게 일정한 법률행위를 할 수 있으며 이에 따라 그 법적 효력이 발생하게 된다.

(2) 교회의 법률행위의 효력

① 당사자 능력과 법률행위의 효력

현실적으로 교회는 대부분 법률행위의 당사자가 될 수 있는 자격을 인정받을 수 있을 것이므로 교회명의로 법적으로 유효한 행위를 할 수 있는 것이다.

대법원 판례도 "교회에는 법률행위를 할 수 있는 자격, 즉 당사자능력(當事者能力)이 있다"고 판단하고 있다.(대법원 1991. 11. 26. 91다30675 참조)

교회의 법률행위의 효력에 대하여 살펴보면 먼저 교회가 교회명의로 행한 법률행위가 유효하기 위해서는 교회구성원 전원이 함께 행하거나 교회로부터 위임받은 대표자가 행하여야 한다.(민법 제34조, 대법원 1985. 11. 26. 85다카659 참조)

다음으로는 교인들 중 일부 사람들만의 결정으로 교회당건물을 매도하는 등 처분행위를 한 경우나 교인 및 교직자의 일부가 교단 변경결의를 한 사안에 대하여는 아무런 효력이 없다는 판례도 있다.(대법원 1981. 9. 22. 81다76, 1980. 2. 12. 79다1664, 1978. 11. 1. 78다1206 참조)

그리고 교회가 건물을 다른 교회에 매도하고 더 이상 종교 활동을 하지 않아 해산하였다고 하더라도 교인들이 교회 재산의 귀속관계에 대하여 다투고 있는 이상 교회는 청산 목적의 범위 내에서 권리·의무의 주체가 되어 당사자능력이 있다고 하였다.

이에 관한 판례는 "비법인사단에 해산사유가 발생하였다고 하더라도 곧바로 당사자능력이 소멸하는 것이 아니라 청산사무가 완료될 때까지 청산의 목적범위 내에서 권리·의무의 주체가 되고(대법원 2003. 11. 14. 2001다32687 참조), 이 경우 청산중의 비법인사단은 해산 전의 비법인사단과 동일한 사단이고 다만 그 목적이 정산 범위내로 축소된 데 지나지 않는다고 할 것이다.

교회는 청산 목적의 범위 내에서는 권리·의무의 주체가 되어 당사자능력이 있다. 한편, 교회의 헌법 등에 다른 정함이 있는 등의 특별한 사정이 없는 한, 교회의 대표자(담임목사)는 예배 및 종교활동을 주재하는 종교상의 지위와 아울러 비법인사단의 대표자 지위를 겸유하면서 교회재산의 관리처분과 관련한 대표권을 갖는다고 할 것이다.(대법원 2007. 11. 16. 2006 다 41297 참조)라고 하였다.

② 의결기관과 소집의 적법절차

교회의 내부문제에 관한 사항은 공동의회나 교인총회에서 과반수 결의에 의해 행하여야 한다. 규정에 의하여 3분의 2의 결의가 필요한 경우도 있다.

그리고 교단과 관련한 교회의 결의의 효력에 관하여는 먼저 교회와 교단간의 내부관계에 관한 효력을 살펴보면 교회의 운영, 기타의 종교 활동에 관해서는 종교단체의 특성상 교회는 교단의 결정에 따라야 하며, 이에 위배되는 개교회의 결의는 교단 내부적으로, 또는 교단과 교회와의 관계에 있어서 효력이 없고 보아야 한다(대법원 1967. 12. 18. 67다2202. 1972. 11. 14. 72다1336 참조).

교회가 분열된 경우에 분열된 교회가 종전 교단에 속해 있을 경우에는 그 교단의 규정에 따라야 한다. 즉, 교회가 분열하여 2개의 교회로 나누어진 경우에는 여전히 종전의 교단에 속해 있는 분열교회는 그 대표자의 선정 등과 같이 종단 내부적으로 효력을 갖게 될 일체의 행위를 교단의 헌법과 규정에 따라 행해야 한다(대법원 1975. 12. 9. 73다1944 참조).

공동의회나 제직회 등 교인들이 모여서 어떤 결의를 할 경우에는 소집권자가 소집하여야 하고 공고기간을 엄수하는 등의 적법한 절차를 거쳐야 한다. 즉, 과반수 이상의 교인들이 모여 어떤 결정을 하였다 하더라도 소집권자가 소집하여야 하는 등 적법한 절차에 의하지 않았을 경우에는 아무 효력이 없다(대법원 1980. 2. 12. 79다1664 참조).

그러나 개교회가 개교회의 존립 자체에 관해서 소속교단과 이해 상충되는 경우에는 교회의 독자적 결정권을 인정해 주어야 할 것이다(대법원 1991. 5. 28. 90다8558, 1978. 10. 10. 78다716 참조).

교단과 관계없는 사무 즉 교회건물의 취득, 재산처분, 사무기기 구입 등 대외적 관계에 있어서는 독자적 결정권을 갖는다(대법원 1967. 12. 18. 67다2202 참조).

참고로 교회가 법인 아닌 사단으로 성립하기 전에 설립의 주체인 개인이 취득한 권리의무가 바로 설립 후의 교회에 귀속하지 않고, 이에 관하여 설립 중의 회사의 법리가 유추적용되지 않는다는 판례가 있다.

"교회가 그 실체를 갖추어 법인 아닌 사단으로 성립한 경우에 교회의 대표자가 교회를 위하여 취득한 권리의무는 교회에 귀속되나, 교회가 아직 실체를 갖추지 못하여 법인 아닌 사단으로 성립하기 전에 설립의 주체인 개인이 취득한 권리의무는 그것이 앞으로 성립할 교회를 위한 것이라 하더라도 바로 법인 아닌 사단인 교회에 귀속될 수는 없고, 또한 설립 중의 회사의 개념과 법적 성격에 비추어 법인 아닌 사단인 교회가 성립하기 전의 단계에서 설립중의 회사의 법리를 유추적용할 수는 없다."(대법원 2008. 2. 28. 2007다37394 참조)

위에서 살펴본 바와 같이 교회내부에 관한 의사결정은 공동의회나 당회, 제직회 등 적법한 기관의 결의가 있어야 할 뿐 아니라, 그 의결기관의 소집도 권한 있는 자의 적법한 소집과 공고기간 엄수 등 적법한 절차에 따라야 효력이 있다는 것이다.

2. 교회의 재산

1) 법률의 규정

(1) 교회재산의 소유형태(총유)

교회는 교인들의 헌금이나 기부금, 기타 교회의 수입 등으로 선교와 구제를 하고 교회대지와 교회당건물, 예금 등 교회재산을 갖게 된다. 교회재산에 대한 국가법의 규정은, 교회를 '법인 아닌 사단'으로 보므로, 민법 제275조 제1항 규정에 의하여 교회는 그 재산을 '총유'하고 있다.

또한 민법은 소유권뿐만 아니라 전세권, 저당권, 주식, 채권 등 재산권에 대해서도 총유에 관한 규정을 적용하도록 명시하고 있으므로, 결국 교회가 소유하고 있는 채권, 채무 등 각종의 재산권도 총유의 형태로 소유하고 있는 것이다.

대법원의 판례도 교회의 교회재산 소유형태에 대해 총유라고 판단하고 있다(대법원 1960. 7. 14. 4291민상547 참조). 다만, '구세군교회'의 재산소유형태에 대해서는 다른 점이 있다. 구세군교회는 그 교리의 특성상 "구세군의 모든 자산은 구세군대장이 소유하고 그 관리는 구세군대장이 구세군 신탁회사를 설립하여 그 회사로 하여금 관리"하도록 하고 있다.

따라서 구세군교회의 경우에는 교회장정에 따라 그 재산이 교인들의 총유가 아니라 구세군대장의 소유에 속하게 된다. 대법원 판례도 이와 같은 입장을 밝히고 있으며, 이는 예외적인 사례에 해당한다(대법원 1986. 7. 8. 85다카2648 참조)고 할 수 있다.

총유의 개념에 대하여 살펴보면, 하나의 물건 또는 권리를 여러 사람이 공동으로 소유하는 경우를 '공동소유'(共同所有)라고 한다. 이 공동소유에는 여러 형태가 있는데 일반적으로 ① 공유(共有), ② 합유(合有), ③ 총유(總有)의 세 가지가 인정되고 있으며, 우리 민법도 위 세 종류의 공동소유를 규정하고 있다.

첫째, '공유'라 함은 공동소유자 사이에 아무런 인적 결합관계 또는 단체적 통제가 없이 목적물에 대하여 공유자 각자가 서로 완전히 독립적이고 자유롭게 소유권을 행사할 수 있는 공동소유를 말한다.

공유에 있어서 공유자 각자가 가지는 지배권능을 '지분'(持分)이라고 말한다. 공유자는 자신의 권리, 즉 지분을 언제든지 처분할 수 있고, 또한 원칙적으로 언제든지 공동소유관계를 끝내고 공유자 각자의 단독소유로 전환할 수 있다. 다만, 하나의 동일한 목적물에 대해 여러 사람이 소유권을 갖게 되기 때문에 그 성질상 권리행사에 제약을 받는 경우가 있을 뿐이다. 부동산을 공동 투자하여 매입하거나 다수가 재산을 공동 상속할 때 공유관계가 된다.

둘째로, '합유'라 함은 공동소유자들 사이에 '약한 인적 결합관계'를 가지고 있으나, 그 결합정도가 약하기 때문에 목적물에 대하여 공유자가 각자의 지분을 가지고 권리행사를 하되, 공유재산에 대한 지분의 양도나 분할의 청구 등에 있어서는 제한을 받는 공동소유를 말한다. 예를 들어 몇 사람이 조합을 만들어 조합부동산을 매입하는 경우 조합원들은 그 부동산에 대해 자신의 지분을 가지고 권리를 행사 할 수 있지만, 조합이 존속하는 한 조합원 각자는 자신의 지분을 다른 사람에게 양도하거나 조합재산을 나누자고 청구함에 있어서 까다로운 제약을 받게 된다. 이것이 '합유'이다.

공유에 비하여 단체적 색채가 짙고, 공유의 경우에는 공유자가 마음대로 지분을 처분할 수 있음에 비하여, 합유의 경우에는 합유자가 지분의 처분에 있어서 다른 합유자들로부터 제약을 받는다는 점에서 공유와 차이가 있다.

셋째로, '총유'라 함은 여러 사람이 하나의 단체로 결합하여 있고, 어떤 목적물의 '관리나 처분'도 그 단체 자체의 권한에 맡기지만, 단체의 구성원들은 일정한 범위 안에서 각자 그 목적물을 '사용·수익'할 수 있는 권리가 인정되는 공동소유를 말한다.

교회나 종중과 같이 단체성이 강조되는 경우에 있어서 구성원들이 그 재산을 마음대로 처분하게 할 수는 없을 것이다. 이렇게 단체성이 강하나, 아직 법인(法人)으로까지는 발전되지 못한 단체가 그 재산을 소유하는 형태를 우리 민법은 '총유'라고 규정하고 있는 것이다.

'총유'는 공동소유관계에 있어서 공유나 합유에서 말하는 '지분'이 인정되지 않고, 단체의 구성원으로서 단체재산에 대한 수익권을 가질 뿐 그 수익권을 다른 사람에게 양도할 수 없다는 점이 공유나 합유와 다르다. 교회가 교회재산을 소유하는 형태는 바로 이 '총유'이다.

(2) 교회재산의 처분절차

총유에 속하는 교회재산의 처분 절차는 다음과 같다.

첫째로, 교회재산의 총유주체는 총회나 교단이 아니고 개교회의 소속 교인이므로 모든 절차는 개교회 소속 교인들을 기준으로 이루어진다. 교회재산이 교단의 유지재단에 편입되어 있다고 하더라도 그 재산은 개교회의 소유이므로 개교회의 규약이나 공동의회(교인총회)가 우선이다.

둘째로 개교회의 재산은 개교회가 정한 교회의 규약이나 규칙이 우선으로 적용된다. 예를 들면 교회 규약에서 교회재산의 처분은 재적 세례교인의 2/3 찬성으로 한다고 규정되어 있으면 그에 따라야 하며, 총회나 교단의 규약은 적용되지 않는다.

셋째로 교회재산에 대한 개교회의 규약이 없을 경우 민법의 일반원칙에 따라 소속 교인 과반수의 출석과 출석교인 과반수의 찬성으로 처분결의를 하여야 한다. 여기서 소속교인이라 함은 등록교인을 의미한다고 보아야 한다.

다만 여기서 주의할 것은 교단을 변경하는 결정은 과반수로 되지 않는다는 사실이다. 이는 동의한 사람들의 신앙의 자유를 보장하는 것과 마찬가지로 동의하지 않은 사람들의 신앙의 자유도 보장되어야 하기 때문이다.

그리고 만일 교인들의 90%가 교단 변경만을 결의하고 교회 재산에 대하여는 아무런 결의도 없이 교회를 떠나갔다면 교회재산은 여전히 종전 교회에 그대로 남는다고 보아야 한다. 따라서 이와 같은 경우 재산처분에 대한 결의를 함께 하여야만 소기의 목적을 이룰 수 있게 된다.

이와 같이 교회재산은 소속교인들의 총유에 속하는 것이기 때문에, 어떤 교인이 아무리 헌금을 많이 하여 건물을 구입하였다 하더라도 그가 교회를 떠나는 한 아무런 권리를 가지지 못하며, 반대로 전혀 헌금을 하지 않았다 하더라도 등록을 하는 순간에 소속 교인으로서 교회 재산에 대한 사용·수익권이 있게 된다.

2) 교회재산의 법률관계

(1) 법률관계 결정기준

① 개교회의 규약·규칙

교회재산관계에 있어서 구체적 권리, 의무의 내용은 '교회규약' 또는 '교회규칙' 등에 따르게 된다. '교회규약' 또는 '교회규칙'이라고 하는 것은 총회나 교단의 것을 말하는 것이 아니라, '지교회 또는 개교회'에서 제정, 시행하고 있는 교회재산에 관한 규약 또는 규칙을 말한다. 비록 개교회의 재산이 교단에서 설립한 유지재단에 편입되어 있다고 하더라도 그 재산은 교단의 소유가 아니고 개교회의 소유이다. 그러므로 그 재산의 관리나 처분에 관한 결정권도 교단이 아닌 개교회에 있다.

그러므로 교단에서 정한 교회재산에 관한 규약·규칙은 선언적인 효력만 가질 뿐 개교회의 재산에 대해서는 법률적 효력이 없다. 따라서 개교회의 재산에 관해 유효한 처분을 하기 위해서는 그 개교회 자체의 규약·규칙에 따르거나 공동의회나 교인총회의 결의가 필요하다.

이에 관련된 판례를 보면 "교회는 일반적으로 법인 아닌 사단이라고 할 것이므로 그 재산의 귀속 형태는 총유로 봄이 상당하고, 따라서 교회재산의 관리와 처분은 그 교회의 정관 기타 규약에 의하되 그것이 없는 경우에는 그 소속교회 고인들 총회의 과반수의 결의에 의하여야 할 것이다."(대법원 2001.6.15 선고 99두5566)

"총유재산의 관리와 처분은 물론 그 보존행위도 총회의 결의에 의하여야 할 것이다."(대법원 1995.2.24 선고 94다21733)라고 하였다.

② 민법규정

교회규약이나 규칙이 없는 경우의 교회재산에 관한 법률관계는 민법 제275조 내지 제278조의 규정에 따르게 된다. 민법상 총유에 있어서는 소유권의 내용을 둘로 나눌 수 있다. 하나는 관리・처분의 권능과 또 하나는 사용・수익의 권능이다.

첫째, 관리・처분의 권능은 교회재산을 등기하거나 등록하는 등 보존하는 행위와 교회재산을 매각하거나 다른 사람에게 빌려주는 등 처분하는 행위이다.

둘째, 사용・수익의 권능은 교회당을 사용하거나 교회에서 건립한 수양관이나 기도원을 이용하는 등 편의를 제공받는 행위이다.

교회재산의 관리, 처분의 권능은 교회 구성원들의 전체의 권한에 속하게 되고, 교회재산의 사용, 수익의 권능은 교회를 구성하는 교인 각자의 권한에 속하게 된다.

민법 제276조 제1항은 "총유물의 관리, 처분은 사원총회의 결의에 의한다."라고 규정하고 있다. 이에 따라 교회재산을 관리 또는 처분하기 위해서는 공동의회(교인총회)의 결의가 있어야 한다. 즉 교회재산의 관리, 처분은 교회구성원 전체가 일정한 절차를 밟아 행하여야 하고, 교회재산의 사용은 교회 구성원이라면 누구나 각자 자유롭게 이용할 수 있는 것이다.

(2) 교회재산의 대외적 표시방법

교인들의 헌금 등으로 매수한 교회당, 토지 등 교회재산도 교회 이외의 다른 사람들과의 관계에 있어서는 그 재산이 교회재산임을 표시해 두어야 할 필요가 있다. 만일 교회재산이라고 표시해 두지 않는다면 교회재산에 대한 매매, 임대 등 법률행위가 이루어질 때 그 소유자가 불분명한 경우가 있을 수 있어 당사자들이 매우 불안정한 상태에 놓이게 될 수 있기 때문이다.

교회재산을 대외적으로 표시하는 방법에는 부동산과 동산의 경우로 나눌 수 있다. 교회의 재산을 부동산과 동산으로 분류하는 실익은 여러 가지가 있지만 특히 공시방법의 차이 때문이다. 부동산의 공시방법은 등기이고, 동산은 점유가 공시방법이다.

먼저, 부동산의 소유관계를 대외적으로 나타내는 방법에 대하여는, 위에서 설명한 바와 같이 부동산등기법 제30조 규정에 의하여 직접 교회 명의로 부동산등기를 할 수 있으므로 교회명의로 등기를 하면 된다.

다음으로, 동산에 대해서는 그 종류가 많아 일률적으로 표시방법이 마련되어 있지 않다. 개별적으로 살펴보면, 현금에 대하여는 그것이 교회재산임을 나타내기는 곤란할 것이다. 그러나 예금채권에 관하여는 교회대표자의 성명에 덧붙여 그가 교회대표자라는 것을 표시함으로써, 그 예금, 채권이 교회대표자 개인 명의로 되어 있더라도 실질적으로는 교회의 재산임을 표시할 수 있다. 즉 '예금주 : ○○○ (○○교회 담임목사)' 등과 같이 표시하면 될 것이다.

예금채권의 경우에는 이와 같이 교회의 이름과 그 대표자 이름을 명기함으로써 대외적으로 공시하게 된다.

자동차 등의 경우와 같이 등록이 가능한 물건에 대하여는 교회 명의로 등록을 함으로써 부동산과 같이 처리하게 된다.

(3) 교회재산에 대한 교인들의 권리의 취득과 상실

교회재산의 소유 형태가 총유이므로 교인들이 교회재산에 대해 지분권을 갖지는 못한다.

개교회에 등록하고 그 교회 교인이 되면 교회재산에 대한 사용권 등 권리를 취득하게 된다. 이는 그 교인이 그 교회에 헌금한 일이 전혀 없다고 하더라도 마찬가지이다. 그러나 교인이 그 소속 교회를 탈퇴해 버리면 그 교회 교인으로서의 지위를 상실하게 되고, 따라서 그 교회재산에 관한 권리도 상실하게 된다.

판례도 "어느 교회의 신도가 그 교회를 이탈하게 되면 그들이 갹출한 연보로써 지은 교회당에 대한 권리도 당연히 상실하게 된다"고 판결하고 있다.(대법원 1967. 11. 28. 67다2201 참조)

그러나 교인이 소속교회로부터 탈퇴한 것이 아닌 경우에는 비록 교인들이 일시적으로 예배처소를 옮겼다고 하더라도 교회재산에 대한 권리를 상실하지 않는다.(대법원 1965. 1. 19. 64다1338 참조) 그런데 문제는 특정 교단에 가입해 있는 개교회의 교인 일부가 공동의회의 결의없이 일부교인들만의 결정으로 자신들의 교회가 원래 가입해 있던 교단을 탈퇴하는 경우 교회재산에 대한 권리에 관한 문제이다.

이는 교회가 분열하는 경우에 발생하는 문제이다. 이러한 경우 교인들이 비록 자신들의 교회가 본래 속해 있던 교단으로부터 탈퇴하였다고 하더라도 그 자체가 교회로부터 탈퇴하는 것이라고는 할 수 없으며, 따라서 그들이 개교회로부터 탈퇴하는 절차를 밟지 않는 한 교회교도의 신분을 계속 가지고 있는 것이 되고, 교회재산에 대한 권리도 상실하지 않는다(대법원 1990. 12. 21. 90다카22056, 대법원 1993. 1. 19. 91다1226 참조).

(4) 교회채무에 대한 교인들의 책임

교인이 교회재산을 소유하고 있는 형태는 총유이다. 이 총유는 권리뿐만 아니라 채무도 포함된다. 따라서 제3자에 대한 교회의 채무에 대해서는 교인들도 책임을 져야 한다. 그러나 그 채무에 대한 책임은 교회의 재산으로만 이행하면 되고, 교인들이 개인적으로 교회채무를 책임지는 것은 아니다.

교회당 건축을 위해 건축자금을 차용하였으나 교회재정이 어려워 이를 갚지 못하자 채권자가 소송을 통해 빌려준 돈을 변제하도록 요구한 경우, 교인들은 그 채권자에 대해 빌려온 돈에 대하여 변제 책임이 있다. 그러나 그 차용금은 교회의 예금, 채권, 동산 등 교회재산으로 변제하면 되고 교인 개개인이 자신의 개인재산으로 변제할 책임까지 있는 것은 아니다.

3. 교회와 교단

1) 교단과 교회의 관계

교단(教團)이란 개신교에 있어서 신앙의 노선을 같이 하는 교회들의 단체를 말한다. 따라서 교단의 일반적인 의미는 '개신교 교파별 단체'정도의 의미로 이해될 수 있을 것이다. 현재 우리나라의 개신교 교단은 예수교장로회(예장통합, 예장합동, 예장고신), 기독교대한감리회, 기독교대한성결교회, 기독교한국침례회 등 약 150개 정도이다.

교단의 법적 성격을 직접 규정하고 있는 법률은 없다. 그러나 대부분의 교단은 재단법인의 형태를 취하고 있다. 교단은 법률적으로 '재단'의 성격보다는 '사단'의 성격이 더 강하다고 할 수 있다. 그럼에도 불구하고 교단이 민법상의 재단법인으로 등록을 하고 있는 것은 교단이 관리하고 있는 각 교회의 재산문제 때문일 것이다. 실제로도 재단법인으로 등록한 교단의 상당수는 '대한예수교장로회 총회 유지재단', '예수교대한성결교회 유지재단' 등과 같은 재산관리 측면의 성격을 갖는 단체명칭으로 등록하고 있다.

법인등록이 되어있지 않은 교단의 경우에도 개교회와 마찬가지로 '법인 아닌 사단'으로 보아야 한다. 교단은 그 구성요소나 형식으로 볼 때 사단(社團)의 실질(實質)을 갖추고 있다고 할 수 있기 때문이다.

대법원 판례도 교단적 성격을 갖고 있던 '기독교감리회총리원'을 '당사자능력이 있는 비법인 단체'라고 판단한 바 있고(대법원 1964. 4. 28. 63다722 참조), '기독교대한감리회'가 사단이라는 전제하에 판결한 것도 있다(대법원 1960. 2. 25. 4292민상467 참조). 그러므로 "교단(敎團)도 법인 아닌 사단, 즉 비법인 사단이며, '사단'에게 인정되는 권리와 의무가 교단에게도 그대로 적용된다"고 할 것이다. 그러나 교단을 비법인 사단으로 인정하고, 그 교단에 소속교회의 조직과 활동을 규율하는 헌법, 규약 등 규범이 있다고 하더라도 소속된 개교회 자체의 사단성(社團性)이 상실되는 것은 아니고, 소속 개교회도 여전히 교단과는 별개의 비법인 사단으로 인정되고 있다.

그리고 교회가 반드시 특정교단에 가입해야 하는 것은 아니지만 현실적으로 대부분의 교회들이 교단에 가입하여 선교, 전도와 각종사업에 있어서 협동하고 있고, 개교회 재산의 관리나 행정관리의 편의를 도모하고 있다. 그러나 특정교단에 가입하지 않은 독립교회도 존재한다. 그런데 법적으로 교단과 교회의 관계가 어떠한가에 대하여, 법원의 판례입장을 살펴보면 두 가지 입장을 나타내고 있다.

즉, 대법원 판례는 ① 개교회의 재산문제에 관해서는 개교회의 자율성과 독립성을 중시하여 교단헌법의 내용과는 관계없이 개교회 교인들의 총의에 따라 개교회의 재산을 처리할 수 있다고 한다. 이 분야는 교회 내부만의 문제가 아니라 대외적인 거래까지 규율되는 것으로 국가의 실정법이 적용되어야 하기 때문에 이에 저촉되는 교단의 헌법 규정은 적용될 수 없다는 것이 그 이유이다. 따라서 교단 헌법에 교단을 탈퇴한 경우 교회 재산에 대한 권리를 상실한다고 규정하더라도 교인이 개교회를 탈퇴하지 않는 한 교회 재산에 관한 권리의무는 변함이 없다.

② 재산 이외의 교회 내부의 운영 문제 즉 목회자, 당회원의 임명, 징계 등 교회의 '운영'에 관해서는 교단헌법이 개교회에 대하여 기속력(羈束力)을 갖는 것으로 판단하고 있다. 이 부분은 종교적 특성을 가지는 부분이고 대외적인 규율의 필요성이 없을 뿐 아니라 종교계내의 질서 확보가 사회적으로 더 중요하다고 보기 때문에 교단의 헌법 등 규정을 존중하는 것이다. 따라서 노회나 총회의 목사, 장로 징계 등은 효력이 있으며, 이에 대하여 국가 법원

에 대하여 결의 무효 확인 등을 소송으로 구하는 것은 아무런 실익이 없다.

2) 교단 문제

(1) 교단에의 가입 · 탈퇴

개교회는 자신이 소속할 교단을 택해 가입할 수 있으며 탈퇴할 수 있다. 이는 교회를 독립성 있는 하나의 법률행위 주체로 인정하기 때문이다. 교회가 어떤 교단에 가입하기 위해서는 그 교단이 요구하는 자격과 그 교단에서 정한 가입절차를 밟아야 할 것이다. 대체로 신학교를 중심으로 교단이 형성되어 있다고 할 수 있다.

개교회는 교단을 변경할 권리도 갖고 있다. 소속하고 있던 교단을 탈퇴하고 다른 교단에 가입할 수 있다는 의미이다. 이것은 교회를 '법인 아닌 사단'이라고 하는 하나의 독립된 주체로 인정하는 결과이며, 판례도 같은 입장을 취하고 있다(대법원 1967. 12. 18. 67다2202 참조).

개교회의 교단탈퇴 또는 교단 변경은 소속교단에서 이를 금지하고 있다고 하더라도 아무런 제약을 받지 않는다. 따라서 종전교단의 헌법이 개교회의 교단탈퇴에 관한 규정을 가지고 있지 않거나, 심지어는 "가입교회는 교단을 탈퇴할 수 없다"는 규정을 가지고 있었다고 하더라도 개교회는 자유롭게 그 교단을 탈퇴하고 새로운 교단에 가입할 수 있는 것이다(대법원 1991. 5. 28. 90다8558 참조).

교회의 교단변경 결정은 헌법에 보장된 종교자유의 원칙에 비추어 그 결정에 동의한 교인들에 대해서만 유효하다. 교회재산의 처분에 관해서는 '공동의회의 의결'을 거치면 되기 때문에 그에 반대하는 교인이 일부 있더라도 공동의회의 의결이 있었다면 교회재산의 처분이 가능할 것이다.

그러나 교단변경은 모든 국민 개개인에게 보장되고 있는 종교의 자유의 본질적 부분에 관련된 것이기 때문에 다수결의 결정에 의해서도 특정 교단의 교리를 그에 반대하는 개인에게 강제로 적용할 수는 없는 것이다. 따라서 교회의 교단변경 결정은 그에 동의한 교인들에 대해서만 효력이 있고 그에 동의하지 않은 교인들에 대해서는 교단변경의 효력을 갖지 못한다(대법원 1978. 10. 10. 78다716 참조).

"소속교단에서의 탈퇴 내지 소속 교단의 변경은 사단법인 정관변경에 준하여 의결권을 가진 교인 2/3 이상의 찬성에 의한 결의로 하며, 만일 소속 교단에서의 탈퇴 등에 관한 결의를 하였으나 이에 찬성한 교인이 의결권을 가진 교인의 2/3에 이르지 못한다면 종전 교회의 동일성은 여전히 종전 교단에 소속되어 있는 상태로서 유지된다.(대법원 2006. 4. 20. 2004다37775 참조). 그러므로 의결권을 가진 교인의 2/3 이상의 찬성에 의하여 소속 교단에서의 탈퇴 또는 소속 교단의 변경결의가 적법·유효하게 이루어졌다는 점은 이를 주장하는 자가 입증하여야 한다."(대법원 2007. 6. 29 2007마224)

(2) 교단의 권한

교단은 개교회에 대해 강제로 자기 교단에 가입하도록 할 수 없고, 현실적으로도 모든 개교회는 소속교단을 자유로이 선택하여 가입·탈퇴하고 있다. 그렇다면 최소한 신앙의 질서를 유지하기 위해서라도 교단에게는 그 교단에 스스로 가입한 교회에 대해 어느 정도의 통제권한을 부여하는 것이 타당하다.

교단의 교회에 대한 권한으로는, 개교회의 재산문제에 대하여는 교단헌법이 강제적 효력을 갖지 못한다. 그러나 교회 '운영'에 관한 교단의 헌법규정은 개교회에 대해 강제력을 갖는다. 개교회의 대표자선출, 교인이나 교회대표자의 징계 등 교회운영에 관한 문제에 대해서는 교단의 헌법, 규약, 장정 등이 강제적 효력을 가지게 되고 따라서 그 규정은 개교회를 기속하게 된다(대법원 1984. 7. 24. 83다카2065 참조).

따라서 교단헌법에 의한 권징재판은 (목사 면직, 장로의 교회대표자격 문제 등)개교회를 기속하여(대법원 1972. 11. 14. 72다1330. 1981. 9. 22. 81다276 참조) 효력이 있다. 그러므로 이러한 사안에 대하여 국가법정에 제소해 보아야 아무 소용이 없다.

3) 개교회의 권리

(1) 교회 재산에 관한 권리

개교회는 교인들의 헌금 등으로 교회재산을 소유하게 된다. 이러한 교회재산은 교단헌법, 규약 등의 규정 때문에 교단의 명의로 되어 있는 경우도 있고, 개교회 명의로 되어 있는 경우도 있다. 교단명의로 되어있는 경우 개교회 재산의 소유관계는 일종의 명의신탁(名義信託)이라고 보아야 한다.

이에 대한 대법원 판례는 "교회가 그 교회의 교회당건물과 그 부지를 소속교단 명의로 등기한 것은 교단으로 하여금 그 소유권을 종국적으로 취득하게 하겠다는 데에 있었다고 보기보다는 가입교회의 교단에 대한 소속감을 강화하고 소속교단의 결집성을 확보하기 위한 상징적 의미로써, 또는 교단의 가입회원으로서의 권리와 의무를 성실히 이행하고 교단의 설립목적에 어긋나는 행위를 하지 아니하겠다고 다짐하는 취지의 신표로써 한 것으로 일종의 명의신탁에 해당한다."(대법원 1991. 5. 28. 90다8558)라고 하였다.

그리고 침례교회가 신도들의 헌금으로 매입하고 신축한 교회부지 및 건물을 재단법인 기독교한국침례회유지재단 명의로 등기한 것이 명의신탁으로 볼 여지가 있다(대법원 2000. 6. 9. 99다30466 참조)고 하였다.

개교회의 재산은 개교회의 자주성과 독립성을 중시하여야 하므로 교단헌법의 규정내용과는 관계없이 개교회의 소유로 보아야 한다. 대법원 판례도 "교회의 부동산소유권 귀속문제 등 국가 강행법규를 적용하여야 할 분쟁에 있어서는 이와 다른 내용의 교회헌법 규정은 적용되지 않는다"고 판결한 바 있다(대법원 1991. 12. 13. 91다29446 참조).

따라서 개교회의 교인들이 교회재산에 관하여 그 명의를 교회명의로 하든지, 또는 교인들의 공동명의로 하든지, 또는 교단의 명의로 하든지 모두 그 교인들의 자유이다.

또한 "모든 교회의 재산은 교단의 소유로 한다"고 하는 교단헌법이 있더라도 그 규정은 법률상 아무런 효력을 갖지 못한다(대법원 1973. 8. 21. 73다442, 443 참조).

비록 어떤 교회의 교인들이 종전에 소속되어 있던 교단을 탈퇴한다고 하더라도 그들이 교회 자체로부터 탈퇴하는 것이 아닌 한 종전교회의 교회재산에 대해 가지고 있던 권리에는 아무런 변동이 없다(대법원 1993. 1. 19. 91다1226 참조).

개교회가 교단에 대하여 교단명의로 등기이전 해놓은 개교회의 재산을 돌려달라고 요구하면 교단은 교회 앞으로 그 재산을 반환하여야 한다.

그러나 이와 같이 교단명의로 등기되어 있는 재산을 개교회에 반환함에 있어서는 실무상 행정적인 제약이 뒤따른다. 즉, 민법에 의하면 재단법인의 기본재산은 정관에 기재해야 하고, 정관의 변경에는 주무장관의 허가가 필요하므로, 결국 재단법인에 있어서 기본재산의 변경은 주무장관의 허가를 받아야 되는 것이다.

그렇다면 교회가 교단에 명의신탁 해놓은 교회재산을 교회 명의로 환원하고자 할 때도 주무장관의 허가를 받아야 하는가에 대하여 대법원은 "비록 명의신탁 관계에 있었던 것이라고 하더라도 재단에 편입된 재산을 처분하는 것에는 주무장관의 허가가 필요하다"고 하였다(대법원 1991. 5. 28. 90다8558 참조).

(2) 일반 사무처리에 관한 권리

개교회의 법적 성격이 '법인 아닌 사단'이기 때문에 개교회는 독자적으로 법률행위를 할 수 있다. 따라서 교단과의 관계가 아닌 대외적 관계에 있어서 교회는 거의 자유롭게 개교회의 결정에 의해 유효한 법률행위를 할 수 있다.

즉, 개교회는 교회부지 및 건물을 취득하고, 매도하는 일, 행정당국에 대한 각종 신고 등 대외적 관계에 있어서 독자적 결정권 및 처분권을 갖는다. 더욱이 교회비품을 구입하거나, 교회사무원을 채용하는 일 등 법률행위주체로서 할 수 있는 제반 사무처리는 교회 독자적으로 처리할 수 있다.

4. 교회의 분열

1) 교회 분열의 의의

교회는 사람들의 집합체이므로 교인들간에 여러 가지 문제로 인하여 갈등이 생기고 그로 인하여 교회가 분열될 때는 분쟁이 생기게 되고 이로 인한 민사사건이나 형사사건이 국가법정으로까지 비화되는 일이 발생하게 된다.

교회의 분열이란 하나의 교회가 두 개 이상의 교회로 나누어지는 것을 말한다. 어떤 교회의 교인 한 두 사람 또는 교인 일부가 그 교회를 떠나가는 경우는 교회의 분열이 아니고, 교인들의 '탈퇴' 또는 '이탈'이다. 즉 교회의 분열이란 한 교회가 둘 이상의 사단적(社團的)성격을 갖는 교인들의 집단으로 나뉘어지는 것을 말한다.

교인들의 탈퇴 또는 이탈의 경우에는 종전의 교회만이 계속 존속하는 것이므로 교회의 동일성 또는 계속성에 아무런 문제가 없다. 재산관계에 있어서도 아무런 문제가 발생하지 않는다. 탈퇴한 교인들은 교회재산에 관해 아무런 권리를 갖지 못한다.

그러나 교회가 분열된 경우에는 종전의 교회가 둘 이상의 교회로 나뉘는 것이므로 종전교회의 재산을 누가 소유, 관리할 것인가에 관해 분쟁이 발생하게 된다.

교회분열은 교회의 교인들이 서로 합의하여 둘 또는 그 이상의 집단으로 나뉘어지는 경우와 기존의 교회로부터 사단성(社團性)을 인정할 수 있는 정도의 교인집단이 이탈해 나가는 경우가 있을 수 있다. 어느 경우이든지 남아 있거나 새로이 형성된 교인들의 집단은 실질적으로 사단으로 인정될 수 있는 정도의 실체를 갖고 있어야 한다. 그래야만 교회가 분열되었다고 할 수 있는 것이고, 새로이 형성되거나 남아있는 교인들의 단체가 그와 같은 실체를 갖추고 있지 않다면 이는 교회가 분열된 것이 아니라, 교회로부터 일부교인들이 집단적으로 이탈해 나간 것일 뿐이다.

교회의 분열은 많은 법률분쟁을 초래할 뿐 아니라, 그 과정에서 발생하는 종교상, 도덕상의 불미스러운 사태로 인해 비그리스도인들에게 덕이 되지 못할 뿐만 아니라 바람직하지 못한 일이다.

그러나 현실적으로 이러한 교회의 분열은 수시로 발생하고 있고 그때마다 교회가 어려움에 처하게 되므로, 사전에 교회 분열시의 법률관계를 알고 있을 필요가 있다. 이렇게 된다면 교회의 분열을 사전에 방지하는 데 도움이 될 뿐 아니라, 교회가 분열된 경우에도 사후수습을 잘 함으로써 교인들 상호간과 사회에 덕을 끼치지 못하는 일이 없이 슬기롭게 사태를 해결해 나갈 수 있을 것이기 때문이다.

2) 분열된 교회의 법적 성격

분열된 교회는 둘 또는 그 이상의 여러 개의 '새로운 교회'가 된다. 교회분열로 생겨나게 된 개개의 교인집단은 각각 새로운 교회로써 '법인 아닌 사단'의 모든 속성을 그대로 갖게 된다(대법원

1985. 2. 8. 84다카730, 1985. 9. 10. 84다카 1262 참조).

이와 유사한 판례가 있다(대법원 1988. 3. 22. 86다카 1197, 1993. 1. 19. 91다1226 등). 판례를 보면 "어떤 교단에 소속하는 교회의 교인들이 소속교단을 두고 의견이 대립되어 일부는 종전의 소속교단에 계속 남아있기로 하는 한편, 다른 일부는 그 교회의 소속교단을 변경하기로 결의하고 새로운 교단에 가입한 경우에는 원래의 교회는 종전의 교단에 소속하는 교회와 교단변경을 결의, 찬동하는 교인들에 의하여 새로운 교단에 가입한 교회의 2개로 분열된 것이라고 보아야 할 것이다."(대법원 1987. 6. 30. 86마478)라고 하였다.

분열된 개개의 교회는 각각의 교회가 독립된 '법인 아닌 사단'이라고 할 수 있다. 그러면 새로운 교회의 실체를 갖고 교회재산의 보존행위 등 유효한 법률행위를 할 수 있나. 나만, 교회가 분열된 경우에도 분열로 인해 새로 생겨난 교회들이 여전히 같은 교단에 소속되어 있다면, 분열된 각 교회의 대표자선정 등 내부운영에 관해서는 여전히 교단헌법에 정하는 절차와 기준에 따라 선임되어야 한다.

대법원 판례도 같은 입장이다. 대법원 판례는 "원고교회는 대한예수교장로회 경북노회에 소속하고 있는 지교회로서 설사 2개의 파로 분파되어 있다 하더라도 원고교회의 대표자는 어디까지나 위 경북노회나 원고교회의 운영방법을 규율하고 있는 종헌(宗憲)인 대한예수교장로회 헌법에 정하는 바에 따라 선임되어야 한다."(대법원 1975. 12. 9. 73다1944)라고 하였다.

그러나 이러한 견해는 현실적으로 교회 분열시 아무런 해결책이 되지 못하고 있다가 2006. 4. 20 대법원의 판결로 인하여 새로운 방향이 제시되었다고 할 수 있다.

3) 교회분열 시의 재산 문제

교회재산은 교인들의 '총유'에 속한다. 그러나 교회가 분열된 경우에는 종전교회의 재산이 누구의 소유로 될 것인가 하는 것이 문제가 된다. 교회분열시 재산이 누구의 소유가 되는가에 관해서는 여러 가지의 견해가 있을 수 있다. 그러나 근래 교회의 교인들이 집단적으로 탈퇴한 경우의 법률효과 등에 관하여 대법원 전원 합의체 판결(2006.4.20 선고 2004다37775)에서 새로운 판결이 나왔다. 대법원 판결을 요약하면 다음과 같다.

1. 교회가 법인 아닌 사단으로서 존재하는 이상 그 법률관계를 둘러싼 분쟁을 소송적인 방법으로 해결함에 있어서는 법인 아닌 사단에 관한 민법의 일반 이론에 따라 교회의 실체를 파악하고 교회의 재산 귀속에 대하여 판단하여야 한다.

가) 따라서 일부 교인들이 교회를 탈퇴하여 그 교회 교인으로서의 지위를 상실하게 되면 탈퇴가 개별적인 것이든 집단적인 것이든 이와 더불어 종전 교회의 총유 재산의 관리처분에 관한 의결에 참가할 수 있는 지위나 그 재산에 대한 사용・수익권을 상실하고, 종전 교회는 잔존 교인들을 구성원으로 하여 실체의 동일성을 유지하면서 존속하며 종전 교회의 재산은 그 교회에 소속된 잔존 교인들의 총유로 귀속된다.

나) 특정 교단에 가입한 지교회가 교단이 정한 헌법을 지교회 자신의 자치규범으로 받아들였다고 인정되는 경우에는 소

속 교단의 변경은 실질적으로 지교회 자신의 규약에 해당하는 자치규범을 변경하는 결과를 초래하고, 만약 지교회 자신의 규약을 갖춘 경우에는 교단 변경으로 인하여 지교회의 명칭이나 목적 등 지교회의 규약에 포함된 사항의 변경까지 수반하기 때문에, 소속 교단에서의 탈퇴 내지 소속 교단의 변경은 사단법인 정관변경에 준하여 의결권을 가진 교인 2/3 이상의 찬성에 의한 결의를 필요로 한다.

2. 교회의 분열을 인정하고 종전 교회의 재산은 분열 당시 교인들의 총유(혹은 합유)에 속한다고 판시한 대법원 1993. 1. 19. 선고 91다1226 전원합의체 판결과 같은 취지의 판결들, 그리고 교회의 소속 교단 변경은 교인 전원의 의사에 의하여만 가능하다는 취지로 판시한 대법원 1978. 10. 10. 선고 78나716 판결과 같은 취지의 판결들은 이 판결의 견해에 배치되는 범위 내에서 변경하기로 한다"(대법원판결 2006. 4. 20. 2004다37775).

위 판례는 교회분열시 탈퇴교인들은 종전 교회재산권을 행사하지 못한다는 것이다. 즉 교인 일부가 소속 교단을 탈퇴하기로 결의한 다음 종전 교회를 나가 별도의 교회를 설립한 뒤 다른 교단에 가입한 경우 종전 교회의 재산에 대한 권리를 행사할 수 없다는 것이다. 그러나 예외적으로 의결권을 가진 교인 3분의 2 이상의 찬성 결의에 따라 교단 탈퇴 또는 교단을 변경한 경우에는 종전 교회 재산을 탈퇴한 교회 소속 교인들이 재산권을 행사할 수 있게 되었다.

이는 지난 50여 년간 교회 재산은 교인들의 총유이므로 교인 일부가 종전 교단, 교회를 탈퇴해 다른 교회, 교단에 가입하더라도 종전 교회 재산에 대한 권리를 행사할 수 있다는 종전 대법원 판례를 변경한 것이다.

이 부분을 상세히 설명하면 기존 판례는 한 교회의 일부 교인이 떨어져 나와 새 교회를 세우더라도 기존 교회의 재산권을 나눠 줄 수 없는 하나의 재산권으로 보았다. 따라서 새 교회가 기존 교회의 재산을 나눠 가질 수는 없었다. 따라서 교회가 둘로 나뉘더라도 교회 건물이나 대지, 헌금 등 교회의 재산은 어느 한쪽의 것이 되지 않는다. 교회의 재산은 교인 모두의 것이라는 '총유' 개념 때문이다.

이에 따라 법원은 교회가 둘로 나뉜 경우 교회의 재산권이 어디로 귀속되는지에 대한 법적인 판단을 유보해 온 것인데 이는 '양쪽 모두의 것'이라는 논리로 이에 개입하지 않았다. 이는 법원이 교회 재산 분쟁도 '신앙의 자유'에 속하는 것이라는 이유로 개입을 자제해온 결과라고 판단된다.

그러나 현실적으로는 분열 교회 사이에 분쟁이 끊임없이 이어져 왔다. 이에 대하여 법원은 지금까지의 교회 분열은 그대로 인정하면서 재산 분쟁은 허용하지 않는다는 입장으로 바꾼 것이다. '재산 분쟁'은 신앙의 자유와 상관없는 것으로, 법의 영역에서 해결해야 한다는 입장을 선언한 것이라고 볼 것이다. 즉 대법원은 기존 교인 3분의 2 이상이 찬성할 경우 교회 재산권의 이전이 가능하다는 예외 규정을 제시했다. 기존 교회의 교인 3분의 2 이상이 새 교회로 옮겨갔다면 교회의 실체가 새 교회로 옮겨진 것이라는 것이다. 이 판결로 서로 다른 신앙 노선을 가진 교회들이 하나의 재산권을 두고 어중간하게 공존해온 상황을 해소할 기준이 생긴 것이다.

교회분열에 따른 재산 분쟁과 관련한 새 판례의 원칙은 분열 교회의 재산소유권은 기존 교회에 남아 있는 교인들의 총유이며, 예외적으로는 의결권을 가진 교인들 3분의 2 이상이 찬성할 경우, 기존 교회에서 탈퇴해 새 교회를 세운 교인들의 총유라는 것이다. 즉 교단의 인정 여부와 상관없이 교인 3분의 2를 확보한 쪽이 재산권을 갖고, 그렇지 못한 경우에는 잔존 교회가 재산권을 가진다는 것이다. 잔존 교회란 건물의 개념이 아니라 남아있는 교인이란 뜻이고, 교인 수는 현재의 교인이 아니라 탈퇴(분열) 당시 의결권을 가진 교인 수를 뜻한다.

위와 같은 새로운 대법원의 판례에 의할 때 앞으로 교회 내부에서 교단탈퇴 및 변경을 둘러싸고 분쟁이 발생하는 경우 교단탈퇴 등을 의도하는 교인들은 의결권자 3분의2에 이르는 교인들의 지지를 얻고 적법한 소집절차에 따른 결의를 거칠 것이 요구되고, 여기에 반대하는 교인들은 만약 위와 같은 요건을 갖추어 결의가 이루어진 경우에는 여기에 승복할 것이 요구됨으로써, 민주주의 원칙과 민법의 법인 아닌 사단에 관한 일반 법리에 따른 교회운영이 가능해지고 교회분쟁에 대한 예방적 기능을 수행할 수 있게 될 것으로 기대된다.

그러나 참고로 위 대법원판례의 사안의 경우와 달리, 교단을 변경하거나 탈퇴하지 않는 교회분쟁이나 어느 교단에도 소속되지 않은 교회의 분쟁에 있어서도 위 판례의 사안의 경우와 동일하게 3분의2이상의 결의를 요구하는 것인지에 대하여는 위 판례가 명확한 해답을 주지 못하고 있다. 즉 교단변경이 아닌 재산문제로 인한 분쟁, 담임목사의 도덕성 문제로 인한 분쟁, 교회의 운영권 확보를 위한 분쟁 등의 경우이다. 이러한 경우에는 교회의 정관 등에 규정된 일반 다수결의 원리에 의하여 해결할 수밖에 없을 것이다.[12]

4) 분열된 교회재산의 사용 · 수익 · 처분

분열된 교회재산에 대하여 대법원 판례는 "교회분열시 종전교회의 교회재산은 분열당시의 교인들의 총유에 속한다"고 하므로, 종전의 교회와 동일성을 갖고 있는 분열교회든지 또는 그러한 동일성을 갖지 못하는 분열교회든지 각 분열교회 모두가 종전의 교회재산을 대해 총유권을 갖고 있다고 본다.

즉, 분열된 각 교회의 교인들은 분열전 교회의 교회재산에 대해 총유권자로서의 권리를 행사할 수 있게 된다. 대법원은 "종전교회에 분열당시 출석하던 교인들뿐만 아니라 분열로 생겨난 교회에 새로이 등록한 교인들도 종전의 교회당을 사용할 수 있다"(대법원 1988. 3. 22. 86다카1197, 1993. 1. 19. 91다1226 참조)고 하였고, 또한 "분열된 각 교회는 별개 독립의 교회로서 각각 상대방의 종교활동이나 총유물인 교회재산에 대한 사용, 수익을 방해하지 아니하는 범위 내에서 총유권자로서 종전의 교회재산을 사용, 수익할 수 있다"고 판시하고 있다(대법원 1990. 12. 21. 90다카 22056 참조).

이에 따라 교회내 불화로 인하여 교회가 분열돼도 탈퇴자들의

12) 양인평, 『가이사의법과 한국교회』, pp. 78-80 참고

예배당 사용을 제한하지는 못한다. 따라서 잔류자와 탈퇴자가 예배당을 공동 사용하여야 한다는 판결(2003. 10. 6. 서울지법 동부지원)도 있었다. 그러나 2006. 4. 20 새로운 대법원의 판결, 즉 교회 분열에 따른 재산 분쟁과 관련하여 원칙은 기존 교회에 남아있는 교인들의 총유, 예외적으로는 의결권을 가진 교인들 3분의 2 이상이 찬성할 경우, 기존 교회에서 탈퇴해 새 교회를 세운 교인들의 총유라는 대원칙에 따라 처리하면 될 것이다.

대법원은 2006. 4. 20 교회재산 판례 이후, 면직 목사에 대해 불리한 판결을 내려 사실상 면직목사들의 입지가 좁아지게 되었다. 판결 이유는 부적합한 절차와 2/3를 증명할 수 없다면 이탈세력이 되어 더 이상 교회를 사용·수익할 수 없다는 것과 교단탈퇴를 찬성한 교인이 의결권을 가진 교인의 2/3에 이르지 못한나면 종전재산에 대한 권리를 상실한다는 것이다.

즉 교단탈퇴에 찬성한 교인이 의결권을 가진 2/3에 이르지 못한다면 종전교회의 동일성이 여전히 종전교단에 소속되어 있는 상태로서 유지되기 때문에 교단변경 결의에 찬성하고 나아가 종전교회를 집단적으로 탈퇴하거나 다른 교단에 가입한 교인들은 교인으로서의 지위와 더불어 종전 교회 재산에 대한 권리를 상실하였다고 보는 것이다(대법원 2006. 4. 20. 2004다37775 참조).

판례는 "○○○목사는 2003. 3. 25 면직출교의 판결을 받았으며, 2003. 3. 30 자신을 지지하는 교인들을 모아 교인총회를 열어서 탈퇴하여 독립교회로 남기로 하고 독립교회의 담임목사로 추대하는 결의를 하였다. 이것은 소속교단을 탈퇴하여 집단적으로 종전교회를 이탈한 것에 불과하고, 교단소속으로 잔류하기를 원하는 교인들로 구성되고 교단이 파송한 신청인이 목사로 재직하고 있는 대한예수교 장로회 ○○○○교회가 종전 교회로서 실체의 동일성을 유지하면서 존속하는 교회"라는 것이다(대법원 2006. 6. 9. 2003마1566).

이탈세력, 면직 목사의 출입금지 및 설교금지 가처분은 특정인 아니라 교인 구성원 전원이 되어 공동소송의 형태가 되어야 한다. 대법원은 신청 적격자는 교회대표자로서 특정인이 아니라 총유재산의 보존 및 관리행위로서 하는 소송은 법인 아닌 사단 명의로 또는 그 구성원 전원이 당사자가 되어야 한다는 것이다.

이번 판결은 2006. 4. 20 대법원 판례에 따른 판결로 부적합한 절차에 따라 교단을 이탈하거나 적법한 회의소집 절차에 따라 2/3 이상의 결의권자의 찬성을 증명하지 못할 경우, 이탈자들은 자동 이탈세력이 되어 교회당을 사용·수익할 수 없다는 취지이다. 따라서 면직목사는 교회당 출입을 하면서 설교를 계속하기 어렵게 되었다.

종전의 판례는 양측의 분열을 인정하여 모두 다 예배당을 사용·수익할 수 있도록 판정하여 특정인은 사용하고 또 다른 특정인은 출입하지 못하도록 한 출입금지 자체를 인정하지 않아 출입금지 가처분 신청은 신청인의 부적격으로 모두 기각해 버렸다. 그러나 이제는 종전교인이나 적법한 절차에 따른 2/3의 합법적 세력이 이탈자에 대해 출입금지와 설교금지 가처분이 가능해 진 것이다. 따라서 부적법한 절차에 따른 탈퇴세력들은 자동 이탈세력이 되어 재산 소유권이 있는 합법세력들로부터 예배당 출입금지의 불이익을 당할 수 있다(대법원 2006. 6. 9. 2003머1566 참조). 그러므로 교회를 이탈한 측은 기존교회에 대한 권리(재산권 교회사용·

수익권 등)를 상실하게 되며, 이탈측이 전체 성도의 3분의 2가 넘어야 재산권을 행사할 수 있게 된다. 따라서 이번 판례로 앞으로는 한 건물에 두 교회가 존재하면서 갈등을 빚는 사례는 많이 줄어들게 될 것이다.

이와 유사한 경우의 사례에 대한 판례는 "교단에 소속되어 있던 지교회의 교인들 중 의결권을 가진 교인 2/3 이상의 찬성에 의한 결의를 통하여 소속 교단을 탈퇴하기로 결의한 다음 종전 교회를 나가 별도의 교회를 설립하여 별도의 대표자를 선정하고 나아가 다른 교단에 가입한 경우에는 사단법인 정관변경에 준하여 종전 교회의 실체가 이와 같이 교단을 탈퇴한 교회로서 존속하고 종전교회 재산은 위 탈퇴한 교회 소속 교인들의 총유로 귀속되는바, 교단에 소속되지 않은 독립교회에 있어서도 교인들의 일부가 종전의 독립 교회 상태를 벗어나 특정 교단에 기입하기로 결의한 경우에는 이로 인하여 그 교회의 명칭이나 목적 등 교회 규약으로 정하여졌거나 정하여져야 할 사항의 변경을 초래하게 되므로 위와 마찬가지고 사단법인 정관변경에 준하여 의결권을 가지 교인 2/3 이상이 찬성한 결의에 의하여 종전 교회의 실체는 특정 교단에 가입하여 소속된 지교회로서 존속하고 종전 교회 재산은 위 교단 소속 교회 교인들의 총유로 귀속될 것이나, 찬성자가 의결권을 가진 교인의 2/3에 이르지 못한다면 종전 교회는 여전히 독립교회로서 유지되므로, 교단 가입결의에 찬성하고 나아가 종전 교회를 집단적으로 탈퇴한 교인들은 교인으로서의 지위와 더불어 종전 교회 재산에 대한 권리를 상실하였다고 볼 수밖에 없다."(대법원 2006. 6. 9. 2003마1321)라고 하였다.

5. 교회와 세금

과거에는 교회나 교회활동에 대해 세금을 부과한다는 것이 극히 이례적인 일로 여겨졌었으나 오늘날 교회의 활동영역이 확대됨에 따라 교회의 활동 중에서도 세법이 정하는 세금부과대상이 되는 활동이 생겨나게 되었다. 이는 시대적 변화라고 할 수밖에 없을 것이다.

헌법 제38조에는 "모든 국민은 법률이 정하는 바에 의하여 납세의 의무를 진다"고 규정함으로써 국민의 납세의무를 명시하고 있다.

교인들은 "모든 자에게 줄 것은 주되 공세를 받을 자에게 공세를 바치고 국세 받을 자에게 국세를 바치고 두려워할 자를 두려워하며 존경할 자를 존경하라"(로마서 13:7)는 성경의 가르침을 기억하여야 할 것이다.

교회는 세법상 공익법인이다. 그래서 교회를 포함한 비영리공익법인은 세제상의 혜택이 주어지고 있다.

여기에서는 교회와 관련된 세금 문제를 간략히 살펴본다.

1) 교회와 관련된 세금의 종류

조세에는 국세와 지방세가 있으며, 국세에는 내국세와 관세가 있다. 그 중에서 교회와 관련된 조세에는, 국세인 법인세와 양도소득세 등이 있다. 다음으로, 교회와 관련하여 부과되는 지방세로는 취득세, 재산세, 자동차세 등이 있다.

(1) 취득세

취득세는 토지 · 건축물 · 차량 등을 취득하는 경우 취득금액의 2%에 해당하는 세금을 소유권이 이동하는 경제적 유통과정에서 나타나는 담세력을 포착하여 과세하는 유통세 성격의 지방세이다. '개인 간 주택거래 및 개인과 법인 간 주택거래 시는 취득, 등록금액의 1%이다. 그러나 교회는 종교를 공익사업을 목적으로 하는 비영리업자로서 종교목적에 직접 사용하기 위해 취득하는 부동산에 대하여는 비과세하고 있다(지방세법 제107조).

대체로 종교목적에 직접 사용하기 위하여 부동산을 취득 또는 등기하고자 하는 경우, 원칙적으로 비과세이지만 다음의 경우에는 과세된다.

① 3년 이내 정당한 사유 없이 종교목적에 직접 사용하지 아니한 경우

② 5년 이내 수익사업에 사용한 경우

③ 5년 이내 2년 이상 종교목적에 직접 사용하지 아니하고 매각한 경우

④ 5년 이내 2년 이상 종교목적에 직접 사용하지 아니하고 타용도로 사용한 경우

(2) 등록세

등록세는 토지 · 건물 등에 대한 권리를 등기 · 등록하는 때에 이에 앞서 과세하는 세금으로서, 등기 · 등록이라 함은 부동산을 취득하여 자기명의로 소유권에 관한 등기 · 등록을 하는 경우뿐만 아니라 전세권 · 저당권 등을 설정하는 등 새로운 권리를 설정하거

나 등기내용에 변경이 있어서 정정하는 경우도 포함한다.

교회는 종교를 공익사업을 목적으로 하는 비영리사업자로서 종교목적에 직접 사용하기 위해 부동산등기를 하고자 하는 경우 등록세를 비과세하고 있다(지방세법 제127조). 다만 다음의 경우에는 교회가 취득한 부동산이 지방세법 제127조에 의거 등록세가 비과세 제외되어 과세가 된다.

① 3년 이내 정당한 사유 없이 직접 미사용한 경우
② 5년 이내 수익사업에 사용한 경우
③ 5년 이내 2년 이상 직접 미사용하고 매각한 경우
④ 5년 이내 2년 이상 직접 미사용하고 타 용도로 사용한 경우

(3) 법인세

법인세는 법인의 소득에 대하여 부과하는 조세를 말한다. 법률상 권리 의무의 주체는 법인과 자연인이 있는데 우리나라의 세법은 소득을 법인과 자연인의 소득으로 구분하여 전자는 법인세, 후자는 소득세를 과세하고 있다. 법인세는 과세대상소득이 어디에서 발생되는지 불문하고 모든 소득을 포괄하여 과세하고 있다. 그러나 비영리법인에 대하여는 과세소득의 범위를 별도로 규정하고 있다.

교회도 수익사업이 있으면 법인세를 신고·납부해야 한다. 교회가 법인세를 신고·납부해야 하는 경우는, ① 제조업, 도매업, 부동산임대업 등 수익이 발생하는 사업을 할 때, ② 이자·배당소득, ③ 주식·신주인수권·출자지분 양도수입, ④ 부동산 등 고정자산 처분수입, ⑤ 채권 매매익 등이 발생한 경우 등이다.

그러나 국내 은행예금에 대한 이자만 발생하여 수령한 금액을

교회 정관의 고유목적사업인 선교사업, 불우이웃돕기 등에 직접 사용하는 경우에는 신고대상에 해당되지 않는다.

(4) 재산세

재산세는 토지, 건축물, 주택, 선박, 항공기를 소유하고 있는 자에게 그 재산가치, 즉 부의 정도에 따라 재산소유자의 지불능력 등 인적 요건을 고려하지 않고 개인이나 법인의 구분 없이 같은 가액의 재산에 대해 같은 세액을 과세하는 세금이다.

교회는 종교를 공익사업을 목적으로 하는 비영리사업자로서 그 종교목적에 직접 사용하는 부동산에 대해 재산세를 비과세하고 있다(지방세법 제186조).

그러나 대통령령이 정하는 수익사업에 사용되는 경우와 당해 재산이 유료로 사용되는 경우의 그 재산 및 당해 재산의 일부가 그 목적에 직접 사용되지 아니하는 경우의 그 일부 재산에 대하여는 과세대상에서 제외되므로 과세가 된다.

(5) 자동차세

자동차세는 자동차를 소유하고 사용·수익하는 것에 대한 재산세적 수익세이며, 도로를 운행함으로써 도로를 파괴시킨다든지 또는 도로의 개설 및 운영관리에 따른 비용의 원인을 발생시키는 원인자 부담금 성격의 대물세로서 시·군 독립세이다. 이 자동차세는 종교단체 소유에 대한 비과세 규정은 없다.

(6) 양도세·증여세·고유번호

국세에서는 여러 가지 사례가 있을 수 있으나, 우선 교회가 고유번호를 관할 세무서에 신청할 때 주의할 점은 법인으로 등록하느냐, 개인으로 등록하느냐에 따라 부동산 처분시의 양도소득에 관한 과세문제가 달라지게 된다.

교회명의로 취득한 부동산을 3년 이상 직접 고유목적에 사용한 세법상 법인에 해당하는 경우에는 과세문제는 생기지 않으나 개인명의로 등록된 경우에는 양도소득세가 부과된다.

취득한 교회부동산(출연재산)에 법인세 또는 증여세가 과세되는 경우는 다음과 같다.

① 교회가 수익사업을 한 경우
② 3년 이내에 직접 고유목적 사업에 사용하지 않는 경우
③ 매각한 출연재산을 1년 이내에 30% 이상, 2년 이내에 60% 이상, 3년 이내에 90% 이상을 직접 고유 목적사업에 사용하지 않는 경우

그 밖에 금융실명제(부동산실명제 포함)에 따라 교회의 재산은 교회명의로 거래(또는 등기)되어야 함에도 불구하고 담임목사 개인명의나 장로, 회계집사 개인명의 등으로 예금 명의(또는 등기)로 사용되는 경우에는 과징금 또는 증여세 문제가 생길 수 있다. 이때 주의할 사항으로는 교회 규약(정관)상의 교회명칭, 고유번호증의 단체명칭, 부동산등기부등본의 교회명칭을 일치시켜야 한다.

2) 비과세대상

다음의 사인들은 국세청이 교회의 경제활동에 대하여 실제로 각종 세금을 부과하였으나 교회가 승복치 않고 법원에 소송을 제기하여 판단을 받은 사안들과, 국세청 등 관계기관에 질의하여 답변을 받은 사례를 발췌한 것들이므로 교회 업무에 참고가 될 것이다.

(1) 종교목적에 사용하기 위한 부동산 취득

교회에서 부동산을 취득하여 등기할 때에 '교회의 정관 및 규약에서 정한 종교목적사업에 사용하기 위한 부동산의 취득 및 등기'인 경우에 한하여 지방세법 제107조 및 제127조의 용도구분에 의한 비과세규정에 따라 취득세 및 등록세를 부과하지 않는다.

(2) 목사관

목사관은 지방세의 과세대상이 아니다. 목사는 교회에 필수적인 존재이므로 담임목사의 유일한 주택인 목사관에 대해서는 그것이 교회 구내에 있든지 또는 구내 이외의 장소에 있든지를 불문하고 비과세대상이다.

(3) 교회신축용 부동산

개교회가 교회당을 건축하기 위해 그 대지를 구입하는 경우 이는 교회를 유지함에 있어 필수적인 재산취득이라고 할 수밖에 없다. 따라서 이러한 대지구입은 개교회가 '그 목적을 위하여 그 본연의 사업에 직접 사용하는 것'에 해당하므로 취득세의 부과대상이 되지 않는다.

(4) 부득이 처분한 교회재산

부득이 처분한 교회재산은 특별부가세의 과세대상이 아니다. 즉 교회를 건축하기 위하여 부동산을 매수하였으나 당국의 토지구획정리사업의 시행으로 교회를 지을 수 없게 되자, 주무관청의 허가를 받아 다른 토지와 교환하여 교회를 신축한 경우, 그로 인하여 발생한 소득에 대하여는 특별부가세를 부과할 수 없다는 판례가 있다(대법원판결 1986.6. 24. 85누189 참조).

(5) 수양관

예배당 외의 수양관을 따로 지어 교인들의 심신수양, 수련활동 등 목적으로 사용한다면 종교목적으로 직접 사용하고 있는 것으로 판단하여 취득세, 등록세 등이 비과세 된다.

(6) 교회 경외 설치 주차장

교회의 경외(境外)에 설치된(직선거리 300미터, 도보거리 600미터 정도) 교회 부설 주차장은 종교 사업용 부동산으로 비과세 대상이다(주차장법 제19조 제1항, 동조 제4항, 동법시행령 제7조 제2항, 법 제19조 제4항 참조).

(7) 무료급식소로 사용하는 증여받은 부동산

교회가 무료급식소(실비 포함)를 운영하기 위하여 증여받은 부동산은 교회의 사회활동 확대 추세 등으로 보아 종교용 시설에 사용하는 것으로 볼 수 있어 취득세 등이 비과세 된다.

(8) 아동보육시설

교회가 교회명의로 아동보육시설을 무료(실비 포함)로 운영한다면 종교용 시설에 사용하는 것으로 보아 취득세 등이 비과세 대상이 된다.

(9) 개인명의 부동산을 종교목적으로 직접 사용하는 경우

종교를 목적으로 하는 비영리사업일 경우, 개인 소유로 되어 있더라도 당해 부동산을 교회의 종교용으로 직접 사용하는 경우(수익사업에 사용하거나 유료로 사용하게 하는 경우는 제외)에는 재산세와 종합토지세 비과세대상이 된다.

(10) 교회 구내의 일부를 사택으로 사용하는 경우

교회가 소유하는 부동산으로서 당해 교회 구내에 있는 건물의 일부를 목사와 가족이 거주하거나 교회 관리직원이 거주하는 것은 종교용에 직접 사용하는 것으로 보아 재산세 비과세대상이 된다.

(11) 목사 명의 변경 건물

등기부상 교회 대표자 명의가 변경된 것은 당해 출연재산을 후임 목사에게 증여한 것으로 보거나 다른 공익법인에 재출연한 것으로 보지 않으므로 증여세과세 문제가 생기지 않는다.

(12) 주택을 구입하여 사택으로 사용한 경우

교회들의 헌금으로 주택을 매입하여 목사의 사택으로 사용하는 경우에는 상속세나 증여세 과세 문제가 생기지 않는다.

(13) 교회 건물 경내(境內)에 있는 부목사의 사택

교회 재산을 부목사, 전도사, 선교사의 사택으로 사용하는 경우에는 직접 공익목적사업에 사용하는 것으로 보지 않지만, 부목사 등의 사택이 교회의 경내에 소재한 경우에는 직접 공익사업을 수행하기 위하여 사용하는 것으로 볼 수 있으므로 과세문제는 생기지 않는다.

(14) 연접된 담장을 헐고 구내 주차장으로 사용한 경우

교회가 연접된 토지와 건축물을 취득하여 종교단체명의로 소유권이전등기를 마친 후 건물을 멸실하고 연접된 담장을 헐고 1구내 주차장으로 사용하는 경우에는 비과세대상이다.

(15) 영유아보육사업(교회 유치원) 인가 전에 부동산을 취득한 경우

영유아보육시설(교회 유치원)을 운영할 목적으로 영유아보육사업 인가 전에 부동산을 취득한 경우에는 취득세가 감면된다.

3) 과세대상

교회나 종교단체라 하더라도 종교활동 또는 종교단체 고유의 사업을 수행함에 있어서 필수적이라고 할 수 없는 재산을 취득하거나 그러한 활동으로 어떤 소득을 얻는 경우에는 일반경제주체의 경제활동과 동일하게 취급되어 과세 된다.

(1) 부목사, 강도사, 전도사의 사택

부목사, 강도사, 전도사의 사택은 목사관과는 달리 과세의 대상이 된다. 대법원은 "담임목사는 교회에 필수적 존재이나, 부목사, 강도사, 전도사 등은 교회의 목적을 이루기 위해 필요불가결한 중추적 존재는 아니기 때문에 그들이 주거에 사용하고 있는 사택도 교회 사업에 직접 사용하는 것이라고 단정할 수 없으므로 이는 비과세대상이 아니다"라고 판결하였다(대법원판결 1986. 2. 25. 85누824참조).

개척교회 또는 매우 작은 소규모교회라면 몰라도 현재와 같은 대부분 교회의 규모와 역할, 활동내용 등에 비추어 보면 타당하지 않다. 현대교회에서는 담임목사 뿐 아니라 부목사, 강도사, 전도사 등 교역자들도 반드시 필요한 것이 현실이므로 재고되어야 할 것이다.

(2) 선교단체의 병원

선교단체 병원의 의료수익은 과세의 대상이 된다. 대법원 판례는 "선교단체의 병원이 비록 의료수익으로 개인적 이익을 도모한 것이 아니라 선교단체의 고유목적사업에 필요한 재원조달에 충당하였고 일부 극빈 환자들에 대해 진료비 감면의 혜택을 주었다고 하더라도 병원운영이 수익사업에 해당하는 것은 분명하므로 비과세대상이라고 할 수 없다"고 판결하였다(대법원판결 1991. 5. 10. 90누4327).

(3) 종교용으로 구입한 부동산을 2년 내에 매각할 경우

종교용으로 구입한 부동산 일지라도 2년 내에 다시 매각하면 취득세와 등록세 납부의 대상이 된다.

(4) 교회 구외의 부목사의 사택 및 식당

교회 구외에 건물을 신축하여 부목사의 사택, 교회 식당, 체력단련장 등으로 사용할 경우 취득세와 등록세 과세 대상이 된다.

(5) 교회 소유 버스와 승용차

교회 소유 버스 와 승용차는 종교 활동에 직접 사용해도 과세대상이 된다.

(6) 종교용 부동산을 목회자 자녀의 기숙사로 사용할 경우

종교용으로 취득한 부동산을 장학선교 목적으로 목회자 자녀들의 기숙사로 사용하면 취득세와 등록세 과세대상이 된다.

(7) 교회가 주택을 증여로 취득하는 경우

교회가 주택을 증여로 취득하는 경우, 부동산을 종교용으로 직접 사용하는 경우가 아니라고 하여 취득세 과세대상이 된다.

(8) 관리인이 사용하는 사택

교회 관리인이 사용하는 사택은 종교용에 직접 사용하는 부동산이 아니라고 하여 재산세 과세대상이 된다.

(9) 부목사나 교인 공동거처 주택

부목사나 교인들의 공동거처 등은 과세 대상이 된다.

(10) 교회의 수익사업

교회가 제조업, 도매업, 부동산임대업 등 수익이 발생하는 사업을 하거나, 이자·배당소득, 주식·신주인수권·출자지분 양도수입, 부동산 등 고정자산 처분수입, 채권 매매익 등이 발생할 경우 법인세 과세 대상이 된다. 그러나 국내 은행예금에 대한 이자만 발생하여 수령한 금액을 교회 정관의 고유목적사업인 선교사업, 불이이웃돕기 등에 직접 사용하는 경우에는 과세대상이 아니다.

(11) 증여받은 부동산을 부목사 사택으로 사용하는 경우

교회 건물과 그 교회의 주차장으로 사용되는 토지와 그 종교단체 대표자 사택으로 사용하는 경우에는 직접 공익목적사업에 사용하는 것으로 보며, 부목사, 전도사, 선교사의 사택으로 사용하는 경우(경내에 소재하는 경우 제외)에는 과세대상이 된다.

(12) 교회의 명의만 빌린 재산

교회가 교회당의 건축을 위해 대지를 구입하는 등 그 고유사업과 목적을 위해 취득하는 각종 재산에 대해서는 세금을 부과할 수 없다.

그러나 교회명의로 등기, 등록된 재산이라고 하여 위와 같이 교회의 고유사업을 위해 취득한 재산이라고 볼 수는 없을 것이다. 그러므로 일단 교회명의로 등기, 등록되어 있다고 하더라도 그 재산의 실질적 소유관계를 볼 때 교회 고유의 사업을 위해 취득된 것이 아니고 다른 목적으로 취득된 재산이라면 이는 당연히 과세대상이 된다(대법원 1991. 5. 28. 91누868 참조).

(13) 종교법인이 재산을 고유목적에 사용하지 않고 있다가 처분한 경우

종교법인이 부동산을 소유하고 있다가 어려움 때문에 그 재산을 고유목적에 제공하지 않고 있다가 처분한 경우에는 과세대상이 된다.

대법원은 "종교법인이 토지를 고유목적에 직접 사용하지 못한 것이 제3자가 토지를 불법 점유하였기 때문이었다고 하더라도 양도 당시 고유목적에 직접 사용하지 않고 있었던 이상 비과세대상이 아니다."라고 하였다(대법원 1993. 2. 23. 92누18849 참조).

(14) 교인들의 체력단련실로 사용하는 건물의 경우

종교단체가 취득한 부동산이라 할지라도 체력 단련실(헬스클럽)로 사용하는 부분은 종교목적에 직접 사용하다고 볼 수 없으므로 취득세와 등록세의 과세대상이다.

(15) 교회가 건축하여 교회명의로 등기한 후 목사 개인 명의로 유치원으로 허가받아 사용한 경우

교회가 건축물을 건축하여 교회명의로 등기한 후 교회 목사 개인 명의로 유치원으로 허가 받아 운영하고 있다면 이는 종교목적에 직접 사용하는 것으로 볼 수 없으므로 취득세와 등록세의 과세대상이다(지방세법 제107조 및 제127조 참조).

4) 기부금

기부금이란 타인에게 사업과 직접 관계없이 무상으로 지출하는 재산적 증여의 가액을 말한다. 교인들이 교회에 지출하는 헌금은 지정기부금에 해당한다.

(1) 기부금 특별공제 지원제도

근로소득이 있는 교인들이 교회 헌금으로 지급한 금전 등은 근로소득금액에서 일정한 한도 내에서 특별 공제하는 제도이다. 이러한 특별 공제제도는 사업소득이나 부동산 임대소득이 있는 사업자가 지출한 헌금도 일정한 한도 내에서 필요경비로 인정받고 있으므로 소득종류 간의 과세형평을 기하고 사회복지활동의 참여를 세제상 지원하기 위한 제도이다.

종교단체 헌금 등 기타 기부금은 근로소득금액에서 10%까지만 공제대상이 된다.

(2) 개별교회가 등록되어 있지 않고 그 교파의 총회가 등록되어 있는 경우

종교의 보급, 기타 교화를 목적으로 설립하여 주무관청에 등록된 단체에 종교의 보급, 기타 교화를 위한 활동비로 지출하는 기부금은 소득세법 제66조의 3의 규정에 의거해 기부금특별 공제대상이 된다. 그러나 개별 교회 자체가 개별적으로 주무관청에 등록되지 아니한 때에도 그 개별종교단체가 소속한 교파의 총회 또는 중앙회 등이 민법 제32조의 규정에 의하여 설립되거나 주무관청에 등록되어 있는 경우에는 공제 대상이 된다.

(3) 남편이 아내 명의의 기부금 영수증으로 기부금특별공제 신청을 한 경우

기부금 공제는 근로자 본인명의로 지출한 기부금에 대해서만 소득 공제가 된다.

따라서 아내나 부양가족 명의의 기부금은 공제가 되지 않는다.

(4) 교회 부설 선교원에 납부한 보육료의 경우

취학 전 아동의 교육비 공제대상은 학원의 설립, 운영 및 과외교습에 관한 법률에 의한 학원으로 1일 3시간 이상, 1주 5일 이상 실시하는 교육과정에 지출한 학원비 및 영유아보육법에 의한 보육시설에 지출한 보육료를 대상으로 한다. 따라서 교회 선교원에 납부한 보육료가 교육비 공제대상이 되기 위하여는 당해 선교원이 영유아보육법에 의한 보육시설에 해당하여야 한다.

(5) 고유번호가 없는 개별교회가 발행한 기부금 영수증의 경우

교인들이 개별교회에 헌금을 하면 근로소득자는 기부금특별공제를 받을 수 있다.

연말 정산 시 기부금 특별공제를 받을 수 있는 종교단체의 대상은 법인세법 시행령 제36조 제1항 제1호 마 목에 규정하고 있다.

그런데 고유번호가 없는 교회가 발행한 기부금영수증으로 기부금특별공제를 받으려면 기부금영수증에 대표자 주민등록번호를 기재하고, 그 기부금영수증 외에 총회 등이 주무관청에 등록되었음을 입증하는 증빙서류를 제출하여야 한다.

(6) 기부금영수증 발급 대장

교회는 2005. 1. 1부터 시행하고 있는 '기부금(헌금)영수증 발급대장 작성 · 보관의무'(소득세법 제160조의 3)에 따라 교회(기부금영수증을 발급하는 자)가 100만원을 초과하는 금액을 교회에 지출하는 교인들에게 기부금(헌금) 영수증을 발급하고, 기부자(교인)별 발급내역을 작성하여 발급한 날로부터 5년간 보관해야 하며, 국세청장, 지방국세청장 또는 관할 세무서장이 발급내역을 요청하는 경우 이를 제출해야 한다.

(7) 미국 한인교회도 기부금소득공제 가능

미국 주재 한인교회에 헌금한 경우, 그 교회가 한국내의 교단소속일 경우 그 소속이 입증되면 기부금소득공제가 가능하다.

(8) 일본교회에 납부한 기부금의 경우

일본 당국에 등록된 교회에 기부한 헌금에 대하여는 기부금소득 공제대상이 아니다.

(9) 종교단체의 주무 관청은 문화관광부

지정기부금등 종교단체의 업무 주관 관청은 문화관광부이다.

6. 교회와 건축

1) 예배당 건축

교회는 살아계신 하나님의 집이요 진리의 기둥과 터이다.(딤전 3:15) 그런데 교회건물 즉 유형의 예배당도 일종의 건축물이고 시설물이기 때문에 국가법의 규제를 받게 된다.

교회를 건축하고자 하는 경우에는 건축법, 국토의 계획 및 이용에 관한 법률, 도시개발법, 주택법, 개발제한구역의 지정 및 관리에 관한 특별조치법, 도시공원 및 녹지 등에 관한 법률, 자연공원법 등 각종 법령의 의한 제한과 규제를 받게 되므로 이러한 법과 규정을 잘 살펴야 하며, 종교시설이 아닌 타 용도로 사용하고 있는 건축물을 교회로 사용하기 위해서는 용도변경 절차를 밟아야 한다.

교회를 건축하거나 대수선(리모델링)하는 경우에는 시장, 군수, 구청장의 허가를 받아야 한다.

교회당을 건축하기 위하여는 먼저 대지(부지)를 구입하여야 한다. 대지를 구입할 때는 지역·지구를 확인하여 교회를 건축할 수 있는 지역·구역인지를 반드시 확인하여야 한다.

교회건물은 일반적으로 종교시설에 속한 교회(바닥면적이 300 평방미터이상 건축물)와 제2종 근린생활에 속한 종교집회장 : 교회(바닥면적 300 평방미터 이하 건축물)로 구별된다. 구별하는 이유는 대형규모의 종교시설을 지역 · 지구에 따라 규제하기 위함이다. 따라서 교회건축 규모에 따라 토지이용계획확인서를 발부받아 건축가능여부를 미리 확인해야 한다. 즉 교회건축예정부지가 교회의 건축이 가능한지, 용도변경이 가능한지 여부를 토지계획 확인원 서류발급 및 열람을 통해 반드시 확인하여야 한다. 또한 각 시·군의 도시계획 조례 및 건축조례에 위임된 조례도 살펴보아 각 지역·지구에서의 건축가능 여부를 확인해야 한다.

교회건축 가능여부를 확인하기 위한 기본서류로는 국토이용확인원, 지적도, 토지대장, 토지등기부등본, 건축물대장, 건축물등기부등본 등이다(이 부분에 대하여는 "민원24시", "대법원" 등 전자정부씨이트를 통한 각종 민원서류를 인터넷 민원으로 발급 받을 수 있다.)

교회 건축 부지를 구할 경우의 유의사항은 다음과 같다.

• 대지와 도로와의 관계(건축법 제44조, 건축법 시행령 제3조 3호 및 제28조 참조)

도로가 없는 대지와 폭 4.0 미터 미만 도로의 대지는 건축이 불가능하다. 그러므로 도로폭이 6미터 이상 접한 대지가 좋다. 또한 계획도로가 있다고 하더라도 현황도로가 없을 경우에는 건축이 불가능하다.

도로란 공도, 사도에 관계없이 보행 및 자동차 통행이 가능한 폭이 4 미터 이상 되는 것을 말한다(건축법 제2조 제11호).

• 일조권제한 검토

지역 · 지구가 일반주거지역일 경우 대지는 북쪽으로 향하여(정북방향)도로가 있는 것이 일조권에 유리하다. 일조권이란 전용주거지역 및 일반주거지역 안에서 건축하는 건축물의 높이는 일조

등의 확보를 위하여 정북 방향의 인접대지 경계로부터의 거리에 따라 대통령령이 정하는 높이 이하로 하여야 한다(건축법 제61조, 건축법 시행령 제86조, 시행규칙 제36조).

건축물의 높이 4미터 이하의 경우 정북방향 1미터, 높이 8 미터 이하의 경우 정북방향 2미터, 높이 8 미터 이상의 경우 , 건축물 높이의 1/2 이상 정북방향으로 띄워야 한다.

토지구획정리지구, 또는 부지 소유자 쌍방간에 합의서가 있는 경우 일조권적용을 남측(정남방향)으로 적용하는 방법도 있으므로 이를 활용하는 것도 도움이 될 수 있다.

• 도로사선제한 검토

도로의 개방감을 확보하기 위하여 건축물의 높이는 도로 폭의 1.5배 이상을 초과할 수 없다.(도로에 의한 사선 제한. 건축법 제60조, 건축법시행령 제82조)

1층 부분을 벽체가 없는 필로티구조로 개방하여 주차장용도로 전용(全用)하거나, 불특정 다수인이 통로로 사용하는 경우, 1층 부분은 건축물 높이 산입 및 바닥면적 산입에서 제외되어 용적율이 상대적으로 낮아지고 도로사선제한이 해당높이만큼 완화되어 더 높이 건축이 가능하게 되어, 교회의 주차장 설치목적과 용적율 증대에 도움이 되므로 이를 적극 활용하는 형태로의 교회건축도 고려해 볼 수 있을 것이다.

• 건폐율(국토의 계획 및 이용에 관한 법률 시행령 제77조)

건폐율이란 대지 안에서 건물이 차지하는 비율을 나타내는 밀도지표로서 건폐율을 제한하는 것은 각 건축물 대지에 최소한의 공지를 확보하는데 목적이 있다.

즉 한 층에 대지 비율로 가장 많이 지을 수 있는 비율을 말하며, 건폐율은 지역 마다 다르게 적용된다.

• 도시지역 건폐율
  주거지역 : 70% 이하
  상업지역 : 90% 이하
  공업지역 : 70% 이하
  녹지지역 : 20% 이하
• 관리지역 건폐율
  보전관리지역 : 20% 이하
  생산관리지역 : 20% 이하
  계획관리지역 : 40% 이하

• 농림지역 건폐율
  농림지역 ; 20% 이하

• 자연환경보전지역 건폐율
  자연환경보전지역 : 20% 이하

교회 건축이 가능한 일반주거지역일 경우 제1종, 제2종, 제3종 일반주거지역으로 구분된다.

제1종 일반주거지역일 경우 건폐율은 60%,

제2종 일반주거지역일 경우 건폐율은 60%,

제3종 일반주거지역의 경우 건폐율은 50% 이다.

• 용적률(국토의 계획 및 이용에 관한 법률 시행령 제78조)

대지면적에 대한 지상층 바닥 연면적(2동 이상의 건축물은 연면적의 합계)의 비율을 말한다. 즉 대지에 따라 지을 수 있는 총 지상부분의 건물면적(지상층 연면적)이다.

용적률은 지역·지구에 따라 차등 적용된다.

• 도시지역 용적률

주거지역 : 500% 이하

상업지역 : 1500% 이하

공업지역 : 400% 이하

녹지지역 : 100% 이하

• 관리지역 용적률

보전관리지역 : 80% 이하

생산관리지역 : 80% 이하

계획관리지역 : 100% 이하

• 농림지역 용적률

농림지역 : 80% 이하

• 자연환경보전지역 용적률

자연환경보전지역 : 80% 이하

교회건축이 가능한 일반주거지역의 경우, 제1종, 제2종, 제3종

일반주거지역으로 구분된다.

제1종 일반주거지역의 경우 용적률은 200%

제2종 일반주거지역의 경우 용적률은 250%,

제3종 일반주거지역의 경우 용적률은 300% 이다.

2) 교육관 건축

•교육관

교육관은 종교시설 부속건물로서 교육연구시설 또는 문화 및 집회시설로 분류되며, 별도 부지에 건립시 수련시설 중 생활권 수련시설에 해당한다. 교육관 건립 시는 장애인들의 편의증진보장에 관한 법에 명시되어 있는 장애인 편의시설을 갖추어야 한다(E/V, 화장실, 계단, 1층 출입구, 장애인경사로 등 장애인을 위한 법규 검토가 필요함).

이때 대지와 도로와의 관계를 점검하여야 한다. 대지안의 공지(시행령 별표 2) 규정의 적용을 받는다. 즉 일정규모 이상의 건축물의 규모일 경우, 도로 및 인접부지경계선으로부터 이격거리를 확보해야 한다.

일반주거지역일 경우 북쪽 방향의 일조권제한여부를 고려하여야 하고, 교회건축시 음향 및 조명시설에 특히 유의하고, 현대교회의 목회요구방향 및 필요를 수용하는 다목적공간으로, 또한 이웃사회에 개방되고 열려진 공간으로 설계가 고려되어야 한다.

기존 건축물을 교육관으로 사용하려면 용도변경을 해야 하는데, 교육연구시설, 문화 및 집회시설 또는 수련시설에 해당되므로 주차장 등 대부분 기존용도보다는 법규가 완화된다.

• **어린이집(유치원 · 선교원)**

어린이집은 노유자 시설 중 아동관련 시설이다. 아동관련 시설은 지하층은 설치가 불가능하다. 단 부속용도는 가능하다(영 · 유아 보육법 시행령 및 규칙 참조).

지상 1층과 2층에만 보육실이 가능하다. 3층은 부속용도는 가능하다.

아동 관련시설로 쓰이는 바닥면적의 합계(계단, 화장실, 복도포함)가 600평방미터(181.5평)가 넘을 경우 해당 시설에 스프링클러 시설이 필요하며 400-600평방미터의 경우에는 간이 스프링클러 시설이 가능하다.

노유자시설의 경우 연면적 200평방미터 이상일 경우 건축허가시 소방서장의 허가동의를 받게 되어 있는데 소방시설규정이 많이 강화되어 있다.(노유자의 경우, 화재 및 재난시 피난활동에 제한이 있기 때문에 소방시설규정이 강화되어 있다)

아동 관련시설로 쓰이는 바닥면적의 합계(계단, 화장실, 복도포함)가 600 평방미터(181.5평)가 넘을 경우 해당 시설에 스프링쿨러 시설이 필요하며 300-600평방미터의 경우에는 간이 스프링쿨러 시설이 가능하다.

7. 교회재판

1) 교회재판의 대상과 시벌

교회재판이란 개교회 또는 소속교인들의 잘못에 대해서 교단헌법, 규약 등에 따라 재판하는 것을 말한다. 즉 교인이 교리에 위배된 행동이나 주장을 하였을 경우, 교단 재판국 등에서 징계하는 경우가 있는데 이것이 바로 교회재판이다. 이를 교회에서는 권징이라고 하는데 권징이란 권선징악의 준말로 "권징은 예수 그리스도께서 교회에 주신 권한을 행사하며, 그의 설립하신 법제도를 시행하며 교인, 직원 및 각급 치리회를 치리하고 권고하는 것이다"(대한예수교장로회 교단 헌법 권징조례 제1조)

권징의 목적은 "진리를 보호하며 그리스도의 권위와 영광을 옹호하며 악행을 제거하고 교회의 정결과 덕을 세우며, 범죄자의 영적 유익을 도모하는데 있다."(권징조례 제2조) 판례상 교회의 권징재판의 정의는 "종교단체가 그 교리를 확립하고 단체 및 신앙상의 질서를 유지하기 위하여 목사 등 교역자나 교인에게 그 헌법 소정의 범죄가 있는 경우에 종교상의 방법에 따라 징계 제재하는 종교단체 내부의 규제이다"(대법원 1995.3. 24.선고 94다47193 등)라고 하였다.

목사에 관한 사건의 원심은 노회이며 총회에 상소할 수 있다. 일반교인은 개교회 소속회원이므로 원심은 개교회 당회이고 노회와 총회에 상소할 수 있다. 교회법상의 범죄란 "성경에 위배된 치리회의 결정과 교인, 직원 또는 치리회의 위법사건과 타인으로 범죄하게 한 일, 성경을 기초해서 교회가 정한 교리, 법규 또는 관례에 위배된 일, 그리고 덕을 세움에 방해되게 한 일"(권징조례 제4조) 등이다.

시벌의 종류는 권계, 견책(근신), 시무정지, 시무해임, 정직, 면직, 수찬정지, 제명, 출교, 등이 있다.

2) 교회재판의 사법심사(司法審査) 대상여부

교회재판은 교회내의 사법조치이고, 교회단체 내부의 규제이기 때문에 국가법정에서 행해지는 재판과는 다른 특성을 갖고 있다.

교회재판은 원칙적으로 법원의 재판, 즉 사법심사의 대상이 되지 않는다.

대부분의 법률행위나 거래행위들이 법원에 의한 재판의 대상이 될 수 있음에 반하여 교회재판은 위와 같은 특성으로 인해 일반적으로 법원에 의한 사법심사, 즉 재판의 대상이 되지 않는다.

이에 관한 판례는 "종교단체의 권징결의는 교인으로서 비위가 있는 자에게 종교적인 방법으로 징계, 제재하는 종교단체 내부의 규제에 지나지 아니하므로, 이는 사법심사의 대상이 되지 아니하고, 그 효력과 집행은 교회내부의 자율에 맡겨져야 할 것이다"(대법원 1981. 9. 22. 81다276)라고 하였다.

또한 "교회의 권징재판은 종교단체가 교리를 확립하고 단체 및 신앙상의 질서를 유지하기 위하여 목사 등 교역자나 교인에게 종교상의 방법에 따라 징계 제재하는 종교단체의 내부적인 제재에 지나지 않으므로 원칙적으로 사법심사의 대상이 되지 아니하고 그 효력과 집행은 교회 내부의 자율에 맡겨져 있는 것이므로 그 권징재판으로 말미암은 목사, ○○○장로의 자격에 관한 시비는 직접적으로 법원의 심판의 대상이 된다고 할 수 없다"(대법원 94다47193)는 것이 기본적인 입장이다.

이와 같이 교회의 재판의 효력을 국가의 사법부에서 다루지 않는 이유는 교회 재판에서 다루는 교회 내 지위, 권한 등이 실정법에서 말하는 권리 · 의무와는 다르기 때문이다.

교회재판이 법원의 법정에서 다루어질 수 있는 경우라고 하는 것은 결국 교회재판의 효력유무의 확인을 구하는 소송, 즉 '확인소송'이 대부분일 것이다.

그런데 민사소송에 있어서 소위 '확인소송'의 대상이 되는 것은 개인의 특정한 권리의무에 관련된 법률관계, 즉 '법률상의 쟁송사항'에 국한된다.

그러나 교회재판의 대부분은 보통 종교단체 내부의 규제에 관해 판단할 뿐 그와 같은 법률상의 쟁송사항, 즉 교인 개인의 특정한 권리의무에 관련한 법률관계를 규제하는 것이 아니기 때문에, '확인소송'의 대상이 될 수 없다.

즉 확인소송의 형태는 '결의무효확인' 소송 등의 형태를 취하게 되는데, 확인소송의 경우 '확인의 이익' 즉 확인을 받지 않으면 권리 의무에 영향이 미쳐야 한다는 점이 소송제기의 요건이 되는데 교회 내의 장로직 등 지위나 그것에 따르는 권한 등은 그러한 구체적 실정법상의 권리 의무로 보지 않는 것이다.

판례는 "대한예수교장로회 총회인 피고총회의 재판국을 위시하여 그 산하의 각급 재판기관에서 하는 권징재판은 교인 개인의 특정한 권리의무에 관계되는 법률관계를 규율하는 것이 아니므로 그 결의(재판)의 무효확인을 구하는 것은 소위 법률상의 쟁송사항에 관한 것이라 할 수 없어 무효확인의 대상이 되지 않는다."(대법원 1978. 12. 26. 78다1118)고 하였고, "피고(기독교 대한성결교회)의 장로면직 및 출교처분이 종교단체의 교리를 확립하고 단체 및 신앙상의 질서를 유지하기 위하여 교인으로서 비위가 있는 자에게 종교적인 방법으로 징계, 제재한 종교단체 내부의 규제에 불과하고 그것이 교인 개인의 특정한 권리, 의무에 관계되는 법률관계를 규율하는 것이라고 볼 수 없다면 확인소송의 대상이 될 수 없고 이 같은 판단은 평등권 등의 헌법상 규정에 위배되지 아니한다"(대법원 1983. 10. 11. 83다233. 1995. 3. 24. 94다47193 참조)라고 하였다.

그러나 교회 내부의 사항이라고 하더라도 그 사항에 교회, 직원, 교인 등의 직접적인 법률 또는 권리관계에 영향을 주는 별개의 사항이라면 국가법의 심사가 가능하다. 특히 다른 소송사건의 재판에 있어서 그 유효 무효가 전제가 되는 경우에는 유효여부에 관하여 국가법의 심사가 불가피하게 된다. 예를 들면 그 교회의 담임목사가 소송상 대표로서 자격이 없다는 다툼의 경우, 그 자격유무를 판단하지 않으면 안 되는 경우에는 그 목사에 대한 권징재판의 유·무효를 판단하지 않을 수 없다는 것이다. 또한 교회의 권징재판이 명백하고도 중대한 하자가 있는 경우, 즉 교단헌법이 정한 적법한 재판기관에서 내려진 것이 아닌 경우에는 그 권징재판은 무효이므로 이런 경우에는 국가법에서 판단하게 된다.(대법원 1984.7.24 83카2065)

그리고 아무리 교회 내 문제라고 하더라도 재산관계의 문제는 실정법에서 말하는 권리·의무의 문제가 되기 때문에 사법권의 심사대상이 되는 것이다. 그리고 분쟁 과정에서 형사상의 문제가 있을 경우에는 당연히 국가의 형벌권이 미치게 된다. 예를 들면 교회 분쟁 과정에서 정당한 예배를 방해할 경우 그것이 신앙의 문제이기는 하나 형법상 예배방해죄, 설교방해죄(형법 제158조)에 해당하기 때문에 처벌이 가능하며, 예배를 방해하려는 자에 대하여 교회 당회에서 퇴거를 요구하였음에도 이에 응하지 않을 경우 퇴거불응죄가 성립되는 것이다.

3) 교회재판의 효력 범위

교회재판은 교단의 교리를 보호하고 종교단체 및 신앙상의 질서를 유지하며, 교회의 정결과 덕을 세우기 위해 소속교인으로서 잘못이 있는 사람에게 종교적인 방법으로 징계하는 것이다.

이는 종교단체 내부의 규제이므로 그 효력도 그 교단에 속한 교회나 교인에 대해서만 유효하다. 따라서 타 교단 목사나 교인에 대해서는 교회재판의 효력이 미치지 않는다.

이에 대한 판례는 "교회의 권징재판은 사법심사의 대상 밖에 있고 그 효력과 집행은 교회 내부의 자율에 맡겨지는 것이나, 이는 어디까지나 그 교회에 소속된 목사나 교인에 대한 관계에서 그러한 것이고 그 소속을 달리하는 목사나 교인에 대하여서까지 그 효력이 미친다고는 할 수 없다"(대법원 1985. 9. 10. 84다카1262) 라고 하였다.

이 같은 교회재판의 효력은 그 재판이 교단헌법에 의한 적법한 교회재판기관에서 한 것이 아니든지 소집절차 등에 중대한 하자가 있는 등 특별한 사정이 없는 한 계속 유효하다. 참고로 이에 대한 판례는 "권징재판은 종교단체 내부에서의 규제에 지나지 아니하고 그것이 교직자나 교인 개인의 특정한 권리의무에 관한 법률관계를 규율하는 것이 아니므로 권징재판 그 자체는 소위 법률상의 쟁송의 대상이 될 수 없으며, 이는 그 종교단체 대표자의 지위에 관하여 소송상 그 대표권을 부인하면서 그 전제로 권징재판이 무효를 다투고 있는 경우에 있어서도 그 권징재판이 교회헌법이 정한 적법한 재판기관에서 내려진 것이 아니라는 등 특별한 사정이 없는 한 교회헌법 규정에 따라 다툴 수 없는 이른바 '확정된 권징재판'을 무효라고 단정할 수 없다"(대법원 1984. 7. 24. 83다카2065)고 하였다.

그리고 "권징재판으로 말미암은 목사, 장로의 자격에 관한 시비는 직접적으로 법원의 심판의 대상이 된다고 할 수 없고(대법원 1981. 9. 22 81다276. 1995. 3. 24. 94다47193 참조), 다만 그 효력의 유무와 관련하여 구체적인 권리 또는 법률관계를 둘러싼 분쟁이 존재하고 또한 그 청구의 당부를 판단하기에 앞서 그 징계의 당부를 판단할 필요가 있는 경우에는 그 판단의 내용이 종교 교리의 해석에 미치지 아니하는 한 법원으로서는 위 징계의 당부를 판단하여야 한다(대법원 2005. 6. 24. 2005.다10388 참조)" (대법원 2007. 6. 29. 2007마224)라고 하였다.

제 6 장

교회와 관련된 구체적 사례

1. 종교의 자유와 관련된 문제

1) 국방의무의 거부

종교의 교리를 내세워 법률이 정한 병역의무를 거부하는 것은 '종교의 자유'에서 보장하는 기본권의 범주를 벗어나는 일이다. 따라서 이러한 병역의무의 거부는 실정법에 따라 처벌될 수밖에 없다. 이에 대한 대법원 판례는 "종교의 교리를 내세워 법률이 규정한 병역의무를 거부하는 것은 헌법에서 보장한 종교와 양심의 자유에 속하는 것이 아니다"(대법원 1985. 7. 23. 85도1094)라고 하였다.

병역의무 및 군복무의 거부는 주로 '여호와의 증인' 신도들이 군복무 자체를 '비인도적 전쟁행위'로 간주하는 교리에 따라 행해진다. 군복무소집을 회피한 여호와의 증인 신도에 대하여 법원이 병역법위반으로 징역 6월을 선고하자 피고인은 이 판결이 헌법상의 양심의 자유에 위배된다고 대법원에 상고하였다. 이에 대한 대법원 판례는 "그리스도인의 소위 양심상의 결정으로 군복무를 거부하는 것은 헌법에서 보장한 양심의 자유에 속하지 아니한다." (대법원 69. 7. 22. 69도934)라고 하였다.

병역의무나 군복무를 거부하는 것은 물론, 일단 군부대에 입대한 신도가 집총훈련을 거부하는 것도 현행법상 허용되지 않는다. 이에 대한 대법원 판례는 "모든 국민이 종교의 자유를 가진다고 하여서 병역의 의무를 거부할 수 있는 것은 아니므로 군에 입대한 피고인이 '제7일 안식일 예수재림교'를 신봉한다고 하여 소속 중대장의 집총훈련을 받으라는 정당한 명령을 거부할 수는 없다."(대법원판결 1965. 12. 21. 65도894)라고 하였다.

또한 "종교의 교리를 내세워 법률이 규정한 병역의 의무를 거부하는 것과 같은 이른바 '양심상의 결정'은 헌법에서 보장한 종교와 양심의 자유에 속하는 것이 아니라 ○○○상관으로부터 집총을 하고 군사교육을 받으라는 명령을 수회 받고도 그때마다 이를 거부한 경우에는 그 명령 횟수만큼의 항명죄가 즉시 성립하는 것이지, 집총거부의 의사가 단일하고 계속된 것이며 피해법익이 동일하다고 하여 수회의 명령거부행위에 대하여 하나의 항명죄만 성립한다고 할 수는 없다"(대법원 1992. 9. 14. 92도1534)라고 하였다.

국방의무의 의미와 현역군인을 전투경찰로 전환하는 것에 대하여, 대간첩작전의 수행을 임무로 하는 전투경찰순경을 현역병으로 입영하여 복무 중인 군인에서 전임시켜 충원할 수 있도록 한 것은 그 자체로서 청구인의 행복추구권 및 양심의 자유를 침해한 것으로 볼 수 없다(헌법재판소 1995. 12. 28. 91헌마80 참조)고 하였다.

그리고 소집으로 입영한 예비역에게 군형법을 적용하는 문제에 대하여, 예비역이 병역법에 의하여 병력동원훈련 등을 위하여 소집을 받는 것은 헌법과 법률에 따른 국방의 의무를 이행하는 것이고, 그 동안 군형법의 적용을 받는 것 또한 국방의 의무를 이행하는 중에 범한 군사상의 범죄에 대하여 형벌이라는 제재를 받는 것이므로, 어느 것이나 헌법 제39조 1항에 규정된 국방의 의무를 이행하느라 입는 불이익이라고 할 수 있을지언정, 병역의무의 이행으로 불이익한 처우를 받는 것이라고 할 수 없다(헌법재판소 1999. 2. 25. 97헌바3)라고 하였다.

양심의 자유의 한계에 관하여는 "양심의 자유가 보장된다는 것은, 곧 개인이 양심상의 이유로 법질서에 대한 복종을 거부할 수 있는 권리를 부여받는다는 것을 의미하지는 않는다"(대법원 2004. 7.15. 2004도2965)라고 하였다.

양심적 병역거부자에게 병역의무 면제나 대체복무의 기회를 부여하지 아니한 채 병역법 제88조 제1항 위반죄로 처벌하는 것이 '시민적 및 정치적 권리에 관한 규제규약'에 반하는지 여부에 대하여 "시민적 및 정치적 권리에 관한 국제규약(International Covenat on Civil and Political Rights)으로부터 양심적 병역거부권이 당연히 도출되는 것은 아니지만, 위 규약 제18조 제1항에는 종교나 신념에 기한 결정을 외부로 표현하고 실현할 수 있는 자유도 함께 포함되어 있음이 문맥상 명백하다. 한편, 자신이 믿는 종교적 교리에 좇아 형성된 인격적 정체성을 지키기 위한 양심의 명령에 따라 현역병 입영을 거부하는 것은 적어도 소극적 부작위에 의한 양심의 표면행위에는 해당하고, 따라서 현역입영 통지서를 받고 정당한 사유 없역입웹영하지 아니하는 행위를 처벌하고 있을 뿐, 양심에 반한다는 이유로 입영을 거부하는 자에 대하여 병역의무를 면제하거나 혹은 순수한 민간 성격의 복무로 병역의무의 이행에 갈음할 수 있도록 하는 어떠한 예외조항도 두고 있지 아니한 병역법 제88조 제1항 제1호는 위 규약 제 18조 제3항에서 말하는 양심표명의 자유에 심에 제한 법률에 해당한다. 그러나 대체 복무제도를 두지 아니한 것 그 자체를 규약 위반으로 평가할 수는 없고, 대체 복무제도의 도입여부 등에 관하여는 가입국의 입법자에게 광범위한 재량권이 부여되어야 하는바, 현재로서는 대체복무제를 도입하기는 어렵다고 본 입법자의 판단이 현저히 불합리하다거나 명백히 잘못되었다고 볼 수 없다. 또한, 양심적 병역거부자에게 병역의무 면제나 대체복무의 기회를 부여하지 아니한 채 병역법 제88조 제1항 위반죄로 처벌한다 하여 규약에 반한다고 해석되지는 아니한다"(대법원 2007. 12. 27 2007노 2254)라고 하였다.

2) 국기에 대한 경례의 거부

○○고등학교는 국무총리의 '국기에 대한 경례 통첩'에 따라 학생들에게 국기에 대해 거수경례를 하게 하였으나 위 학교 학생인 ○○○은 종교의 교리를 이유로 국기에 대한 경례를 '우상숭배'의 일종으로 생각하여 이를 거부하였다. 이에 학교 측에서는 수차례 가정방문과 다른 교회 목사의 설교 등을 통해 "○○○의 행동이 잘못되었으니 국기에 대해 경례하라"는 취지로 설득하였으나 ○○

○이 계속 이를 거부하자 제적처분 하였다. 그러자 ○○○은 학교측의 제적처분이 헌법상의 '종교의 자유'를 침해하였을 뿐 아니라 재량권을 넘은 위법한 처분이라고 주장하며 법원에 제적처분 취소 청구 소송을 제기했다.

이에 대해, 대법원은 "학생들은 그 학교의 학칙을 준수하고 교내질서를 유지할 의무가 있으므로 그 종교의 자유 역시 그들이 재학하는 학교의 학칙과 교내질서를 해치지 아니하는 범위 내에서 보장된다. 따라서 국기에 대한 경례를 종교상의 우상숭배라 하여 거부한 학칙위반 학생의 제적처분은 정당하다"(대법원 1976. 4. 27. 75누249)면서 위 청구를 기각하였다.

3) 질서유지, 공공복리를 위한 제한

헌법 제37조 제1항은 "국민의 자유와 권리는 헌법에 열거되지 아니한 이유로 경시되지 아니한다" 제2항에 "국민의 모든 자유와 권리는 국가안전보장·질서유지 또는 공공복리를 위하여 필요한 경우에 한하여 법률로써 제한할 수 있으며, 제한하는 경우에도 자유와 권리의 본질적인 내용을 침해할 수 없다"라고 하였다.

그러므로 종교의 자유가 보장되어 있다 하더라도 그것이 정신적, 내적 영역을 벗어나 집회, 결사(結社) 등에 이른 때에는 외부사회에 영향을 미치는 대외적인 문제가 되므로 그것이 국가안전보장, 질서유지 또는 공공복리를 위태롭게 하는 것이라면 이를 제한할 수 있다.

대법원 판례도 국가안전보장을 위태롭게 하는 '종교집회'는 '종교의 자유'의 범주를 넘은 것이므로 정당화될 수 없다고 판시하였다.

대법원 판례는 다음과 같다.

"종교, 양심, 학문, 예술의 자유 등 인간의 정신생활에 관한 기본권이라도 그것이 정신적, 내적 영역을 떠나 외부적으로 나타나는 종교, 학문 혹은 예술적 집회, 결사 등에 이른 때에는 이미 인간의 내적, 정신적 문제가 아니라 대외적인 것이므로 그것이 국가의 안전과 공공질서를 위태롭게 하는 것이라면 정당화될 수 없다."(대법원 1982. 7. 13. 82도1219)

"종교의 자유는 인간의 정신세계에 기초를 둔 것으로서 인간의 내적 자유인 신앙의 자유를 의미하는 한도 내에서는 밖으로 표현되지 아니한 양심의 자유에 있어서와 같이 제한할 수 없는 것이지만 그것이 종교적 행위로 표출되는 경우에 있어서는 대외적 행위의 자유이기 때문에 질서유지를 위하여 당연히 제한을 받아야 하며 공공복리를 위하여서는 법률로써 이를 제한할 수 있다"(대법원 1997. 6. 27. 97도508)

4) 종교시설에 대한 규제

건축법은 공동주택 내에 교회를 비롯한 종교시설을 설치할 수 없고 공동주택의 복리시설 등으로부터 교회로의 용도변경도 허용되지 않는다고 규정하고 있다. 그러나 이러한 규제는 '복리시설'이 아닌 '근린생활시설'(음식점, 다과점, 의원, 학원 등)로부터 교회당으로 용도변경은 가능하다고 위 규제가 교회에 대하여만 가해지는 특수한 규제는 아니라는 점에 비추어 헌법에 보장된 '종교의 자유' 조항에 위배되는 위헌조항이라고 할 수 없다는 판례가 있다.

대법원 판례는 다음과 같다. "건축법시행령부표 제4항, 공동주택관리령 제6조 및 별표 2, 주택건설기준에 관한 규칙 제4조 제1

항에 의하여 종교시설은 공동주택에의 설치가 제한되며 또 공동주택의 복리시설로부터의 용도변경이 제한되고 있음이 명백하지만 그와 같은 제한은 종교시설에 한정되지 아니하고 건축법 제48조, 제5조 같은 법 시행령 제99조의 규정에 당국의 허가를 받아 공동주택에 설치된 근린생활시설 등을 종교시설로 용도 변경할 수 있음에 비추어 위와 같은 제약이 불합리한 차별 또는 제한이라고 보여지지 아니하므로 위 각 규정이 헌법 제11조 제1항의 평등권 조항, 제20조 제1항의 종교의 자유 조항에 위배된 위헌조항이라고 할 수 없다."(대법원 1991. 4. 23. 91도77)

5) 학교에 대한 교육법의 규제

교단 소속의 학교나 학원 등은 교육법상 규정의 규제를 받아야 한다는 판례도 있다.

"종교의 자유에는 종교를 위한 선전 포교의 자유가 포함되며 정교분리 원칙상 국·공립학교에서의 특정종교를 위한 종교교육은 금지되나 사립학교에서의 종교교육 및 종교지도자 육성은 선교의 자유의 일환으로서 보장되는 것이다"(대법원 1989. 9. 26. 87도519) 그러나 "종교교육 및 종교지도자의 양성은 헌법 제20조에 규정된 종교의 자유의 한 내용으로서 보장되지만, 그것이 학교라는 교육기관의 형태를 취할 때에는 헌법 제31조 제1항, 제6항의 규정 및 이에 기한 교육법상의 각 규정들에 의한 규제를 받게 된다"(대법원 1992. 12. 22. 92도1742)

이에 관한 헌법재판소의 결정은 다음과 같다.

"종교의 자유에는 특정 종교단체가 그 종교의 지도자와 교리자를 자체적으로 교육시킬 수 있는 종교교육의 자유가 포함된다고 볼 것이다"(헌법재판소 2000. 3. 30. 99헌바14) 그리고 "국민의 교육을 받을 권리를 적극적으로 보호하고, 능력에 따라 균등한 교육기회를 제공하고, 지속성과 안전을 확보하고, 수업료 등에 있어서 적정한 교육운영을 유지하게 하기 위하여, 종교교육이 학교나 학원형태로 시행될 때 필요한 시설기준과 교육과정 등에 대한 최소한의 기준을 국가가 마련하여 학교설립인가 등을 받게 하는 것은 헌법 제31조 6항의 입법자의 입법재량의 범위 안에 포함된다고 할 것이다. 따라서 종교교육이라 하더라도 그것이 학교나 학원이라는 교육기관의 형태를 취할 경우에는 교육법이나 학원법상의 규정에 의한 규제를 받게 된다고 보아야 할 것이고, 종교교육이라고 해서 예외가 될 수 없다 할 것이다"(헌법재판소 2000. 3. 30. 99헌바14)

6) 주일시험 실시문제

각종 국가고시의 주일 시행에 대하여 이 같은 행위가 종교의 자유를 침해 내지는 제한하는 것이 아니냐는데 대하여 헌법재판소는 종교의 자유를 침해하는 것이 아니라는 결정을 했는데 그 내용은 다음과 같다.

(1) 사법시험 제1차시험 시행일을 일요일로 정한 경우

사법시험 제1차 시험의 시행을 일요일에 한 것은 종교의 자유의 본질적 내용을 침해한 것이 아니라는 것이다.

"사법시험 제1차시험 시행일을 일요일로 정하여 공고한 것은 국가공무원법 제35조에 의하여 다수 국민의 편의를 위한 것이므로 이로 인하여 청구인의 종교의 자유가 어느 정도 제한된다 하더라도 이는 공공복리를 위한 부득이한 제한으로 보아야 할 것이고 청구인의 종교의 자유의 본질적 내용을 침해한 것으로 볼 수 없다" (헌법재판소 2001. 9. 27. 2000헌마159)

(2) 사법시험 시행일을 토요일로 정한 경우

"법무부장관이 다수의 사법시험 응시생들의 응시상 편의를 도모하고, 시험장소의 확보, 시험관리 등을 용이하게 하기 위하여 토요일을 사법시험 일자로 지정한 것은 과잉금지원칙을 위반하여 청구인들의 종교의 자유를 침해한 것이 아니다."(헌법재판소 2010.6.24. 2010헌마41)

(3) 법학적성시험을 일요일에 실시한 경우

법학적성시험을 일요일에 실시하는 것은 종교의 자유와 평등권을 침해하지 않는다는 것이다.

'시험일을 일요일로 할 것인가 평일로 할 것인가를 결정함에 있어 특정 요일을 시험일로 지정하는 것이 일정 국민의 기본권을 제한하게 된다면 이를 고려하여 결정하여야 하고, 현재 주5일 수업과 주5일 근무제가 시행되고 있음을 고려할 때 일요일이 아닌 토요일에 시험을 실시한다고 하여 특별한 문제가 발생하는 것도 아니다. 그럼에도 각 시험의 시행일을 일요일로 정하는 것은 특정 종교를 믿는 자들의 종교적 행위의 자유를 침해하는 것이다'라는 주장에 대하여

"가. 종교적 자유의 침해 여부

① 적성시험 시행공고는 시험시간을 09:00-16:00로 정하고 있

어 예배행사에 참석하기를 원하는 수험생들은 수험장까지의 이동 시간을 고려하더라도 시험 이외의 시간에 예배에 참석할 수 있을 것으로 보인다. 따라서 적성시험 시행고로로 인하여 예배참석이라는 종교적 행위를 할 수 없다는 청구인의 주장은 받아들이기 어렵다. 다만 적성시험에 응시하기 위해서는 일요일에 예배행사 참여, 기도, 봉사행위 이외의 다른 업무를 금지한 교리를 위반할 수밖에 없다고 할 것이므로 이러한 측면에서 청구인이 ○○의 종교의 자유가 제한된다. 이처럼 일요일에는 일상 업무를 중단한 채 기도, 그리고 자비, 봉사의 실천행위 등 종교의 교리에 따라 생활할 자유는 종교적 행위의 자유에 속하는 영역이라고 할 것인데 이와 같은 종교적 행위의 자유는 절대적 자유가 아니므로, 이에 대한 제한은 그것이 비례의 원칙을 준수하고 있는 한 헌법상 허용된다고 할 것이다(헌법재판소 2001.9.27 2000헌마159, 판례집13-2,353,361 참조)

② 적성시험 시행공고가 시험의 시행일을 일요일로 정하고 있는 것은 법학적성시험을 공휴일에 실시함으로써 가능한 한 다수의 국민이 본인의 학업·생계활동 등 일상생활에 가장 지장 없이 시험에 응시할 수 있도록 하고, 시험장소로 제공된 시설의 부담을 최소화함과 동시에 시험장소의 확보 및 기타 시험 관리를 용이하게 하기 위한 것으로 그 목적에 정당성이 인정되며, 공식적인 휴일인 일요일을 시험일로 지정한 것은 이러한 목적을 달성함에 있어 적절한 수단이라고 할 것이다.···

③ 따라서 적성시험 시행고고는 청구인 이 0 0의 종교의 자유를 침해하지 아니한다.

나. 평등권 침해여부

적성시험 시행공고가 시험의 시행일을 일요일로 정하고 있는 것이 일요일에 예배행사 참석과 기도, 봉사행위 이외의 다른 업무를 하지 않고 이를 거룩하게 보내는 것을 신앙적 의무로 정하고 있는 종교를 믿는 자들의 적성시험의 응시기회 및 0 0 대학원 진학 기회를 다소 제한하는 결과를 가져오기는 하나, 기독교 문화를 사회적 배경으로 하고 있는 구미 제국과는 달리 우리나라에서는 일요일이 특정 종교의 종교의식일이 아니라 일반적 공휴일에 해당한다는 점 및 앞서 살펴본 여러 가지 사정을 고려할 때 일요일에 적성시험을 실시하는 것이 특정 종교를 믿는 자들을 불합리하게 차별하는 것으로 볼 수는 없다.

따라서 적성시험 시행공고는 청구인 이 0 0의 평등권을 침해하지 아니한다".(헌법재판소 2010. 4. 29 2009헌마399 판결[2010학년도 법학적성시험 시행일자 공고 등 위헌확인])라고 하였다.

2. 교회정치 및 교회생활에 관련된 문제

1) 교회의 법적성격에 관한 문제

(1) 교회당의 사용주체는 교회이다.

목사나 부설유치원장은 교회의 기관 또는 피용인에 불과하므로 교회건물의 점유주체는 비법인사단인 교회 자신이다.

이에 관련된 판례는 다음과 같다.

"OO그리스도의 교회는 다수의 교인들에 의하여 조직되고 일정한 종교 활동을 하고 있으며 목사인 피고 OOO을 대표자로 두고 있는 비법인 사단으로서 독자적인 법인격을 가지고 있다 할 것이고, 피고 OOO은 위 교회의 담임목사, 피고 OOO은 교회 부설유치원의 원장으로서 각 위 교회의 기관 또는 피용인의 지위에 있고, 나머지 피고들은 위 교회의 교인에 지나지 않을 뿐이므로, 이 사건 각 부동산을 점유하고 있는 주체는 위 교회라 할 것이고, 따라서 피고들 개인이 이 사건 각 부동산을 점유하고 있다는 원고의 주장은 이유 없다(원고는, 위 교회가 원고와는 아무 관련이 없고, 그리스도의 교회 협의회는 임의 단체로서 개교회의 목사 임면권이 없다는 주장을 계속하고 있으나, 위 교회와 비법인 사단으로서 독자적인 법인격을 가지는 이상 그 주장의 인정여부는 결론에 아무런 영향을 미치지 못하고, 이는 결국 피고 OOO 등의 교회대표자 자격 등을 다투는 취지에 불과하다).

그렇다면 피고들은 개인 자격으로 이 사건 각 부동산을 점유하고 있음을 전제로 하는 원고의 청구는 더 나아가 살펴 볼 필요 없이 모두 이유 없다."(인천지방법원 1998.8.6. 97가합 12774)

(2) 비법인사단의 의미와 당사자 능력

민사소송법 제48조 소정의 비법인사단의 의미와 그 당사자 능력 유무의 판단 기준 시점. 그리고 교회가 민사소송법 제 48조 소정의 비법인사단으로서 당사자능력이 있기 위한 요건

"가. 민사소송법 제48조가 비법인의 당사자능력을 인정하는 것은 법인이 아닌 사단이나 재단이라도 사단 또는 재단으로서의 실체를 갖추고 그 대표자 또는 관리인을 통하여 사회적 활동이나 거래를 하는 경우에는 그로 인하여 발생하는 분쟁은 그 단체의 이름

으로 당사자가 되어 소송을 통하여 해결하게 하고자 함에 있다 할 것이므로 여기서 말하는 사단이라 함은 일정한 목적을 위하여 조직된 다수인의 결합체로서 대외적으로 사단을 대표할 기관에 관한 정함이 있는 단체를 말한다고 할 것이고, 당사자능력이 있는지 여부는 사실심의 변론종결일을 기준으로 하여 판단되어야 할 성질의 것이다.

나. 교회가 다수의 교인들에 의하여 조직되고, 일정한 종교 활동을 하고 있으며 그 대표자가 정하여져 있다면 민사소송법 제48조 소정의 비법인 사단으로서 당사자능력이 있다고 보아야 할 것이고, 그 교회가 종전에 있던 같은 명칭의 교회와 같은 단체인 것인지, 종전에 있던 같은 명칭의 교회가 합병으로 소멸된 것인지, 그 교회의 구성원이 다른 교회에서 이탈한 것인지 여부나 그 동기는 그 당사자능력을 좌우할 사유가 된다고 할 수는 없다."(대법원 1991,11.26 91다30675)

(3) 교회는 비법인사단

교회는 비법인사단이라는 사례와 교회가 서로 예배를 달리 보는 2집단으로 나뉘어 있지만 교회분열의 인정기준에 비추어볼 때, 두개의 교회로 분열되었다고까지 볼 수 없다고 한 사례 그리고 교회의 권징재판으로 말미암은 목사, 장로의 자격에 관한 시비가 사법심사의 대상이 되는지 여부

가. 기독교의 개교회는 대표기관과 구성원의 공동의사결정기구를 갖추고 재산을 관리하는 등 교회의 일상업무를 처리하는 측면

에서 보면 법인 아닌 사단의 형태를 갖추고 있지만 이는 본질적으로 같은 신앙을 기초로 한 교인들의 모임인 신앙공동체이므로 한 교회가 2개의 교회로 분열되었다고 하려면 한 교회에 속한 교인들이 교리와 예배형식 등 신앙노선을 달리하는 2개의 집단으로 나뉘어 그 신앙공동체로서의 기초가 상실되는 정도에 이르렀거나 다른 사유에 기한 분쟁이라 하더라도 최소한 일부 교인들이 집단을 이루어 소속교단을 변경하기로 하는 결의를 하고 다른 교단에 가입한 데 반하여 다른 교인들은 종전 교단에 그대로 남아있기로 하는 정도에 이른 경우라야 한다.

나. 교회가 서로 예배를 달리 보는 2집단으로 나뉘어 있지만 의연 한 교단에 속해 있으면서 신앙노선이 아닌 교회의 재산관리 상회인 노회의 행정에 관한 승복여부에 관한 다툼을 계속하여 온 정도에 불과한 경우, 두 개의 교회로 분열되었다고까지 볼 수 없다는 원심판단을 정당하다고 한 사례.

다. 교회의 권징재판은 종교단체가 교리를 확립하고 단체 및 신앙상의 질서를 유지하기 위하여 목사 등 교역자나 교인에게 종교상의 방법에 따라 징계 제재하는 종교단체의 내부적인 제재에 지나지 아니하므로 원칙적으로 사법심사의 대상이 되지 아니하고 그 효력과 집행은 교회 내부의 자율에 맡겨져 있는 것이므로 그 권징재판으로 말미암은 목사, 장로의 자격에 관한 시비는 직접적으로 법원의 심판의 대상이 된다고 할 수 없다."(대법원 1995.3.24 94다47193)

2) 교회생활과 관련된 문제

(1) 형법의 규정

형법은 제12장에서 '신앙에 관한 죄'에 대해 규정하고 있으며, 그 안의 제158조에서부터 제163조까지 모두 6개 조항이 신앙에 관한 범죄조항이다.

제158조의 장례식, 제사, 예배, 설교방해죄, 제159조의 사체오욕죄(死體汚辱罪), 제160조의 분묘발굴죄, 제161조의 사체영득죄(死體領得罪), 제162조(제160조 · 제161조의) 미수, 제163조의 변사체검시방해죄 등이다.

위와 같은 죄로 처벌하는 이유는 헌법 제20조에서 보장된 종교의 자유를 보호하기 위해서이다. 그러나 이러한 규정은 특정한 종교의 활동을 보호하려는 것이 아니고, 국민들의 종교감정 또는 종교적 평온을 보호한다는 의미이다.

(2) 예배 · 설교방해죄

형법의 '신앙에 관한 죄' 중에서 기독교의 신앙생활과 특히 밀접한 관계를 갖는 것은 형법 제158조의 예배방해죄 또는 설교방해죄라고 할 수 있다. 즉, 형법 제158조는 "장식, 제전, 예배 또는 설교를 방해한 자는 3년 이하의 징역 또는 500만원 이하의 벌금에 처한다"라고 규정하고 있다. 이 형법규정의 입법취지는 "예배, 설교 등의 종교적 행사를 방해하는 행위를 처벌하여 평온을 보호하려는 것"이라고 할 수 있다.

여기서 말하는 예배(禮拜)라 함은 법률적으로는 하나님, 신불(神佛) 등에게 종교적 숭경심(崇敬心)을 바치는 것을 말한다. 따라서 기독교의 교회에서 통상적으로 드리는 예배는 예배방해죄의 객체가 되는 '예배'에 해당한다. 예배에는 장소적 제한이 없으므로 산이나 들 등지에서 드리는 야외예배도 이에 포함된다.

설교(說教)라 함은 교의(教義), 종지(宗旨)를 다중 앞에서 해설하는 것을 말한다. 다만 종교행정 또는 종교정치에 관한 연설이나 종교에 관한 학술강연 등은 설교라고 할 수 없다.

예배나 설교를 '방해'한다고 하는 것은 예배나 설교의 평온한 수행에 지장을 주는 일체의 행위를 말한다. 시끄러운 고함 등 언어에 의하든, 주변에서 심하게 오락가락하며 부산한 움직임으로 예배나 설교를 계속할 수 없게 하는 거동에 의하든, 수단과 방법을 불문하고 예배, 설교의 평온을 저해하면 '방해'에 해당한다. 반드시 폭행, 협박이 있어야만 죄가 성립되는 것이 아니다. 또한 계속적이어야만 하는 것도 아니고 일시적인 행위나 언사에 의해서도 예배 · 설교방해죄에 해당한다.

또한 예배, 설교를 집전하는 목사라면 누구나 방해의 대상이 될 수 있는 것이므로, 일단 목사로 안수받은 자라면 정식목사가 아닌 임시목사, 부목사라고 하더라도 그들의 예배, 설교를 방해하는 것은 범죄가 된다(대법원 1971. 9. 28, 71도1465 참조).

자격을 갖춘 강도사, 전도사라면 비록 목사안수를 받지 않았다고 하더라도 역시 설교, 예배 방해의 대상이 된다고 보아야 한다. 그러나 이 '방해'는 구체적인 설교 등을 대상으로 하는 것이어야 성립되는 것이고, 추상적, 포괄적인 설교 등에 대해서는 죄가 성립되지 않는다. 따라서 문서를 작성, 배포하여 특정종교를 공격함으로써 사실상 그 종교의 설교를 곤란하게 하고 예배자를 감소케 하는 행위를 하였다고 하더라도 이는 구체적 설교에 대한 방해가 아니기 때문에 설교방해죄로 처벌되지 않는다.

이 '방해'는 꼭 예배 또는 설교 도중에 행하여지는 경우에 한정되지 않고, 그 직전에 예배 및 설교의 집행과 불가분한 단계에서 행해진 것이라도 예배·설교방해죄에 해당한다.

구체적 사례를 보면, 일부 장로들이 담임목사의 목회방향에 불만을 갖고 당회를 열어 예배인도금지를 결의하자 사표를 제출한 상태에서 담임목사는 다른 교인들과 함께 지하예배실에서 예배 중 장로들이 마이크를 빼앗고 목사를 몰아낸 경우, 담임목사가 비록 교회의 당회에서 예배인도금지결의를 받았고 사표까지 제출했다고 하더라도 교단 목사의 신분을 갖고 있는 한 목사가 예배를 인도하고 있는데 이에 대해 함부로 폭언, 폭행을 행사하거나 소란을 피우고 그를 교회당 밖으로 축출하는 행위는 목사가 행하는 예배나 설교의 평온한 수행에 지장을 주는 행위이므로 예배·설교방해죄에 해당된다(대법원 1971. 9. 28. 71도1465 참조).

그러나 교인이었던 사람이 출석하던 교회를 떠난 후 타인이 예배당 건물을 점유·관리하고 있음에도 ○○교회 교인들의 총유인 ○○교회 현판, 나무십자가 등을 떼어 내고 위 예배당 건물에 들어가서 예배의자를 밀쳐 내고 장롱을 들여 놓은 후 7개월 이상 교인들의 출입을 막은 사실에 대하여 형법 제158조의 예배방해죄는 공중의 종교생활의 평온과 종교 감정을 그 보호법익으로 하는 것이므로, 예배 중이거나 예배와 시간적으로 밀접불가분의 관계에 있는 준비단계에서 이를 방해하는 경우에만 성립한다고 할 것이다(대법원 1982. 2. 23. 81도2691. 2004. 5. 14. 2003도5798 참조)라고 하였다. 그러므로 예배당 건물에 침입하여 출입문 자물쇠를 교체하여 교인들의 출입을 막음으로써 그때부터 무려 7개월 이상 교인들의 출입을 방해한 것에 대하여 예배당건물의 출입을 통제한 사실만으로 예배방해죄가 성립하지 않는다(대법원 2008. 2. 1. 2007도5296)고 하였다.

(3) 교회로부터의 퇴거불응죄

형법 제319조 제1항은 "사람의 주거, 관리하는 건조물, 선박이나 항공기 또는 점유하는 방실에 침입한 자는 3년 이하의 징역 또는 500만원 이하의 벌금에 처한다"고 규정하고 있고, 동법 제2항은 "전항의 장소에서 퇴거요구를 받고 응하지 아니한 자도 전항의 형과 같다"고 규정하고 있다.

교회당도 여기에서 말하는 '사람의 간수하는 건조물'에 해당하기 때문에 교회당에 함부로 들어온 사람이 교회를 관리하는 사람으로부터 퇴거요구를 받고도 퇴거하지 않으면 퇴거불응죄에 해당한다. 물론 교회당은 일반에게 개방되어 있는 장소라고 할 수 있으나, 필요에 따라서는 교회당의 관리자가 교회당의 출입을 금지 또는 제한할 수 있다. 그런데 어떤 사람이 교회당에 본래의 목적이 아닌 예배의 방해를 목적으로 들어왔다면 그에게 교회당관리자가 퇴거를 요구할 수 있을 것이고, 그가 이에 응하지 않았다면 이는 퇴거불응죄가 되는 것이다(대법원 1992. 4. 28. 91도2309 참조).

(4) 교회에서의 명예훼손죄

교회에서 발생할 수 있는 명예훼손 사건의 유형을 보면, 먼저 명예훼손죄가 성립하려면 '공연성(公然性)'이 있어야 한다. 공연성이라고 함은 한정되지 않은 범위(법률적으로는 不特定이라고 표현한다)의 사람이나 다수의 사람이 듣거나 볼 수 있는 상황을 말한다.

둘째로는 '사실의 적시'가 있어야 한다. 여기서 말하는 '사실'은 '사람의 사회적 평가를 떨어뜨릴 만한 것'이면 족하다. 과거의 사실이든 현재의 사실이든 관계없다. 그러나 행위자에 의해서 적시되는 것은 '사실'이어야 하므로 단순히 자신의 '가치판단' 또는 '의견'을 표시하는 것이나 추상적 욕설에 불과한 것은 명예훼손죄가 되지 않고 단순히 '모욕죄'가 될 뿐이다.

셋째로 '명예'라 함은 '사람의 인격적 가치에 대한 사회적 평가'를 말한다. 사회적 평가의 소재가 되는 것은 성격, 용모, 학력이나 지식, 건강, 능력, 직업, 신분, 행동 등 여러 가지가 있다. 이 명예가 실제로 침해되어야 죄가 성립되는 것은 아니고, 단지 사람의 명예를 해할 우려가 있는 행위를 함으로도 충분하다.

그러므로 예를 들어, 자기와 반대편에 있는 사람을 모함하기 위하여 다수의 교인들이 모인 자리에서 "○○○집사는 전에 다니던 교회에서 1,000만원을 사기치고 도망 온 사실이 있다고 하더라"라고 말한다면, 이는 '공연성'과 '사실의 적시'와 '명예의 손상'이 있었으므로 '명예훼손죄'가 될 수 있을 것이다. 단순히 "○○○집사는 사기꾼이야"라고만 말했다면 구체적 사실의 적시가 있다고 보기 어려우므로 '모욕죄'가 될 뿐이다.

명예훼손죄가 된다고 하여 유죄로 인정한 판례로서는 '목사가 다수교인이 모인 예배시간에 특정교인을 지목하여 "교회가 교회소유의 대지를 처분한 일이 없는데도 제3자 앞으로 등기된 것은 어떤 교인이 사리(私利)를 좇아 증여한 것처럼 날조한 사기행각에 의한 것"이라는 내용의 유인물을 낭독하고 그 특정교인을 단상으로 불러 경위를 해명하도록 요구한 것은 명예훼손죄가 된다'(대법원 1984. 7. 10. 84도1197 참조).고 하였다.

그 중, 특히 '출판물'에 의해 다른 사람의 명예를 훼손하면 더욱 중하게 처벌되는데 이것을 '출판물에 의한 명예훼손죄'라고 하며, 이를 인정한 판례로써는 특정인을 비방하는 유인물을 작성, 교인 15인에게 배포한 것을 유죄로 인정한 사례가 있다(대법원 1984. 2. 28. 83도3124 참조).

이에 반하여 명예훼손죄가 성립되지 않는다고 판단한 사례도 있다.

신학대학교의 교수가 출판물 등을 통하여 종교단체인 구원파를 이단으로 비판하는 과정에서 특정인을 그 실질적 지도자로 지목하여 명예를 훼손하는 사실을 적시하였으나 이는 비방의 목적에서라기보다는 공공의 이익을 위하여 한 행위라고 하였다(대법원 1996. 4. 12. 94도3309 참조).

○○대학교 신학대학원 100주년 기념관 채플실에서 1,200여명의 학생들이 모인 가운데 이대학 교수이자 목사로서 예배를 인도하면서 대한예수교장로회 ○○교회 목사인 ○○○에 대해 "○○교회 ○○○는 이단 중의 이단이다, 그는 피가름을 실천에 옮겨야 된다고 가르치는 사람, 그것도 비밀리에 가르치고 있다"라고 공연히 허위의 사실을 적시하여 그의 명예를 훼손하였다는 데 대하여 위 적시한 사실이 허위라는 점에 대해 합리적인 의심의 여지가 없을 정도로 입증이 되었다고 볼 수 없다며 무죄를 선고하였다.

계속하여 "○○○는 이단 중의 이단이다"라고 설교한 부분에 대해, 어느 교리가 정통교리이고 어느 교리가 여기에 배치되는 교리인지 여부는 교단을 구성하는 대다수의 목회자나 신도들이 평가하는 관념에 따라 달라지는 것이라며, 사실을 적시한 것으로 보기 어렵다고 한 판단은 법리에 부합하여 정당하다고 하였다(대법원 2008. 10. 9. 2007도1220 참조).

새로 부임한 목사가 전임목사에 대한 불미스러운 소문의 진위를 확인하기 위하여 이를 교회 집사들에게 물어보았다면 특별한 사정이 없는 한 고의성을 인정하기 곤란할 것이라면서 무죄를 선고하였다(대법원 1985. 5. 28. 85도588 참조). 다른 사람의 명예를 훼손할 수 있는 내용의 교단재판위원회의 판결문을 배포한 행위에 대해 법원은 명예훼손죄가 되지 않는다고 판단하였다(대법원 1989. 2. 14. 88도899 참조).

또한 교단과 배치되는 교리와 주장에 대해 교단 사이비이단문제상담소에서 발간하는 책자에 게재하여 이를 주로 교단산하 지교회에 배포한 것에 대하여 "비록 그 공표 내용 중에 교리와 주장을 비판하고 그 명예를 침해하는 내용이 포함되어 있다고 하더라도 이는 신앙의 본질적 내용으로서 최대한 보장받아야 할 종교적 비판의 표현행위로서 그 안에 다소 과장되거나 부적절한 표현이 있다 하더라도 중요한 부분에 있어서 진실에 합치할 뿐만 아니라 교단의 교리보호와 그 산하지도자들 및 신자들의 신앙보호를 위하여 주로 그들을 상대로 주의를 촉구하는 취지에서 공표한 것이므로 위법성이 없다"(대법원 1997. 8. 29. 97다19755)고 하였다.

종교적 비판은 최대한 보장되어야 한다는 견지에서 교단의 노회간부 등이 다른 종교를 비판한 것을 위법성이 없다고 판단하였다(대법원 1996. 9. 6. 96다19246,19253 참조).

명예훼손죄에 있어서 위법성이 조각(違法性阻却)되려면 두 가지 요건을 갖추어야 한다. 먼저 적시(摘示)된 사실이 진실한 사실이어야 한다.(진실성) 진실한 사실이란 적시된 사실의 중요부분이 진실과 합치되는 사실을 말한다. 또한 사실의 적시가 오로지 공공의 이익에 관한 것이어야 한다.(공익성) 공공의 이익이란 국가·사회 또는 다수인 일반의 이익을 말한다. 공공의 이익에 관한 것이라고 하기 위해서는 객관적으로 적시된 사실이 공공의 이익에 관한 것임을 요(要)하고, 주관적으로는 진실한 사실을 공익을 위하여 적시한다는 동기·목적이 있어야 한다.

명예훼손죄는 반의사불벌죄(反意思不罰罪)이다. 이는 피해자의 명시한 의사에 반하여 공소를 제기 할 수 없는 죄를 말한다.

참고자료 1. 명예훼손죄와 종교적 비판의 자유

〈명예훼손죄와 종교적 비판의 자유〉

참고 자료로 사용하기 하기 위하여 판결문전문을 수록한다.

대법원 2007.10.26. 선고 2006도5924판결

〈판시사항〉

[1] 명예훼손죄의 성립요건인 '사실의 적시' 의 의미와 판단 기준 및 종교적 비판의 자유

[2] 특정 종교집단의 목사에 대한 비판이 의견표명일 뿐 사실의 적시로 보기 어렵고 사회적 가치 내지 평가를 침해할 수 있는 명예훼손적 표현에 해당하지 않는다고 보아 명예훼손죄의 성립을 부정한 사례

〈참조조문〉

[1]형법 제307조, 헌법 제20조 / [2]형법 제307조, 헌법 제20조

〈참조판례〉

[1] 대법원 1996. 9. 6. 선고 96다19246, 19253 판결(공1996하, 2983), 대법원 1997. 4. 25. 선고 96도2910 판결(공1997상, 1689), 대법원 2000. 2. 25. 선고 98도2188 판결(공2000상, 855), 대법원 2003. 6.24. 선고 2003도1868 판결(공2003하, 1655), 대법원 2007. 6. 15. 선고 2004도4573 판결, 대법원 2007. 9. 21. 선고 2007도2824 판결

〈전 문〉

〈피고인〉 피고1외1인

〈상고인〉 검사

〈변호인〉 법무법인 OOO
〈원심판결〉 대전지법 2006. 8. 10. 선고 2006노621 판결

〈주 문〉
상고를 모두 기각한다.

〈이 유〉
상고이유를 판단한다.

명예훼손죄가 성립하기 위하여는 사실의 적시가 있어야 하는데, '사실의 적시'란 가치판단이나 평가를 내용으로 하는 의견표현에 대치되는 개념으로서 시간과 공간적으로 구체적인 과거 또는 현재의 사실관계에 관한 보고 내지 진술을 의미하는 것이며, 그 표현내용이 증거에 의한 입증이 가능한 것을 말하고, 판단할 진술이 사실인가 또는 의견인가를 구별함에 있어서는, 언어의 통상적 의미와 용법, 입증가능성, 문제된 말이 상용된 문맥, 그 표현이 행하여진 사회적 정황 등 전체적 정황을 고려하여 판단하여야 할 것이고(대법원 1997. 4. 25. 선고 96도2910 판결, 대법원 2000. 2. 25. 선고 98도2188 판결, 대법원 2007. 9. 21. 선고 2007도2824 판결 등 참조), 적시된 사실은 이로써 특정인의 사회적 가치 내지 평가가 침해될 가능성이 있을 정도로 구체성을 띠어야 하는 것이며, 비록 사실을 적시하였더라도 그 사실이 특정인의 사회적 가치 내지 평가를 침해할 수 있는 내용이 아니라면 형법 제307조 소정의 명예훼손죄는 성립하지 않으며(대법원 2003. 6. 24. 선고 2003노1868판결, 대법원 2007. 6. 15. 선고 2004도 4573 판결 등 참조), 헌법상 종교의 자유가 보장되는 점에 비추어 다른 종교 또는 종교집단을 비판할 자유 역시 최대한 보장되어야 한다.(대법원 1996. 9. 6. 선고 96다19246, 19253 판결 등 참조)

위 법리와 기록에 비추어 보면, 이 사건 유인물의 내용 중에서 "공소외인(0000회)는 OOO 계열의 이단이다.", "공소외인은 체계적

으로 신학을 공부한 적이 없다." 라는 기재부분은 그 의견의 기초가 되는 사실을 함께 기술하면서 의견을 표명한 것으로서 피고인들의 주관적인 종교적·교리적 분석에 기초한 순수한 의견 또는 논평에 해당하는 것이고, "공소외인이 기성교회를 공격하고 폄하하며 자기들을 드러내기만을 고집하려고 시도하였다." 또는 "공소외인의 시도를 막아 우리 고장 대전이 이단들이 발호하는 도시라는 불명예를 씻어내고 우리 고장 대전과 우리 가정 및 자녀를 지켜내자."라는 등의 기재부분이나 "성경 위에 활동하는 마귀나 벌레 등을 젓가락으로 집어내는 형상"을 희화한 그림부분 역시 전체적인 맥락에서 피고인들의 의견을 표명하고 있는 것일 뿐 이를 사실의 적시에 해당한다고 보기 어려우며, "OOO는 'OOOOOO'라는 모임을 통하여 대전 시민에게 다가간다."라는 기재부분 등은 공소외인의 사회적 가치 내지 평가를 침해할수 있는 명예훼손적 표현에 해당하지 않으므로, 피고인들이 이 사건 유인물을 배포한 행위를 명예훼손죄로 의율할 수 없다고 할 것인바, 원심이 같은 취지에서 이 사건 공소사실에 대하여 피고인들에게 무죄판결을 선고한 조치는 정당하고, 거기에 상고이유의 주장과 같은 채증법칙 위반, 심리미진, 명예훼손죄에 관한 법리오해 등의 위법이 있다고 할 수 없다.

그러므로 피고인들에 대한 검사의 상고를 모두 기각하기로 하여 관여 법관의 일치된 의견으로 주문과 같이 판결한다.

(5) 안수기도중의 사상사건

안수기도 중 사람이 사망하거나 다치는 경우가 있는데, 이때에는 책임문제가 대두된다. '안수기도'란 환자의 환부나 머리에 손을 얹고 그 환자를 위해 병을 낫게 하여 달라고 하나님께 기도함으로써 병의 치유함을 받으려고 하는 일종의 종교적 행위이다. 그 목적은 기본적으로 신앙의 힘으로 환사의 병을 낫게 하는 데 있다. 따라서 일반적으로 안수기도는 정당한 종교활동으로 인정받고 있다. 그런데 안수기도의 도가 지나쳐서 주먹과 손바닥으로 안수기도를 받는 사람의 얼굴이나 가슴, 배를 세게 치는 등 사람의 신체에 대하여 폭행이 행사된 경우에는 문제가 된다. 즉 '폭행죄'가 되는 것이다.

폭행죄는 반의사불벌죄로써 피해자가 가해자의 처벌을 원치 않으면 사법기관이 임의로는 처벌할 수 없는 범죄이기 때문에, 안수기도를 받은 환자가 문제를 삼지 않는다면 그러한 폭행은 문제가 되지 않는다. 그러나 주먹이나 몽둥이 등을 써서 환자를 때려 고소를 당하게 되는 등 문제가 생기는 경우에는 형사처벌을 받게 될 것이다. 안수기도를 받던 환자가 사망하였다면 '폭행치사', 환자가 다친 경우라면 '폭행치상'죄가 성립되는 것이다.

귀신을 쫒아 달라는 부탁을 받고 안수기도를 승낙 받아 무리하게 쫒다가 사람이 사망한 사건에 대하여, 피해자의 승낙은 사망에 대한 승낙이 아니라 잡귀(귀신)를 쫒기 위하여 자신의 몸을 주물러 달라는 승낙이고, 이는 형법 제 24조의 규정에 의한 위법성이 조각되는 피해자의 승낙은 개인적 법익을 훼손하는 경우에 법률상 이를 처분할 수 있는 사람의 승낙을 말할 뿐만 아니라 그 승낙이 윤리적 도덕적으로 사회상규에 반하는 것이 아니어야 한다고 하였다(대법원 1985. 12. 10. 85도1892 참조).

(6) 종교적 신념에 따른 유기치사

기독교의 유사종교 중에서는 교리 상 다른 사람의 피를 수혈받지 못하도록 금하고 있는 교파가 있다. 이런 경우 종교적 이유로 자기 가족의 수술, 치료를 위한 수혈을 거부함으로써 환자가 사망하게 될 수도 있다.

형법 제275조는 "노유(老幼), 질병 기타 사정으로 인하여 부조(扶助)를 요하는 자를 보호할 법률상 또는 계약상 의무 있는 자가 유기(遺棄)하여 사람을 사상(死傷)에 이르게 한 때에는 처벌한다"고 규정하고 있다.

'수혈을 받아야 할 환자'는 '질병으로 인하여 부조를 요하는 자'에 해당하고, 수혈을 거부한 부모 또는 친족은 '법률상 보호할 의무 있는 자'에 해당한다고 할 것이다. 따라서 부모 또는 가족들이 환자에게 사망의 위험이 예견된다는 의사의 권유에도 불구하고 자신의 종교적 신념을 이유로 수혈과 수술을 거부, 방해함으로써 그 환자가 사망케 되었다면 유기치사죄(遺棄致死罪)에 해당한다.

(7) 교회건축자금과 관련한 사기죄의 성립문제

교회당의 건축을 위해 돈을 빌린 후 빌린 돈을 갚지 못하자 돈을 빌려준 사람이 '사기죄'로 고소한 경우, 사기죄 성립여부가 문제된다. 사기죄라고 하는 것은 하등 변제할 의사나 능력이 없으면서도 변제할 것인 양, 또는 변제할 경제적 능력이 있는 양 피해자를 속여 재물을 교부받거나 경제적 이익을 취득하는 경우에 성립하는 범죄이다.

위의 사례에 있어서는 돈을 빌린 사람이 처음부터 돈을 갚을 의사가 없었다고 보기 어렵고, 교회당건축을 위해 돈을 빌려 실제로 교회건축비 등으로 사용하였다면 처음부터 변제의 의사 또는 변제의 능력이 없었다고 단정하기 어려우므로 사기죄가 성립하기는 어렵다고 보며, "목사가 교회건물 건립을 위하여 돈을 빌리고 그 채무의 원리금을 갚기 위하여 다시 돈을 빌린 경우, 사실상 그 빌린 돈으로 교회건물을 건축하고 채무를 변제한 사실이 있다면 변제할 의사가 없었음이 명백하지 않은 한 원리금변제에 궁색하였다는 사유만으로 위 금원 차용 시 사기의 범의가 있었다고 단정할 수 없다"(대법원 1981.10.13. 81도1366)는 판례도 있다.

(8) 사이비종파에 대한 헌금과 사기죄의 성립문제

사이비종파의 지도자가 스스로 하나님이라고 하면서 재물을 자신에게 맡기라고 하여 헌금을 교부받았다면 사기죄가 성립한다.

사이비종파의 지도자가 신도들을 상대로 하여 자신을 스스로 "하나님", "구세주", "이긴 자", "생미륵불", "정도령", "완성자" 등으로 지칭하면서 자신은 성경의 완성이고 모든 경전의 완성이자 하나님의 완성으로서 자기를 믿으면 모든 병을 고칠 수 있을 뿐만 아니라, 피 속의 마귀를 박멸소탕하여 영원히 죽지 않고 영생할 수 있으며, 자신이 인간들의 길흉화복과 우주의 풍우조화를 좌우하므로 1981년부터 10년 동안 한국 땅에 태풍이나 장마가 오지 못하도록 태풍의 진로를 바꿔놓고 풍년들게 하였으며, 재물을 자신에게 맡기고 충성하여 자기들이 시행하는 건축공사에 참여하면 피 속의 마귀를 빨리 박멸소탕해 주겠다고 하고, 자신이 하나님인 사실이 알려져 세계 각국에서 금은보화가 모이면 마지막 날에 1인당 1,000억원씩을 나누어주겠으며, 헌금하지 않는 신도는 하나님이 깍쟁이 하나님이므로 영생할 수 없나는 취지의 설교를 사실인 것처럼 계속함으로써 신도들을 속여, 이에 속은 신도들로부터 헌금명목으로 고액의 금전을 교부받았다면 이는 종교의 자유의 한계를 일탈한 것으로서, 형법상 사기죄에 해당한다(대법원 1995. 4. 23. 95도250)는 판례도 있다.

(9) 근무 중 교회 예배에 참석한 행위의 직무유기죄 성립 여부

해양경찰서 파출소 소장으로 근무 중 1시간 50분가량 근무지를 이탈하여 4-5킬로미터 떨어진 교회에 가서 예배를 본 행위에 대하여 직무유기죄가 성립하지 않는다고 검사가 불기소 처분을 하였다. 이 불기소처분에 대한 헌법재판소의 불기소처분취소 헌법소원 심판에서, "직무유기죄가 성립하기 위해서는 객관적으로 직무를 또는 직장을 벗어나는 행위가 있는 것 뿐 만 아니라 주관적으로 직무의 수행을 거부하거나 이를 버린다는 인식이 필요한 것이므로, 직장의 무단이탈로서 직무유기죄가 되기 위해서는 직무의 수행을 거부하거나 이를 버린다는 인식을 가지고 직장을 이탈할 것을 요한다고 할 것이다. 이에 비추어 보면, ○○출장소 순경 ○○○으로부터 이 사건 조난사고에 관한 연락이 올 당시 ○○파출소를 벗어나 있었다 하더라도, 그 당시 ○○파출소에는 ○○○, ○○○ 등의 부하직원들이 근무하고 있었고 또 피고소인에 대한 연락체계를 갖추고 있었다면 직무유기는 성립하지 않는다"(헌법재판소 2007. 10. 25. 2006헌마869 참조)라고 하였다.

그렇다면 연락체계가 갖추어진 상태에서 예배에 참석한 행위 자체만으로는 직무유기죄가 성립되지 않는다고 보아야 할 것이다.

참고자료 2. 예배 및 출입방해금지 등

〈예배 및 출입방해 금지 등〉

대법원 2007. 6.29. 선고 2007마224 판결 〈예배및출입방해금지등가처분〉

〈판시사항〉

[1] 교회의 재산 귀속에 대한 판단 방법 및 교회 재산의 귀속형태(=교인들의 총유)

[2] 교회의 소속 교단에서의 탈퇴 내지 소속 교단의 변경을 위한 결의요건(=의결권을 가진 교인 2/3 이상의 찬성) 및 그 결의가 적법·유효하게 이루어졌는지에 대한 증명책임의 소재

[3] 교회의 교인총회에서 소속 교단에서의 탈퇴결의가 이루어졌으나 그 소집절차나 결의방법 등에 중대한 흠이 있어 의결권 있는 교인 2/3 이상의 찬성이라는 의결정족수 충족 여부를 알 수 없다는 이유로 위 탈퇴결의가 무효라고 한 사례

[4] 교회의 권징재판으로 말미암은 목사, 장로의 자격에 관한 시비가 사법심사의 대상이 되는지 여부(원칙적 소극) 및 법원이 권징재판에 의한 징계의 당부를 판단할 수 있는 경우

〈재판요지〉

[1] 교회가 법인 아닌 사단으로서 존재하는 이상 그 법률관계를 둘러싼 분쟁을 소송적인 방법으로 해결함에 있어서는 법인 아닌 사단에 관한 민법의 일반 이론에 따라 교회의 실체를 파악하고 교회의 재산 귀속에 대하여 판단하여야 하고, 그 교인들은 교회 재산을 총유의 형태로 소유하면서 사용·수익하게 된다.

[2] 특정 교단에 가입한 지교회가 교단이 정한 헌법을 지교회 자신의 자치규범으로 받아들였다고 인정되는 경우에는 소속 교단의 변경은 실질적으로 지교회 자신의 규약에 해당하는 자치규범을 변경하는 결과를 초래하고, 만약 지교회 자신의 규약을 갖춘 경우에는 교단변경으로 인하여 지교회의 명칭이나 목적 등 지교회의 규약에 포함된 사항의 변경까지 수반하기 때문에, 소속 교단에서의 탈퇴 내지 소속 교단의 변경은 사단법인 정관변경에 준하여 의결권을 가진 교인 2/3 이상의 찬성에 의한 결의를 필요로 하며, 만일 소속 교단에서의 탈퇴 등에 관한 결의를 하였으나 이에 찬성한 교인이 의결권을 가진 교인의 2/3에 이르지 못한다면 종전 교회의 동일성은 여전히 종전 교단에 소속되어 있는 상태로서 유지된다. 그러므로 의결권을 가진 교인의 2/3 이상의 찬성에 의하여 소속 교단에서의 탈퇴 또는 소속 교단의 변경결의가 적법·유효하게 이루어졌다는 점은 이를 주장하는 자가 입증하여야 한다.

[3] 교회의 교인총회에서 소속 교단에서의 탈퇴결의가 이루어졌으나 그 소집절차나 결의방법 등에 중대한 흠이 있어 의결권 있는 교인 2/3 이상의 찬성이라는 의결정족수 충족 여부를 알 수 없어 무효라고 한 사례.

[4] 교회의 권징재판은 종교단체가 교리를 확립하고 단체 및 신앙상의 질서를 유지하기 위하여 목사 등 교역자나 교인에게 종교상의 방법에 따라 징계제재하는 종교단체의 내부적인 제재에 지나지 아니하므로 원칙적으로 사법심사의 대상이 되지 아니하고, 그 효력과 집행은 교회 내부의 자율에 맡겨져 있는 것이므로 그 권징재판으로 말미암은 목사, 장로의 자격에 관한 시비는 직접적으로 법원의 심판의 대상이 된다고 할 수 없고, 다만 그 효력의 유무와 관련하여 구체적인 권리 또는 법률관계를 둘러싼 분쟁이 존재하고 또한 그 청구의 당부를 판단하기에 앞서 그 징계의 당부를 판단할 필요가 있는 경우에는 그 판단의 내용이 종교 교리의 해석에 미치지 아니하는 한 법원으로서는 위 징계의 당부를 판단하여야 한다.

〈참조판례〉

[1][2] 대법원 2006. 4. 20. 선고 2004다37775 전원합의체 판결(공2006상, 851), 대법원 2006. 6. 9.자 2003마1321 결정(공2006하, 1309)

[4] 대법원 1981. 9. 22. 선고 81다276 판결(공1981, 14429), 대법원 1995. 3. 24. 선고 94다47193 판결(공1995상, 1729), 대법원 2005. 6. 24. 선고 2005다10388 판결(공2005하, 1254)

〈따름판례〉

대구지법 2007.11.14. 선고 2007가합2569 판결, 대법원 2008. 1.10. 선고 2006다39683 판결,대법원 2009. 7.23. 선고 2008다44085 판결

〈참조법령〉

[1] 민법 제31조,제275조

[2] 민법 제31조,제40조,제42조,민사소송법 제288조

[3] 민법 제31조,제40조,제42조

[4] 민사소송법 제52조,제248조[소의 제기], 헌법 제20조 제1항

〈전문〉

〈신청인, 재항고인〉 신청인 1 교회외 7인 (소송대리인 법무법인 ○○외 2인)

〈피신청인, 상대방〉 피신청인 1외 20인

〈원심결정〉 서울고법 2007. 1. 23.자 2005라988 결정

〈주 문〉

재항고를 모두 기각한다.

〈이 유〉

재항고이유를 판단한다. 1. 이 사건 탈퇴결의와 그 효력 등에 관

한 주장에 대하여

교회가 법인 아닌 사단으로서 존재하는 이상 그 법률관계를 둘러싼 분쟁을 소송적인 방법으로 해결함에 있어서는 법인 아닌 사단에 관한 민법의 일반 이론에 따라 교회의 실체를 파악하고 교회의 재산 귀속에 대하여 판단하여야 하고, 그 교인들은 교회 재산을 총유의 형태로 소유하면서 사용·수익하게 된다. 한편, 특정 교단에 가입한 지교회가 교단이 정한 헌법을 지교회 자신의 자치규범으로 받아들였다고 인정되는 경우에는 소속 교단의 변경은 실질적으로 지교회 자신의 규약에 해당하는 자치규범을 변경하는 결과를 초래하고, 만약 지교회 자신의 규약을 갖춘 경우에는 교단변경으로 인하여 지교회의 명칭이나 목적 등 지교회의 규약에 포함된 사항의 변경까지 수반하기 때문에, 소속 교단에서의 탈퇴 내지 소속 교단의 변경은 사단법인 정관변경에 준하여 의결권을 가진 교인 2/3 이상의 찬성에 의한 결의를 필요로 하며, 만일 소속 교단에서의 탈퇴 등에 관한 결의를 하였으나 이에 찬성한 교인이 의결권을 가진 교인의 2/3에 이르지 못한다면 종전 교회의 동일성은 여전히 종전 교단에 소속되어 있는 상태로서 유지된다(대법원 2006. 4. 20. 선고 2004다37775 전원합의체 판결 참조). 그러므로 의결권을 가진 교인의 2/3 이상의 찬성에 의하여 소속 교단에서의 탈퇴 또는 소속 교단의 변경결의가 적법·유효하게 이루어졌다는 점은 이를 주장하는 자가 입증하여야 한다.

원심은, 신청인 1 교회(이하 '신청인 교회'라 한다)는 대한예수교장로회 통합교단 서울동남노회(이하 '서울동남노회'라 한다) 소속 지교회인데, 2003. 12. 21. 신청인 교회의 담임목사로 취임하여 그 대표자가 된 신△외 1목사를 추종하는 교인들(이하 '신청인측 교인들'이라 한다)과 신△외 2원로목사를 추종하는 교인들(이하 '피신청인측 교인들'이라 한다) 사이에서 2004. 4.경부터 분쟁이 발생한 사실, 이에 신△외 1목사는 2005. 4. 10. 교인총회(이하 '이 사건 교인총회'라 한다)를 소집·개최하였고, 이 사건 교인총회에서 소속 교단인 대한예수교장로회 통합교단으로부터 집단적으로 탈퇴하고 독립교회 연합회에 가입하는 내용의 결의(이하 '이 사건 탈퇴결의'라 한다)가 이루어진 사실, 그런데 이 사건 탈퇴결의 당시에 신청인 교회에 적용되던 대한예수교장로회 헌법에는 당회의 결의를 거쳐서 교인총회(공동의회)를 소집하도록 규정되어 있으나 이 사건 교인총회는 당회의 결의 없이 소집되었고, 그 소집공고도 주보에는 게재되지 아니한 채 본당 내부 게시판에만 게시된 사실, 이 사건 교인총회는 같은 날 1부에서 5부까지 5차례에 걸쳐서 진행된 예배를 통하여 나누어 이루어졌는데, 그 당시 신청인 교회의 의결권 있는 교인(무흠 세례교인 중 18세 이상인 자)의 명부가 미리 작성·비치되어 있지 아니한 상태에서 거수로 표결이 이루어져서 의결권 없는 자의 투표 및 중복투표(예컨대, 1부 예배의 참석 교인이 퇴장하지 아니하고 남아서 2부, 3부 예배에서도 의결권을 행사할 수 있었음)가 가능하도록 방치된 사실, 한편 이 사건 교인총회의 회의록에는 5차례에 걸친 예배에 참석함으로써 이 사건 탈퇴결의에 참여한 인원 전원이 의결권 있는 세례교인이라고 기재되어 있고, 투표에서 기권한 교인이 1명도 없다고 기재되어 있는 등 일반적인 예배 참가자 현황이나 투표 행태에 비추어 볼 때 극히 이례적인 내용이 기재되어 있는 사실 등을 인정한 다음, 이 사건 탈퇴결의는 그 소집절차나 결의방법 등에 중대한 흠이 있어 의결권 있는 교인 2/3의 찬성이라는 의결정족수의 충족 여부 등에 대하여 나아가 판단할 필요 없이 무효이고, 신청인들이 추후에 제출한 '총회결의확인명부'로는 이 사건 탈퇴결의의 흠이 치유된다고 보기 어렵다고 판단하였는바, 이는 이 사건 탈퇴결의 당시에 신청인 교회의 의결권 있는 교인이 누구이고 몇 명인지, 그 중 실제로 투표에 참석한 교인이 몇 명인지 등을 알 수 없고, 따라서 이 사건 탈퇴결의가 의결권 있는 교인의 2/3 이상의 찬성을 얻어서 이루어진 것인지도 알 수 없다는 취지라고 할 것인데, 앞에서 본 법리에 비추어 원심의 사실인정과 판단은 정당한 것으로 수긍이 가고, 거기에 채증법칙 위반으로 인한 사실오인이나 법리오해 등의 위법이 있다고 할 수 없다.

재항고이유에서 들고 있는 대법원판결들은 사안이 달라 이 사건에 원용하기에 적절한 것이 아니다.

2. 재항고인 교회의 대표자격에 관한 주장에 대하여

교회의 권징재판은 종교단체가 교리를 확립하고 단체 및 신앙상의 질서를 유지하기 위하여 목사 등 교역자나 교인에게 종교상의 방법에 따라 징계제재하는 종교단체의 내부적인 제재에 지나지 아니하므로 원칙적으로 사법심사의 대상이 되지 아니하고, 그 효력과 집행은 교회 내부의 자율에 맡겨져 있는 것이므로 그 권징재판으로 말미암은 목사, 장로의 자격에 관한 시비는 직접적으로 법원의 심판의 대상이 된다고 할 수 없고(대법원 1981. 9. 22. 선고 81다276 판결, 1995. 3. 24. 선고 94다47193 판결 등 참조), 다만 그 효력의 유무와 관련하여 구체적인 권리 또는 법률관계를 둘러싼 분쟁이 존재하고 또한 그 청구의 당부를 판단하기에 앞서 그 징계의 당부를 판단할 필요가 있는 경우에는 그 판단의 내용이 종교 교리의 해석에 미치지 아니하는 한 법원으로서는 위 징계의 당부를 판단하여야 한다(대법원 2005. 6. 24. 선고 2005다10388 판결 등 참조).

원심에서 재항고인 교회의 대표자 신△외 1의 목사의 직을 면직하고 출교처분을 한 서울동남노회 결정의 당부를 심리·판단하지 아니한 채 그 결정이 유효함을 전제로 하여 위 신△외 1이 신청인 교회를 대표할 권한이 없다고 판시한 것은 적절하지 않다고 할 것이나, 앞에서 본 바와 같이 이 사건 탈퇴결의가 요건을 구비하지 못하여 무효인 이상 신△외 1에게 대표권한이 있는지 여부는 신청인들의 신청을 모두 배척한 이 사건 재판 결과에 영향을 미칠 수 없다. 이 점에 관한 재항고이유의 주장은 받아들일 수 없다.

3. 판단누락 등의 주장에 대하여

이 사건 탈퇴결의가 무효이더라도 신청인들은 신청인 교회의 교인의 지위에서 피신청인들을 상대로 예배방해금지를 구할 수 있다거나, 신청인 교회의 사실상 분열이 고착화되어 피신청인들이 교인으로서의 지위와 권한을 가지지 아니한다는 등의 주장은 재항고이유에서 비로소 주장하는 것이므로, 원심이 이에 대해 판단하지 아니하였더라도 판단누락 등의 위법이 있다고 할 수 없다.

4. 형평과 관련한 주장에 대하여

다른 사건에서의 원심 또는 다른 법원의 판단을 들어 이 사건 원심의 판단을 비난하는 것은 적법한 재항고이유가 될 수 없다.

5. 그러므로 재항고를 모두 기각하기로 하여 관여 법관의 일치된 의견으로 주문과 같이 결정한다.

대법관 박○○(재판장) 김○○ 박○○ 김○○(주심)

3) 공동의회와 관련된 문제

(1) 공동의회 결의는 2/3 이상 찬성 필요

특정 교단에 가입한 교회가 소속 교단을 탈퇴 내지 변경하거나, 교단에 소속되지 않은 독립 교회가 특정 교단에 가입하기 위한 결의 요건은 의결권을 가진 교인 2/3 이상의 동의가 있어야 한다. 대법원 2008.1.10. 선고 2006다39683 판결(공동의회결의무효확인)

(2) 교단변경결의의 요건

특정 교단에 가입한 지교회가 교단이 정한 헌법을 지교회 자신의 자치규범으로 받아들였다고 인정되는 경우에는 소속 교단의 변경은 실질적으로 지교회 자신의 규약에 해당하는 자치규범을 변경하는 결과를 초래하고, 만약 지교회 자신의 규약을 갖춘 경우에는 교단변경으로 인하여 지교회의 명칭이나 목적 등 지교회의 규약에 포함된 사항의 변경까지 수반하기 때문에, 소속 교단에서의 탈퇴 내지 소속 교단의 변경은 사단법인 정관변경에 준하여 의결권을 가진 교인 2/3 이상의 찬성에 의한 결의를 필요로 한다(대법원 2006. 4. 20. 선고 2004다37775 전원합의체 판결 등 참조). 그리고 이러한 법리는 교단에 소속되지 않은 독립 교회가 특정 교단에 가입하기로 결의한 경우에도 동일하게 적용된다(대법원 2006. 6. 9. 자 2003마1321 결정 등 참조).

4) 교단과 관련된 문제

(1) 교단변경의 적법성

① 소속 교단의 규약과 가입과 징계에 간한 규정이 있을 뿐이고, 탈퇴에 과한 규정이 없더라도, 일반적으로 교회는 교인전원의 총의에 의하는 경우 소속 교단의 변경이 가능하다.

② 교회의 예배당건물과 그 부지를 소속 교단 명의로 등기한 것이 소속 교단에 대한 신표 등의 취지로 한 것으로서 일종의 명의신탁에 해당한다고 본 사례.

③ 재단법인의 기본재산에 관한 사항은 정관의 기재사항으로서 기본재산의 변경은 정관의 변경을 초래하기 때문에, 주무장관의 허가를 받아야 하고, 따라서 기존의 기본재산을 처분하는 행위는 물론 새로이 기본재산으로 편입하는 행위도 주무장관의 허가가 있어야 유효하고, 또 일단 주무장관의 허가를 얻어 기본재산에 편입하여 정관기재사항의 일부가 된 경우에는 비록 그것이 명의신탁관계에 있었던 것이라 하더라도 이것을 처분(반환)하는 것은 정관의 변경을 초래하는 점에 있어서는 다를 비 없으므로 주무장관의 허가 없이 이를 이전등기할 수는 없다.(대법원 1991. 5. 28 선고 90

다8558 참고)

5) 교회재산과 관련된 문제

(1) 교회재산의 처분방법

교회재산의 처분은 교회규정에 의하거나 공동의회의 결의에 의하여야 한다.

"기독교 단체인 교회에 있어서 교인들의 연보, 헌금 기타 교회의 수입으로 이루어진 재산은 특별한 사정이 없는 한 그 교회 소속 교인들의 총유에 속한다. 따라서 그 재산의 처분은 그 교회의 정관 기타 규약에 의하거나 그것이 없는 경우에는 그 교회 소속 교인들로 구성된 총회의 결의에 따라야 한다."(대법원 2009.2.12. 2006다23312 판결)

또한 교회의 대표자가 교인총회의 결의를 거치지 아니하고 교회 재산을 처분한 행위에 대하여 민법 제126조의 표견대리에 관한 규정을 준용할 수 있는지 여부에 대하여는

"비법인사단인 교회의 대표자는 총유물인 교회 재산의 처분에 관하여 교인총회의 결의를 거치지 아니하고는 이를 대표하여 행할 권한이 없다. 그리고 교회의 대표자가 권한 없이 행한 교회 재산의 처분행위에 대하여는 민법 제126조의 표견대리에 관한 규정이 준용되지 아니한다". 대법원 2009.2.12. 선고 2006다23312 판결(소유권이전등기)

대법원 2009.2.12. 선고 2006다23312 판결 (소유권이전등기)

[공2009상,307] 라고 하였다.

〈판시사항〉

[1] 교회 재산의 처분 방법

[2] 교회의 대표자가 교인총회의 결의를 거치지 아니하고 교회 재산을 처분한 행위에 대하여 민법 제126조의 표견대리에 관한 규정을 준용할 수 있는지 여부(소극)

〈판결요지〉

[1] 기독교 단체인 교회에 있어서 교인들의 연보, 헌금 기타 교회의 수입으로 이루어진 재산은 특별한 사정이 없는 한 그 교회 소속 교인들의 총유에 속한다. 따라서 그 재산의 처분은 그 교회의 정관 기타 규약에 의하거나 그것이 없는 경우에는 그 교회 소속 교인들로 구성된 총회의 결의에 따라야 한다.

[2] 비법인사단인 교회의 대표자는 총유물인 교회 재산의 처분에 관하여 교인총회의 결의를 거치지 아니하고는 이를 대표하여 행할 권한이 없다. 그리고 교회의 대표자가 권한 없이 행한 교회 재산의 처분행위에 대하여는 민법 제126조의 표견대리에 관한 규정이 준용되지 아니한다.

〈참조조문〉

[1] 민법 제275조, 제276조 / [2] 민법 제126조, 제275조, 제276조

〈참조판례〉

[1] 대법원 1980. 12. 9. 선고 80다2045, 2046 판결(공1981, 13461) / [2] 대법원 2002. 2. 8. 선고 2001다57679 판결, 대법원 2003. 7. 11. 선고 2001다73626 판결

참고자료 3. 교회분열시 재산처리 문제

개별 교회가 교인들의 대립으로 분열되거나, 일부의 교인들이 개별 교회를 탈퇴하는 경우 종전 교회와 교인들의 재산관계와 개별 지교회가 소속 교단을 변경하거나 탈퇴하는 경우 재산절차에 대한 법률적 처리 문제

① 잔존 교인들의 총유로 보는 경우

교인들이 집단적으로 교회를 탈퇴한 경우, 법인 아닌 사단인 교회가 2개로 분열되고 분열되기 전 교회의 재산이 분열된 각 교회의 구성원들에게 각각 총유적으로 귀속되는 형태의 '교회의 분열'을 인정할 것인지 여부(소극) 및 교인들이 교회를 탈퇴하여 그 교회 교인으로서의 지위를 상실한 경우, 종전 교회 재산의 귀속관계는 잔존 교인들의 총유로 본다. 대법원 2006.4.20. 선고 2004다37775 전원합의체 판결

② 탈퇴한 교회 소속 교인들의 총유로 보는 경우

교회의 소속 교단 탈퇴 내지 소속 교단 변경을 위한 결의요건(=의결권을 가진 교인 2/3 이상의 찬성) 및 위 결의요건을 갖추어 교회가 소속 교단을 탈퇴하거나 다른 교단으로 변경한 경우, 종전 교회 재산의 귀속관계는 탈퇴한 교회 소속 교인들의 총유로 본다. 대법원 2006.4.20. 선고 2004다37775 전원합의체 판결(소유권말소등기)

대법원 2006.4.20. 선고 2004다37775 전원합의체 판결 (소유권말소등기) [집54(1)민,91;공2006.6.1.(251),851]

아래의 판결은 교회분열 및 재산처리에 관한 대법원의 새로운 판결로 매우 중요하므로 판결문 전문을 수록하였다.

대법원 2006. 4. 20 선고 2004다37775 전원합의체판결(소유권말소등기)

〈판시사항〉

[1] 교인들이 집단적으로 교회를 탈퇴한 경우, 법인 아닌 사단인 교회가 2개로 분열되고 분열되기 전 교회의 재산이 분열된 각 교회의 구성원들에게 각각 총유적으로 귀속되는 형태의 '교회의 분열'을 인정할 것인지 여부(소극) 및 교인들이 교회를 탈퇴하여 그 교회 교인으로서의 지위를 상실한 경우, 종전 교회 재산의 귀속관계(=잔존 교인들의 총유)

[2] 교회의 소속 교단 탈퇴 내지 소속 교단 변경을 위한 결의요건(=의결권을 가진 교인 2/3 이상의 찬성) 및 위 결의요건을 갖추어 교회가 소속 교단을 탈퇴하거나 다른 교단으로 변경한 경우, 종전 교회 재산의 귀속관계(=탈퇴한 교회 소속 교인들의 총유)

〈판결요지〉

[1] [다수의견] 우리 민법이 사단법인에 있어서 구성원의 탈퇴나 해산은 인정하지만 사단법인의 구성원들이 2개의 법인으로 나뉘어 각각 독립한 법인으로 존속하면서 종전 사단법인에게 귀속되었던 재산을 소유하는 방식의 사단법인의 분열은 인정하지 아니한다. 그 법리는 법인 아닌 사단에 대하여도 동일하게 적용되며, 법인 아닌 사단의 구성원들의 집단적 탈퇴로써 사단이 2개로 분열되고 분열되기 전 사단의 재산이 분열된 각 사단들의 구성원들에게 각각 총유적으로 귀속되는 결과를 초래하는 형태의 법인 아닌 사단의 분열은 허용되지 않는다. 교회가 법인 아닌 사단으로서 존재하는 이상, 그 법률관계를 둘러싼 분쟁을 소송적인 방법으로 해결함에 있어서는 법인 아닌 사단에 관한 민법의 일반 이론에 따라 교회의 실체를 파악하고 교회의 재산 귀속에 대하여 판단하여야 하고, 이에 따라 법인 아닌 사단의 재산관계와 그 재산에 대한 구

성원의 권리 및 구성원 탈퇴, 특히 집단적인 탈퇴의 효과 등에 관한 법리는 교회에 대하여도 동일하게 적용되어야 한다. 따라서 교인들은 교회 재산을 총유의 형태로 소유하면서 사용·수익할 것인데, 일부 교인들이 교회를 탈퇴하여 그 교회 교인으로서의 지위를 상실하게 되면 탈퇴가 개별적인 것이든 집단적인 것이든 이와 더불어 종전 교회의 총유 재산의 관리처분에 관한 의결에 참가할 수 있는 지위나 그 재산에 대한 사용·수익권을 상실하고, 종전 교회는 잔존 교인들을 구성원으로 하여 실체의 동일성을 유지하면서 존속하며 종전 교회의 재산은 그 교회에 소속된 잔존 교인들의 총유로 귀속됨이 원칙이다. 그리고 교단에 소속되어 있던 지교회의 교인들의 일부가 소속 교단을 탈퇴하기로 결의한 다음 종전 교회를 나가 별도의 교회를 설립하여 별도의 대표자를 선정하고 나아가 다른 교단에 가입한 경우, 그 교회는 종전 교회에서 집단적으로 이탈한 교인들에 의하여 새로이 법인 아닌 사단의 요건을 갖추어 설립된 신설 교회라 할 것이어서, 그 교회 소속 교인들은 더 이상 종전 교회의 재산에 대한 권리를 보유할 수 없게 된다.

[대법관 박시환의 별개의견] 우리 민법이 사단법인의 분열을 특별히 금지하지도 아니하였고 또 사단법인의 분열을 금지하여야 할 특별한 이유도 보이지 않으므로 사단법인의 분열은 우리 민법하에서도 허용되는 것이라고 보아야 한다. 그리고 구성원들의 자발적 의사에 기인하지는 않았으나 다른 어떠한 사정으로 인하여 사단법인이 사실상 분열된 상태가 조래되어 하나의 사단으로 회복될 가능성이 없어진 경우, 그 상태를 그대로 기정사실로 인정하여 사단법인이 분열된 것으로 보아 법률관계를 정리하는 것 또한 굳이 허용되지 않는 것이라고 할 것은 아니다. 교회의 분열을 인정하는 전제 하에서 교회 분쟁을 설명하는 법리를 구성하는 것이 타당할 것이고, 이와 같이 교회의 분열을 허용하는 경우, 종전 교회에 속한 권리의무가 분열된 각 교회에 공유적 형태로 분리하여 포괄승계되

는 것으로 볼 수밖에 없을 것이고(채무는 분열된 각 교회가 부진정연대의 관계로 부담하는 것으로 보아야 할 것이다), 각 교회의 공유지분 비율은 분열 당시 분열된 각 교회의 등록된 세례교인의 수에 의하여 결정되는 것이 합리적이라고 할 것이다.

[대법관 강신욱의 반대의견] 종전 판례가 각종의 법인 아닌 사단 중 오직 교회에 대하여만 분열 개념을 허용하고 분열 전 교인들의 총유권을 인정해 온 것은, 교회가 본질적으로 같은 기독교 신앙을 기초로 하는 교인들의 모임인 신앙단체로서 교인들이 신앙노선의 차이에서 별도로 예배주관자를 두고 그의 인도하에 종교활동을 하거나 소속 교단을 달리하는 집단으로 나누어진 경우에는 더 이상 신앙단체로서의 본질적 기초를 같이 할 수 없으므로 분열되었다고 평가할 수밖에 없다는 점을 직시하고 나아가 교회재산은 대체로 소속 교인들의 헌금을 기초로 형성되므로 설령 일부 교인들이 종전 교회를 탈퇴한다고 할지라도 탈퇴한 교인들이 종전 교회 형성에 기여한 이상 그 재산에 대한 총유권자로서의 지위, 즉 사용·수익권을 보장해 주어야 한다는 점에서 비롯된 것이므로, 종전 판례가 민법상 사단법인에 관한 규정 또는 법인 아닌 사단에 관한 법리와 모순된다고 볼 수 없으며 오히려 교회 운영의 실제를 반영하고 있는 이상 종전의 확고한 판례를 변경하여야 할 아무런 필요성이 없다. 나아가 다수의견에 따를 경우 소수자의 종교의 자유를 침해하는 문제점이 발생한다. 따라서 일단 종전 판례를 유지하고 분열 후 종전 교회의 재산에 관한 권리관계 내지 법률관계를 합리적으로 규율할 수 있는 법리를 찾아내고 발전시켜 나가는 것이 바람직하다.

[다수의견에 대한 대법관 김영란의 보충의견]

(가) 종전 판례에 의한 결론이 사실상 교회 내부의 분쟁에 대하여 간섭하지 아니하고 당사자 사이에서 자율적인 해결을 촉구한다

는 것이 지나쳐서 실제의 분쟁을 해결함에 있어 분쟁을 해결하는 기능을 방기하여 버렸고, 교회에 한하여 단체법의 기본원리와 다른 여러 이론을 적용할 당위에 대해서도 설득력을 잃게 된 이상 법인 아닌 사단의 일반 이론에 따라 교회의 재산 귀속에 대하여 판단하고 이로써 법률적으로 분쟁을 해결하도록 하여야 한다.

(나) 별개의견 중 공유설(대법관 박시환의 별개의견)은 이론적 근거가 박약할 뿐더러 현실적으로도 분쟁해결기능을 발휘하지 못한다. 사단이 분열된 사회적 현실을 받아들이더라도 분열된 각 사단에게 부여되는 법률효과로서 재산관계에 대하여는 종전 사단의 정관 등으로 정하지 않은 이상 민법 제275조 내지 제277조가 적용되어 종전 사단의 재산에 대한 권리는 그 구성원으로서의 지위에 수반하여 득실을 결정하지 않을 수 없으며, 이는 우리 민법이 법인 아닌 사단의 재산형태로서 총유를 규정한 이상 부득이한 결과이다.

(다) 반대의견이 종전 판례가 유지되어야 할 이유로서 소수자의 종교의 자유를 드는 점에 대하여도 찬성하기 어렵다. 소수파로 되는 교인들이라 하더라도 자신들이 신봉하는 교리를 좇아 스스로 교회를 선택하거나 선택하였던 교회에서 탈퇴하여 원하는 교회를 찾아감으로써 종교의 자유를 향유할 수 있는 이상 이를 넘어서서 개개 교인들의 종교의 자유를 내세워 이를 기준으로 교회 재산의 귀속을 결정하여야 한다는 것은 구성원의 개성이 매몰되는 단체법 원리를 부인하는 것이다.

[2] [다수의견] 특정 교단에 가입한 지교회가 교단이 정한 헌법을 지교회 자신의 자치규범으로 받아들였다고 인정되는 경우에는 소속 교단의 변경은 실질적으로 지교회 자신의 규약에 해당하는 자치규범을 변경하는 결과를 초래하고, 만약 지교회 자신의 규약을 갖춘 경우에는 교단변경으로 인하여 지교회의 명칭이나 목적 등

지교회의 규약에 포함된 사항의 변경까지 수반하기 때문에, 소속 교단에서의 탈퇴 내지 소속 교단의 변경은 사단법인 정관변경에 준하여 의결권을 가진 교인 2/3 이상의 찬성에 의한 결의를 필요로 하고, 그 결의요건을 갖추어 소속 교단을 탈퇴하거나 다른 교단으로 변경한 경우에 종전 교회의 실체는 이와 같이 교단을 탈퇴한 교회로서 존속하고 종전 교회 재산은 위 탈퇴한 교회 소속 교인들의 총유로 귀속된다.

[대법관 손지열, 박재윤, 김용담, 김지형의 별개의견] 교회가 그 소속 교단을 변경하는 것은, 신앙공동체라는 관점에서 볼 때 단순히 교회가 사단으로서의 활동목적이나 명칭을 변경하는 수준에 그치는 것이 아니라, 교회 존립의 핵심요소인 교리의 내용이나 신앙의 표현인 예배의 양식에 변경을 초래함은 물론 선교와 교회행정에 관한 공동노선과 활동체제에 근본적 변화를 일으키는 것으로서, 이는 신앙공동체인 교회의 정체성과 동일성에 중대한 영향을 미치는 것으로 평가하여야 하고, 법적인 관점에서 보더라도 교회가 소속 교단을 변경한다는 것은 교회가 종전 교단에 소속해 있으면서 단지 사단법인의 정관에 준하는 성질을 가지는 자치규범이나 그 활동목적을 변경하는 정도에 그치는 것이 아니라, 종전 교단에 소속하였던 교회의 교인들이 그 교회를 해체하고 새로운 교단에 소속된 교회를 새롭게 조직하는 데 이르는 것으로 평가하여야 할 것이므로, 교단변경의 성격을 이와 같이 평가한다면, 교회의 소속 교단의 변경에 관하여는 사단법인의 정관변경에 관한 민법 제42조 제1항을 유추적용할 것이 아니라 사단법인의 해산결의에 관한 민법 제78조를 유추적용함이 옳고, 따라서 교회는 교회의 규약 등에 정하여진 적법한 소집절차를 거친 총회에서 의결권을 가진 교인 3/4 이상의 동의를 얻은 경우에 한하여 적법하게 소속 교단을 탈퇴하거나 변경할 수 있다고 보는 것이 옳다.

[다수의견에 대한 대법관 김영란의 보충의견] 교단변경은 종전의 교회가 동일성을 유지하면서 존속하되 소속 교단만을 달리한다는 점을 당연한 전제로 하며, 따라서 교단변경에 있어서 법인 소멸을 위한 절차규정은 유추적용될 여지가 없다는 논리적 귀결로서 교단변경결의의 요건으로 사단법인 해산결의요건에 관한 민법 규정만을 유추적용할 수는 없다.

〈참조조문〉

[1] 민법 제31조, 제275조, 제276조, 제277조 / [2] 민법 제40조, 제42조, 제78조, 제275조

〈참조판례〉

[1] 대법원 1957. 12. 13. 선고 4289민상182 판결(변경), 대법원 1962. 1. 11. 선고 4293민상395 판결(변경), 대법원 1970. 2. 10. 선고 67다2892, 2893 판결(십18-1, 민58)(변경), 대법원 1970. 2. 24. 선고 68다615 판결(집18-1, 민101)(변경), 대법원 1971. 2. 9. 선고 70다2478 판결(변경), 대법원 1973. 1. 16. 선고 72다2070 판결(변경), 대법원 1976. 2. 24. 선고 75다466 판결(변경), 대법원 1985. 2. 8. 선고 84다카730 판결(공1985, 416)(변경), 대법원 1985. 9. 10. 선고 84다카1262 판결(공1985, 1323)(변경), 대법원 1987. 6. 30.자 86마478 결정 (공1987, 1512)(변경), 대법원 1988. 3. 22. 선고 86다카1197 판결(공1988, 669)(변경), 대법원 1989. 2. 14. 선고 87다카3037 판결(공1989, 412)(변경), 대법원 1990. 12. 7. 선고 90다카23561 판결(공1991, 436)(변경), 대법원 1990. 12. 21. 선고 90다카22056 판결(공1991, 586)(변경), 대법원 1992. 10. 9. 선고 92다23087 판결(공1992, 3113), 대법원 1993. 1. 19. 선고 91다1226 전원합의체 판결(공1993상, 712)(변경), 대법원 1995. 3. 24. 선고 94다47193 판결(공1995상, 1729)(변경), 대법원 1995. 2. 24. 선고 94다21733 판결(공1995상, 1430)(변경), 대법원 1995. 4. 21. 선고 94다

42686 판결(변경), 대법원 1995. 5. 12. 선고 94다54696 판결(변경), 대법원 1995. 6. 16. 선고 95다5905, 5912 판결(공1995하, 2506)(변경), 대법원 1995. 7. 11. 선고 95다4100, 4117 판결(변경), 대법원 1995. 9. 5. 선고 95다21303 판결(공1995하, 3356)(변경), 대법원 1998. 2. 24. 선고 97다45327 판결(공1998상, 847)(변경), 대법원 1998. 7. 10. 선고 98도126 판결(공1998하, 2174)(변경), 대법원 2000. 11. 14. 선고 99다20667 판결(변경), 대법원 2001. 6. 12. 선고 2000다32420 판결(변경), 대법원 2001. 6. 26. 선고 2000도2222 판결(변경), 대법원 2002. 12. 6. 선고 2002도5216 판결(변경), 대법원 2005. 10. 28. 선고 2005도3772 판결(공2005하, 1902)(변경) / [2] 대법원 1978. 10. 10. 선고 78다716 판결(공1979, 11549)(변경), 대법원 1980. 2. 12. 선고 79다1664 판결(공1980, 12648)(변경)

〈전 문〉

〈원고, 상고인〉 기독교대한성결교회 ○○교회 (소송대리인 법무법인 ○○ 담당변호사 ○○○)

〈피고, 피상고인〉 ○○교회 (소송대리인 법무법인 ○○종합법률사무소 담당변호사 ○○○ 외 1인)

〈원심판결〉 서울고법 2004. 6. 22. 선고 2003나48701 판결

〈주 문〉

원심판결을 파기하고, 사건을 서울고등법원에 환송한다.

〈이 유〉

상고이유를 판단한다.

1. 교회의 법률적 성질

교회가 주무관청의 허가를 받아 설립등기를 미치면 민법상 비영리법인으로서 성립한다. 또한, 교회기 법인격을 취득하시 않은 경우에도 기독교 교리를 신봉하는 다수인이 공동의 종교활동을 목적

으로 집합체를 형성하고 규약 기타 규범을 제정하여 의사결정기관과 대표자 등 집행기관을 구성하고 예배를 드리는 등 신앙단체로서 활동함과 함께 교회 재산의 관리 등 독립된 단체로서 사회경제적 기능을 수행함에 따라 법인 아닌 사단의 일반적인 요건을 갖추었다고 인정되는 경우에는, 그 교회는 법인 아닌 사단으로서 성립·존속하게 된다. 기독교 교리를 널리 전파하려는 의도에서 교회가 교인의 자격을 엄격히 심사하지 아니하고 예배에 참여를 허용하는 결과 교회의 가입·탈퇴가 자유롭고 특정 시점에서 교회 구성원이 정확히 파악되지 아니한다고 할지라도 법인 아닌 사단으로서의 실체를 인정함에는 아무런 지장이 없다.

한편, 법인 아닌 사단으로서의 실체를 갖춘 개신교 교회(아래에서는 '교회'라 한다)가 특정 교단 소속 지교회로 편입되어 교단의 헌법에 따라 의사결정기구를 구성하고 교단이 파송하는 목사를 지교회의 대표자로 받아들이는 경우 교단의 정체에 따라 차이는 존재하지만 원칙적으로 지교회는 소속 교단과 독립된 법인 아닌 사단이고 교단은 종교적 내부관계에 있어서 지교회의 상급단체에 지나지 않는다. 다만, 지교회가 자체적으로 규약을 갖추지 아니한 경우나 규약을 갖춘 경우에도 교단이 정한 헌법을 교회 자신의 규약에 준하는 자치규범으로 받아들일 수 있지만, 지교회의 독립성이나 종교적 자유의 본질을 침해하지 않는 범위 내에서 교단 헌법에 구속된다. 종래 대법원판례는 특정 교단에 소속된 지교회가 독립된 법인 아닌 사단이라고 판시하여 왔는바(대법원 1960. 2. 25. 선고 4291민상467 판결, 1967. 12. 18. 선고 67다2202 판결 등 참조), 이는 위 법리에 기초한 것으로서 앞으로도 교회를 둘러싼 법률관계를 해석하는 기본 원리로서 유지되어야 할 것이다.

2. 법인 아닌 사단의 법률관계

가. 우리 민법은 법인 아닌 사단의 법률관계에 관하여 재산의 소

유 형태 및 관리 등을 규정하는 제275조 내지 제277조를 두고 있을 뿐이므로, 사단의 실체·성립, 사원자격의 득실, 대표의 방법, 총회의 운영, 해산사유와 같은 그 밖의 법률관계에 관하여는 민법의 법인에 관한 규정 중 법인격을 전제로 하는 조항을 제외한 나머지 조항이 원칙적으로 유추 적용된다(대법원 1992. 10. 9. 선고 92다23087 판결 등 참조).

따라서 법인 아닌 사단은 사단으로서의 실체를 갖추었으나 설립등기를 하지 않은 것뿐이므로 조직·구조에 있어서 구성원의 개인적인 활동으로부터 독립하여 독자적으로 존속하여 활동하고, 사단 구성원 지위의 취득과 상실은 그 사단의 규약에 정하여진 바에 따라 이루어지나(민법 제40조 제6호), 법인 아닌 사단은 구성원의 탈퇴나 가입에 의하여 동일성을 잃지 않고 그 실체를 유지하면서 존속한다. 그리고 위의 법리는 법인 아닌 사단의 구성원들이 집단적으로 탈퇴하는 경우에도 동일하게 적용되므로, 위 탈퇴한 자들은 집단적으로 구성원의 지위를 상실하는 반면, 나머지 구성원들로 구성된 단체는 여전히 법인 아닌 사단으로서의 실체를 유지하며 존속한다.

법인 아닌 사단의 재산은 그 구성원의 총유이며(민법 제275조 제1항), 법인 아닌 사단의 구성원은 사단 내부의 규약 등에 정하여진 바에 따라 사용·수익권을 가진다(민법 제276조 제2항). 이와 같이 법인 아닌 사단의 구성원으로서 사단의 총유인 재산의 관리처분에 관한 의결에 참가할 수 있는 지위나 사단의 재산에 대한 사용·수익권은 사단 구성원의 지위를 전제로 한 것이어서, 구성원은 법인 아닌 사단을 탈퇴하는 동시에 그 권리를 상실한다(민법 제277조).

한편, 법인 아닌 사단의 단체성으로 인하여 구성원은 사용·수익권을 가질 뿐 이를 넘어서서 사단 재산에 대한 지분권은 인정되지 아니하므로, 총유재산의 처분·관리는 물론 보존행위까지도 법인 아닌 사단의 명의로 하여야 하고(대법원 2005. 9. 15. 선고 2004다 44971 전원합의체 판결 참조) 그 절차에 관하여 사단 규약에 특별한 정함이 없으면 의사결정기구인 총회 결의를 거쳐야 한다(민법 제276조 제1항). 총회 결의는 다른 규정이 없는 이상 구성원 과반수의 출석과 출석 구성원의 결의권의 과반수로써 하지만(민법 제75조 제1항), 사단에 따라서 재산 내역이 규약에 특정되어 있거나 그렇지 않더라도 재산의 존재가 규약에 정하여진 사단의 목적수행 및 사단의 명칭·소재지와 직접 관련되어 있는 경우에는 그 재산의 처분은 규약의 변경을 수반하기 때문에 사단법인 정관변경에 관한 민법 제42조 제1항을 유추적용하여 총 구성원의 2/3 이상의 동의를 필요로 한다고 해석하여야 한다.

나. 우리 민법이 사단법인에 있어서 구성원의 탈퇴나 해산은 인정하지만 사단법인의 구성원들이 2개의 법인으로 나뉘어 각각 독립한 법인으로 존속하면서 종전 사단법인에게 귀속되었던 재산을 소유하는 방식의 사단법인의 분열은 인정하지 아니한다. 따라서 그 법리는 법인 아닌 사단에 대하여도 동일하게 적용되며, 법인 아닌 사단의 구성원들의 집단적 탈퇴로써 사단이 2개로 분열되고 분열되기 전 사단의 재산이 분열된 각 사단들의 구성원들에게 각각 총유적으로 귀속되는 결과를 초래하는 형태의 법인 아닌 사단의 분열은 허용되지 않는다.

한편, 법인 아닌 사단의 구성원들이 집단적으로 사단을 탈퇴한 다음 사단으로서의 성립요건을 갖추어 새로운 단체를 형성하는 행위는 사적자치의 원칙상 당연히 허용되나, 이 경우 신설 사단은 종전 사단과 별개의 주체로서, 그 구성원들은 앞서 본 바와 같이 종전 사단을 탈퇴한 때에 그 사단 구성원으로서의 지위와 함께 사단 재산에 대한 권리를 상실한다. 따라서 신설 사단의 구성원들이 종전 사단의 구성원들과 종전 사단 재산에 관하여 합의하는 등의 별도의 법률행위가 존재하지 않는 이상, 종전 사단을 집단적으로 탈퇴한 구성원들은 종전 사단 재산에 대한 일체의 권리를 잃게 되고, 이와 마찬가지로 탈퇴자들로 구성된 신설 사단이 종전 사단 재산을 종전 사단과 공유한다거나 신설 사단 구성원들이 그 공유지분권을 준총유한다는 관념 또한 인정될 수 없다.

3. 교회의 법률관계에 관한 종전 대법원판례의 내용과 문제점

가. 그동안 대법원판례는 각종의 법인 아닌 사단 중 오직 교회에 대하여서만 법인 아닌 사단에 원칙적으로 적용되는 법리와는 달리 교회의 분열을 허용하고 분열시의 재산관계는 분열 당시 교인들의 총유(또는 합유)라고 판시하여 왔다.

해방 후 교회, 특히 장로교회는 1950년대부터 1960년대까지 여러 차례 교단의 분열을 겪었으며 이에 따라 교단 소속 지교회의 교인들 내부에서도 신앙노선의 차이 등으로 지지교단을 달리하게 되어 자연적으로 지교회의 분열을 초래하게 되었는바, 대법원 1957. 12. 13. 선고 4289민상182 판결, 대법원 1958. 8. 14. 선고 4289민상569 판결 등에서 교단 분열에 따른 지교회의 분열을 인정하면서 그 재산관계는 분열 당시 교인들의 합유라고 판시하고, 대법원 1971. 2. 9. 선고 70다2478 판결에서 그 교회 재산은 분열 당시 교인들의 총유라고 판시한 이후 그 법리가 대법원의 확립된 판례로 굳어지기에 이르렀다.

그 당시에는 교인들이 소속 교회나 교단의 분열이라는 현상을 경험하기는커녕 예측조차 하지 못한 상태에서 연보·헌금을 통하여 교회 재산 형성에 기여하였는데 교단 분열로 신앙노선이 달라져서 도저히 하나의 신앙공동체를 유지할 수 없는 상황이 되었으니 교회의 분열을 허용하면서도 이들이 모두 종전 교회의 터전하에서 신앙생활을 할 수 있도록 배려하여야 할 필요성이 절실하였으며, 이에 더하여 당시의 인구나 사회·경제적 수준에 비추어 지

교회들은 대부분 소규모로서 교회 재산의 시가 역시 높지 않았을 것이므로 분열된 양측 교회 구성원들에게 권리를 인정한다는 다소 추상적인 판결만으로도 당사자들 사이에서 자율적으로 분쟁이 해결될 여지를 기대할 수 있었다.

나. 종전 판례는 교회가 분열된 경우 종전 교회의 재산은 분열 당시의 교인들에게 총유적으로 귀속된다고 판시하였고, 한편 교회의 구성원이 계속 변경되어 가는 속성에 비추어 분열된 각 교회는 새로운 교인들을 받아들일 수 있으므로 분열 당시의 교인들뿐 아니라 분열 후 새로 가입한 교인들도 종전 교회 재산에 대한 사용·수익권을 행사할 수 있다고 인정하였다(대법원 1993. 1. 19. 선고 91다1226 전원합의체 판결 등 참조).

법인 아닌 사단의 총유인 재산의 관리처분에 관한 의결에 참가할 수 있는 지위나 사단의 재산에 대한 사용·수익권은 법인 아닌 사단의 존재와 그 구성원 자격에 기초하여서만 인정된다. 그런데 종전 판례는, 종전 교회가 분열되어 종전 교회의 구성원 중 일부씩으로 구성된 잔존 교회와 신설 교회가 병존한다고 인정하면서도, 종전 교회의 재산에 관하여는 분열되기 전의 교회가 존속하는 것으로 보아 분열 전 교회 구성원의 총유를 인정하고 있으므로 그 자체로서 논리적으로 모순적인 구조를 가지고 있고, 종전 교회에서 탈퇴하여 신설 교회를 설립함으로써 종전 교회 구성원으로서의 지위를 상실한 교인들뿐 아니라, 분열 후 종전 교회에서 탈퇴한 채 잔존 교회나 신설 교회 어느 쪽에도 속하지 아니한 교인들에 대하여도 종전 교회 재산에 관한 권리를 인정하는 결과가 되어 법인 아닌 사단의 재산에 관한 기본적인 법리에 반한다. 뿐만 아니라, 종전 판례는 종전 교회의 구성원들인 교인들 외에 분열 후 새로 가입하여 분열 당시 교회의 구성원이 아니었던 교인들까지도 종전 교회 재산에 대한 사용·수익권을 행사할 수 있다고 인정함에 따라 총유재산에 대한 사용·수익권은 법인 아닌 사단 구성원의 지위에서만 인정된다는 민법의 대원칙도 부정하는 결과를 초래하였다.

또한, 종전 판례는, 위 법리의 논리적 귀결로서 종전 교회 재산의 관리·처분행위에 관한 소송은 분열 당시 교인들로 구성된 교인총회의 결의를 거쳐 종전 교회 자체가 당사자가 되어 제기하여야 한다고 판시함으로써(대법원 1995. 9. 5. 선고 95다21303 판결 등 참조), 과거의 분열시를 기준으로 한 종전 교회와 그 구성원들이 소 제기시에도 여전히 존재하는 것처럼 의제하여 교인 총회의 소집과 결의를 요구하였다. 그러나 현실사회에서 과거의 분열시를 기준으로 결의권 있는 교인을 확정하고 그들 전원의 생존 여부와 주소지를 파악한 다음 종전 교회의 대표권자로 하여금 그들에게 소집통지를 하여 총회를 개최하고 결의를 하는 일련의 절차를 거치게 할 것을 기대하기는 어렵고, 극단적으로는 오랜 시간이 지나 분열 당시 결의권을 가졌던 교인들이 행방불명되거나, 사망함으로써 총회 구성원이 존재하지 않게 되어 결의가 불가능할 수도 있다. 결국, 교회의 분열로 분쟁이 발생한 경우에 이를 해결하기 위하여 원고가 되어 소송을 제기하는 교회는 어느 쪽도 종전 교회에 의한 결의 요건이나 대표권을 갖출 수 없어 패소하게 되어 법률적인 분쟁 해결이 불가능하게 되었다. 더욱이 분열되어 나간 교회가 종전 교회 명의의 교회재산에 관하여 관련 서류를 위조하여 허위의 이전등기를 마치더라도 분열 후의 잔존 교회는 말소등기절차의 이행을 구할 수 없어 실체관계에 부합하지 않는 등기의 존재를 용인할 수밖에 없고, 분열된 교회들이 하나의 교회 건물을 서로 독점적으로 점유하기 위하여 물리력을 행사하더라도 이를 방치할 수밖에 없어 종국에는 다수파에 의한 점거가 사실상 정당한 것처럼 유지되는 결과에 이르렀다. 또한, 분열된 각 교회가 상대방의 사용·수익을 방해하지 않는 범위 내에서 종전 교회의 건물을 사용·수익한다고 하더라도, 교회 건물 외에 목사의 사택, 채권·채무 등 구체적인 재산의 사용·수익이나 처분·변제를 어떠한 방법으로 할 것인가에 대한 해결책은 찾을 수 없는 상태로 남아 있다.

뿐만 아니라, 기독교 교단 및 지교회의 변화와 이를 둘러싼 사회·경제적 변화는 종전 판례의 문제점을 극대화시키는 양상을 빚었다. 기독교 교단은 1960년대 이후 현재까지 분열을 거듭하여 현재 수많은 교단이 존재하고 교리상 본질적·근본적인 차이 없이 방법론적인 차이에 불과한 경우도 많게 되었으므로, 특정 교단에 소속된 지교회의 교인들에게 있어서 교단의 탈퇴 내지 변경은 충분히 예견할 수 있게 되었고, 지교회의 분열과 교단변경으로 인한 분쟁으로 소송에 이른 사건들은 대부분 지교회의 목사가 교회운영이나 재산문제, 심지어 개인적 비리로 소속 교단과 마찰을 빚게 되면 신앙과 교리를 핑계 삼아 지지자를 이끌고 교단을 탈퇴한 다음 자신의 이해관계에 맞는 교단에 가입하고는 종전 교회 재산에 대한 권리를 주장하는 것이어서, 결국 교회재산을 둘러싼 분쟁에 불과하게 되었다. 게다가 인구증가와 도시화에 따라 상당수 교회들이 대규모화되고 부동산가격의 상승으로 교회재산이 상당한 재산적 가치를 지니게 되었을 뿐 아니라, 교인들의 권리의식이 향상되고 교인수가 늘어나 다수인의 이해관계가 첨예하게 대립됨에 따라, 일단 교회 재산을 둘러싸고 소송이 제기된 이후에는 법원의 판단과 이에 기한 집행만이 분쟁을 종식시키는 유일한 수단이 되는 경우가 적지 않게 되었다.

위와 같이 수많은 교단의 분립과 지교회의 비대화, 교회 재산가치의 상승 및 다수인의 첨예한 이해관계 대립에도 불구하고, 대법원이 종전과 같이 분열되어 나온 양측의 교인들에게 모두 권리를 인정한다는 취지의 종래 판시를 고수한다면, 분쟁해결기능을 상실하게 될 뿐 아니라, 오히려 종전 교회를 박차고 나온 사람들에게 재산적 권리를 인정함으로써 교단 상호간 및 교인 상호간의 분쟁을 더욱 조장하는 결과를 초래할 수 있다.

4. 새로운 법리의 방향

가. 교회가 법인 아닌 사단으로서 존재하는 이상 그 법률관계를 둘러싼 분쟁을 소송적인 방법으로 해결함에 있어서는 법인 아닌 사단에 관한 민법의 일반 이론에 따라 교회의 실체를 파악하고 교회의 재산 귀속에 대하여 판단하여야 한다. 이에 따라 위에서 본 법인 아닌 사단의 재산관계와 그 재산에 대한 구성원의 권리 및 구성원 탈퇴, 특히 집단적인 탈퇴의 효과 등에 관한 법리는 교회에 대하여도 동일하게 적용되어야 한다.

따라서 교인들은 교회 재산을 총유의 형태로 소유하면서 사용·수익할 것인데, 일부 교인들이 교회를 탈퇴하여 그 교회 교인으로서의 지위를 상실하게 되면 탈퇴가 개별적인 것이든 집단적인 것이든 이와 더불어 종전 교회의 총유 재산의 관리처분에 관한 의결에 참가할 수 있는 지위나 그 재산에 대한 사용·수익권을 상실하고, 종전 교회는 잔존 교인들을 구성원으로 하여 실체의 동일성을 유지하면서 존속하며 종전 교회의 재산은 그 교회에 소속된 잔존 교인들의 총유로 귀속됨이 원칙이다.

그리고 교단에 소속되어 있던 지교회의 교인들의 일부가 소속 교단을 탈퇴하기로 결의한 다음 종전 교회를 나가 별도의 교회를 설립하여 별도의 대표자를 선정하고 나아가 다른 교단에 가입한 경우, 그 교회는 종전 교회에서 집단적으로 이탈한 교인들에 의하여 새로이 법인 아닌 사단의 요건을 갖추어 설립된 신설 교회라 할 것이어서, 그 교회 소속 교인들은 더 이상 종전 교회의 재산에 대한 권리를 보유할 수 없게 된다.

나. 앞서 본 바와 같이 특정 교단에 가입한 지교회가 교단이 정한 헌법을 지교회 자신의 자치규범으로 받아들였다고 인정되는 경우에는 소속 교단의 변경은 실질적으로 지교회 자신의 규약에 해

당하는 자치규범을 변경하는 결과를 초래하고, 만약 지교회 자신의 규약을 갖춘 경우에는 교단변경으로 인하여 지교회의 명칭이나 목적 등 지교회의 규약에 포함된 사항의 변경까지 수반하기 때문에, 소속 교단에서의 탈퇴 내지 소속 교단의 변경은 사단법인 정관변경에 준하여 의결권을 가진 교인 2/3 이상의 찬성에 의한 결의를 필요로 한다.

(1) 만약, 교단 탈퇴 및 변경에 관한 결의(아래에서는 '교단변경 결의'라 한다)를 하였으나 이에 찬성한 교인이 의결권을 가진 교인의 2/3에 이르지 못한다면 종전 교회의 동일성은 여전히 종전 교단에 소속되어 있는 상태로서 유지된다. 따라서 교단변경 결의에 찬성하고 나아가 종전 교회를 집단적으로 탈퇴하거나 다른 교단에 가입한 교인들은 교인으로서의 지위와 더불어 종전 교회 재산에 대한 권리를 상실하였다고 볼 수밖에 없다.

(2) 위의 교단변경 결의요건을 갖추어 소속 교단에서 탈퇴하거나 다른 교단으로 변경한 경우에 종전 교회의 실체는 이와 같이 교단을 탈퇴한 교회로서 존속하고 종전 교회 재산은 위 탈퇴한 교회 소속 교인들의 총유로 귀속된다.

법인 아닌 사단의 재산에 관한 관리처분권은 사단에 속하고 그 관리처분권에 관한 의사결정은 총회 결의에 의하여 이루어지는 것인바, 위와 같이 교단변경 결의에 찬성하지 아니한 사람이 결과적으로 불리한 지위에 놓이게 된다고 하더라도 이는 다수의 구성원으로 이루어진 사단의 민주적인 의사결정에 의한 결과이므로 민법의 법인 아닌 사단에 관한 기본법리에 따라 승복하여야 한다.

교단변경 결의가 이루어졌다고 하더라도 종전 교회의 동일성이 유지되고 있으므로, 교단변경 결의에 반대한 교인들이라 하여도 특별한 사정이 없는 한 교인으로서의 지위는 여전히 유지되며, 그 교회 구성원인 교인으로서의 지위 상실은 그의 자유의사에 의하여 결정된다. 교단변경 결의에 의하여 교단에서 탈퇴한 교회라고 하더라도 다시 교단변경 결의를 거쳐 교단을 변경할 수 있다. 따라서 교단변경 결의에 반대한 교인들로서는 그 교회 소속의 다른 교인들과 협의를 하는 등의 방법을 통하여 자신들의 의견에 동의하는 다수의 교인들을 확보하여 2/3 이상의 교단변경 결의 요건을 갖춘 경우에는 종전 교단으로 복귀할 수도 있다.

이와 같이, 교단변경 결의에 관한 새로운 법리가 적용되는 영역은 교회의 운영 내지 재산에 관한 법률관계에 한정된다. 교인들은 자신이 신봉하는 교리에 좇아 자유로이 교회를 선택하거나 또는 선택하였던 교회를 탈퇴함으로써 종교적 자유를 향유할 수 있다. 뿐만 아니라, 만약 적법하게 교단변경 결의가 이루어진 경우에 이에 반대하는 교인들로서도 자신이 원하는 교단 소속 교회를 찾아감으로써 자신의 종교적 신념을 유지할 수 있다.

(3) 다만, 교단변경 결의에는 지교회의 종교적 자유와 함께 지교회의 존립목적 유지라는 양 측면에서의 내재적 한계가 존재한다. 따라서 소속 교단의 헌법에서 교단 탈퇴의 허부 및 요건에 관하여 위와 달리 정한 경우에도(민법 제42조 제1항 단서 참조) 그 규정이 지교회의 독립성과 종교적 자유의 본질을 해하는 경우에는 지교회에 대한 구속력을 인정할 수 없다. 다른 한편, 실질적으로 지교회의 해산 등 교회의 유지와 모순되는 결과를 수반하는 교단변경 결의, 나아가 기독교가 아닌 전혀 다른 종교를 신봉하는 단체로 변경하는 등 교회의 존립목적에 본질적으로 위배되는 교단변경 결의는 정관이나 규약 변경의 한계를 넘어서는 것이므로 허용될 수 없다.

다. 그러므로 교회의 분열을 인정하고 종전 교회의 재산은 분열 당시 교인들의 총유(또는 합유)에 속한다고 판시한 대법원 1993. 1. 19. 선고 91다1226 전원합의체 판결과 같은 취지의 판결들, 그리고 교회의 소속 교단 변경은 교인 전원의 의사에 의하여만 가능하다는 취지로 판시한 대법원 1978. 10. 10. 선고 78다716 판결과 같은 취지의 판결들은 이 판결의 견해에 배치되는 범위 내에서 변경하기로 한다.

위와 같이 대법원이 종전의 견해를 변경함에 따라, 교회의 신앙단체로서의 성격과 사단으로서의 성격을 모두 인정하면서도, 신앙단체로서의 특질에 대하여는 종교의 고유한 영역에 맡기고 사단으로서의 특질에 대하여는 재산분쟁으로서의 실질을 직시하여 민법의 일반원리에 의하여 규율함으로써 사법질서의 통일성을 기할 수 있게 될 것이다. 나아가 앞으로 교회 내부에서 교단 탈퇴 및 변경을 둘러싸고 분쟁이 발생하는 경우 교단 탈퇴를 의도하는 교인들로서는 최소한 결의권자의 2/3에 이르는 교인들로부터 지지를 얻고 적법한 소집절차에 따른 결의를 거칠 것이 요구되고, 반대로 교단 탈퇴에 반대하는 교인들로서도 만약 위의 요건을 갖추어 결의가 이루어진 경우에는 여기에 승복할 것이 요구됨으로써, 민주주의 원칙과 민법의 법인 아닌 사단에 관한 일반 법리에 따른 교회 운영이 가능해지고 교회 분쟁에 대한 예방적 기능을 수행할 수 있게 된다.

5. 이 사건의 판단

원심이 인용한 제1심판결의 인정 사실을 종합하면, 기독교대한성결교회 갑 교회는 기독교대한성결교회 소속의 지교회이고 소외인은 그 담임목사로 재직해 오던 중 당회 구성원인 장로들과 갈등을 빚자 임의로 기획위원회를 조직하여 교회를 운영하였고 이로 인하여 소속 교단의 징계재판을 받을 지경에 이르자 2001. 8. 26. 지지교인들을 모아 소속 교단을 탈퇴하여 독립교회를 설립하되 명칭을 피고 교회로 하기로 결의하였으며(기독교대한성결교회 강서지방회는 2001. 10. 11. 소외인에 대하여 면직판결을 하고 후임 목사를 파송하였다.) 피고 교회는 2001. 11. 21. 기독교대한성결교회 갑 교회 명의로 등기되어 있던 판시 교회 건물 및 대지 등에 관하여, 실제로는 피고 교회가 이를 매수한 적이 없음에도 위 교회 당회의 결의서 등 관련 서류를 임의로 작성하여 자신의 명의로 소유권이전등기를 마쳤음을 인정할 수 있다.

그렇다면 종전 교회는 기독교대한성결교회 교단에 소속된 지교회인데, 소외인이 지지 교인들 일부를 이끌고 소속 교단을 탈퇴하여 독립 교회를 설립하였다고 할지라도, 특별한 사정이 없는 한 이는 일부 교인들이 집단적으로 종전 교회를 이탈한 것에 불과하고, 위 교단 소속으로 잔류하기를 원하는 교인들로 구성되고 교단이 파송한 목사가 재직하고 있는 원고 교회가 종전 교회로서의 동일성을 유지하면서 존속하는 교회라고 할 것이다.

그리고 기록을 살펴보아도 교단 탈퇴를 결의한 2001. 8. 26.자 교인총회가 총회소집통지 등 소집절차에 있어서 소속 교단 헌법 등에 정하여진 요건을 준수하였다거나 결의권자의 2/3 이상이 동의하였다고 인정할 자료가 부족하다.

따라서 원심으로서는 위 2001. 8. 26.자 총회가 소정의 절차를 갖추어 소집되었는지 여부 및 교단탈퇴를 결의한 교인이 적법한 결의권자의 2/3에 이르는지 여부를 더 심리한 다음 위의 요건이 인정되지 아니하는 이상, 소속 기독교대한성결교회 헌법에 정하여진 바에 따라 2001. 12. 2. 담임목사와 3명의 장로가 참석한 당회에서 소제기를 결의한 이 사건에서 원고를 종전 교회로 인정하고 소제기에 관한 적법한 총회결의를 거친 것으로 보아야 함에도 불구하고, 변경 전 판례에 기초하여 종전 교회가 소외인을 당회장으로 하는 피고 교회와 잔류 교인들로 구성된 원고 교회로 분열되었다고 판단하고 총유권자인 분열 당시 교인들의 총회 결의가 존재하지 않으므로 분열 후의 원고 교회가 종선 교회의 총회 재산에 대한 말소를 청구할 수 없다는 이유를 들어 위 등기의 효력에 관하여는 아무런 판단을 하지 아니한 채 이 사건 청구를 배척하였으니, 원심의 판단에는 교회 분열 개념의 허용 여부 및 교단변경의 요건, 등기의 효력에 관한 법리오해, 심리미진 등의 위법이 있다. 원고의 상고 이유 주장은 이유 있다.

그러므로 원심판결을 파기하여 사건을 다시 심리·판단하도록 하기 위하여 원심법원에 환송하기로 하여 주문과 같이 판결하는바, 이 판결에 대하여는 대법관 손지열, 대법관 박재윤, 대법관 김용담, 대법관 박시환, 대법관 김지형의 별개의견과 대법관 강신욱의 반대의견이 있는 외에는 관여 대법관들의 의견이 일치되었으며, 대법관 김영란의 다수의견에 대한 보충의견이 있다.

6. 대법관 손지열, 대법관 박재윤, 대법관 김용담, 대법관 김지형의 별개의견은 다음과 같다.

가. 법인이 아닌 사단의 법률관계에는 민법의 법인에 관한 규정 중 법인격을 전제로 하는 조항을 제외한 나머지 조항이 원칙적으로 유추적용된다는 점, 민법이 사단법인의 경우 구성원의 탈퇴나 해산은 인정하지만 분열은 인정하지 아니하므로 법인이 아닌 사단인 교회의 경우에도 이러한 법리가 그대로 유추적용되어 교회의 분열은 인정되지 않는다는 점, 따라서 일부 교인들이 교회를 탈퇴하여 그 교회 교인으로서의 지위를 상실하게 되면 설령 그 탈퇴가 집단적인 것이라고 하더라도 탈퇴와 더불어 종전 교회의 재산에 대한 사용·수익권을 상실하고 종전 교회는 잔존 교인들로 그 실체의 동일성을 유지하면서 존속하며 종전 교회의 재산은 그 교회에 소속된 교인들의 총유로 귀속된다는 점, 교인들이 그 뜻을 모아서 소속 교단을 변경하는 것은 원칙적으로 가능하다는 점에 관하여는 다수의견과 견해를 같이한다.

그러나 교단에 소속된 교회의 교단 변경을 사단법인의 목적 변경과 유사하다고 보고 사단법인의 정관변경에 관한 민법 제42조 제1항을 유추적용하여 의결권을 가진 교인 2/3 이상의 동의가 있으면 된다고 한 견해에는 찬성할 수 없다.

나. 교회는 본질적으로 같은 기독교 신앙을 기초로 하는 교인들의 모임인 신앙공동체이고, 신앙공동체인 교회의 본질적이고도 핵심적인 요소는 공동의 신앙원칙 내지 신앙고백의 내용인 '교리'와 공동의 신앙적 행위양식인 '예배'라고 할 것이며, 교회의 사단성이란 이러한 신앙공동체 가운데 존재하는 사회단체적 측면의 성격을 법적으로 평가한 데 불과한 것이다. 한편 교단은, 신앙원칙 내지 신앙고백의 내용인 '교리'와 신앙적 행위양식인 '예배'라는, 본질적이고도 핵심적인 요소를 공통으로 하고 있는 여러 교회들이, 대외적 선교와 대내적 교회행정을 공동으로 행할 목적으로 연합하여 조직한 상급 종교단체라고 할 것이다.

그러므로 교회가 그 소속 교단을 변경하는 것은, 신앙공동체라는 관점에서 볼 때, 단순히 교회가 사단으로서의 활동목적이나 명칭을 변경하는 수준에 그치는 것이 아니라, 교회 존립의 핵심요소인 교리의 내용이나 신앙의 표현인 예배의 양식에 변경을 초래함은 물론 선교와 교회행정에 관한 공동노선과 활동체제에 근본적 변화를 일으키는 것으로서, 이는 신앙공동체인 교회의 정체성과 동일성에 중대한 영향을 미치는 것으로 평가하여야 한다. 그리고 법적인 관점에서 보더라도, 교회가 소속 교단을 변경한다는 것은 교회가 종전 교단에 소속해 있으면서 단지 사단법인의 정관에 준하는 성질을 가지는 자치규범이나 그 활동목적을 변경하는 정도에 그치는 것이 아니라, 종전 교단에 소속하였던 교회의 교인들이 그 교회를 해체하고 새로운 교단에 소속된 교회를 새롭게 조직하는 데 이르는 것으로 평가하여야 할 것이다.

교단변경의 성격을 이와 같이 평가한다면, 교회의 소속 교단의 변경에 관하여는 사단법인의 정관변경에 관한 민법 제42조 제1항을 유추적용할 것이 아니라 사단법인의 해산결의에 관한 민법 제78조를 유추적용함이 옳고, 따라서 교회는 교회의 규약 등에 정하여진 적법한 소집절차를 거친 총회에서 의결권을 가진 교인 3/4 이상의 동의를 얻은 경우에 한하여 적법하게 소속 교단을 탈퇴하거나 변경할 수 있다고 보는 것이 옳다. 근래 일부 교단이 분열을 거듭한 나머지 교리와 예배에 있어서 그다지 차이가 없는 교단들이 다수 생겨나게 된 것은 부인할 수 없으나, 그렇다고 하여 교회가 교단을 옮겨가는 행위를 일반 사단법인의 목적이나 정관을 변경하는 정도로 다소 가볍게 평가하는 것은 옳지 않다.

다. 다수의견에 따라, 적법한 소집절차를 거친 총회에서 의결권을 가진 교인 2/3 이상의 동의로 소속 교단을 변경하는 것이 가능하다고 보면, 대법관 강신욱의 반대의견과 대법관 박시환의 별개의견이 지적하는 바와 같이, 1/3가량에 달하는 소수 교인의 신앙의 자유를 침해하거나 재산권을 박탈하게 되는 불합리한 결과가 초래될 우려가 있고, 교리와 예배에 관련되는 신앙공동체의 의사결정에 관하여 일반 사단법인에 적용되는 다수결의 원리를 그대로 적용하는 것이 적절하지 않다고 볼 측면이 있는 점은 부정할 수 없는데, 우리의 의견과 같이 교회의 소속 교단 변경에 민법 제78조를 유추 적용하여 의결권을 가진 교인 3/4 이상의 동의를 얻은 경우에만 적법하게 그 소속 교단을 변경할 수 있다고 보게 되면, 이러한 문제점이 다소 완화될 수 있을 것이다.

라. 이 사건으로 돌아와 보건대, 원심이 인정한 사실에 의하면, 종전 교회인 기독교대한성결교회 갑 교회는 기독교대한성결교회라는 교단에 소속된 교회인데 그 담임목사로 재직하여 오던 소외인이 2001. 8. 26. 지지 교인들 일부를 이끌고 소속 교단을 탈퇴하여 독립 교회인 피고 교회를 설립하였는바, 교단 탈퇴를 결의한 위 2001. 8. 26.자 교인총회가 소속 교단 헌법 등에 정하여진 소집절차를 거쳤고 그 총회에서 의결권을 가진 교인 3/4 이상의 동의를 얻은 사실이 인정되지 아니하는 한 총회에서 집단적으로 종전 교회

를 이탈한 것에 불과하고 총위 교단 소속으로 잔류하기를 원하는 교인들로 구성되고 교단이 파송한 목사가 관장하고 있는 원고 교회가 종전 교회로서 실체의 동일성을 유지하면서 존속하는 교회라고 할 것이다.

그러므로 원심으로서는 위 교인총회가 소정의 절차를 갖추어 소집되었는지 여부 및 교단탈퇴를 결의한 교인이 적법한 결의권자의 3/4에 이르는지 여부를 더 심리하여 위와 같은 요건을 갖춘 사실이 인정되지 않는 경우에는 원고 교회를 종전 교회로 인정하고 소제기에 관한 적법한 총회결의를 거친 것으로 보았어야 할 것이다. 그럼에도 불구하고, 원심이 이에 이르지 아니한 채 변경 전 판례에 따라 종전 교회가 분열되었다고 판단하고 총유권자인 분열 당시 교인들의 총회결의가 없었다는 이유를 들어 이 사건 청구를 배척하고 말았으니, 원심의 판단에는 교회 분열 개념의 허용 여부 및 교단변경의 요건 등에 관한 법리를 오해한 위법이 있다.

마. 따라서 원심판결은 이러한 위법 때문에 파기되어야 하는바, 같은 취지인 다수의견의 결론에는 찬성하나, 그 파기의 이유에 있어서는, 교단에 소속된 교회의 소속 교단의 변경은 사단법인의 해산과 유사한 성격을 지니므로 사단법인의 해산에 관한 민법 제78조를 유추적용하여야 한다는 점에서 다수의견과 견해를 달리하는 것이다.

7. 대법관 박시환의 별개의견은 다음과 같다.

가. 그동안 대법원은 일관되게 교회의 분열을 인정하면서 이 경우 종전 교회의 재산은 분열 당시 교인들의 총유에 속한다는 견해(총유설)를 유지하여 왔고, 이에 대하여는 교회의 분열은 인정하되 종전 총유단체인 교회에 속한 재산은 분열 후 총유단체인 각 교회의 공유로 되고 분열된 각 교회 내부적으로는 각 교회에 소속된

교인들에게 총유의 형태로 귀속된다고 보는 견해(공유설) 및 민법상 사단법인의 분열이 인정되지 않는다고 보아 교회 역시 법적 의미에서의 분열은 허용되지 않고 종전 교회의 교인들의 총유에 속하였던 모든 재산은 종전 교회와 동일성을 유지하면서 존속하는 교회의 교인들의 총유로 계속 남는다는 견해(분열 부정설) 등 이견 이 대립되어 왔다.

나. 이 사건에서 교회의 분열을 부정하는 다수의견은, 일부 교인들이 별도의 교회를 설립하거나 교단을 변경하여 따로 예배를 보는 등 사태가 발생한 경우 이를 그 교인들이 종전의 교회를 탈퇴하여 종전 교회 교인으로서의 지위를 상실하는 것으로 보고, 그들은 탈퇴와 더불어 종전 교회 재산에 대한 일탈퇴와 권리를 상실하고 종전 교회는 종전 교단에 소속되어 를 상상태로서 동일성이 유지되고 종전 교회의 재산은 그 교회에 소속된 교인들의 총유로 귀속되나, 다만 사단법인 정관변경에 관한 민법 제42조 제1항을 유추적용하여 교회의 규약 등에 정하여진 적법한 소집절차를 거친 총회에서 의결권을 가진 교인 2/3 이상의 결의로 소속 교단을 탈퇴, 변경할 수 있고, 이 경우 종전 교회의 실체는 교단을 탈퇴한 교회로서 존속하고 종전 교회 재산은 그 탈퇴한 교회 소속 교인들의 총유로 귀속된다는 입장이다.

즉, 교단변경 결의에 찬성한 교인이 의결권을 가진 교인의 2/3에 이르지 못하는 경우 교단변경 결의에 찬성하고 나아가 종전 교회를 집단적으로 탈퇴하거나 다른 교단에 가입한 교인들은 교인으로서의 지위와 더불어 종전 교회 재산에 대한 권리를 상실하는 것이고, 반대로 교단변경 결의가 이루어진 경우 그 결의에 반대한 교인들이라 하여도 교인으로서의 지위 상실은 그의 자유의사에 의하여 결정되므로, 그 교회 소속의 다른 교인들과 협의를 하는 등의 방법을 통하여 자신들의 의견에 동의하는 다수의 교인들을 확보하여 2/3 이상의 교단변경 결의 요건을 갖춘 경우에는 종전 교단으로 복귀할 수도 있다는 견해를 취하고 있다.

다. 그러나 다음과 같은 이유로 다수의견과는 견해를 달리한다.

우선, 우리 민법이 사단법인의 분열을 허용하고 있지 않다는 다수의견의 견해에 찬성할 수 없다. 우리 민법이 사단법인의 분열에 관하여 아무런 규정을 두지 않고 있기는 하나, 사단법인의 분열에 관한 규정이 없다고 하여 우리 민법이 사단법인의 분열을 금지하고 있는 취지라고 단정할 것은 아니다. 우리 민법 중 사단법인에 관한 규정은 사단법인을 규율하기 위하여 필요한 최소한의 내용만을 규정해 둔 것이고, 그 나머지 부분은 사적자치에 맡겨 사단법인의 본질에 반하거나 제3자의 이해관계를 해치지 않는 한 사단법인의 구성원들과 당사자 사이에서 임의적으로 결정할 수 있도록 허용하고 있는 것이라고 해석하여야 할 것이다.

따라서 우리 민법이 사단법인의 분열을 특별히 금지하지도 아니하였고 또 사단법인의 분열을 금지하여야 할 특별한 이유도 보이지 않으므로 사단법인의 분열은 우리 민법하에서도 허용되는 것이라고 보아야 한다. 실제로도 사단법인의 구성원들이 결의나 합의에 의하여 자발적으로 사단법인을 분할하고(이 경우 법인 설립 또는 정관변경의 경우에 준하여 주무관청의 허가를 받아야 할 것이다) 각자의 의사에 따라 분열된 사단법인 중 한 쪽의 구성원으로 남기로 하는 경우 굳이 이를 불법이라고 금지하여야 할 이유는 없다. 그리고 이와 같이 사단법인 구성원들의 자발적 결의에 의한 사단법인의 분열이 가능하다면, 구성원들의 자발적 의사에 기인하지는 않았으나 다른 어떠한 사정으로 인하여 사단법인이 사실상 분열된 상태가 초래되어 하나의 사단으로 회복될 가능성이 없어진 경우 그 상태를 그대로 기정사실로 인정하여 사단법인이 분열된 것으로 보아 법률관계를 정리하는 것 또한 굳이 허용되지 않는 것이라고 할 것은 아니다.

교회 분열은 한 개의 교회가 교리나 예배 방식에 대한 견해 대립, 교회 재산 또는 교회 운영의 주도권 쟁탈 등을 원인으로 분쟁이 계속되다가 급기야는 목사와 교인들이 두 집단으로 나누어져 서로 완전히 별개의 교회가 양립하는 것과 같은 상태로 되는 것으로서, 이는 하나의 단체가 둘로 분열된 것으로 보는 것이 실질에 맞는 것이고, 그 중 한 쪽의 교인들이 개별적 또는 집단적으로 탈퇴하는 것과는 그 의미와 법적 평가에 있어서 전혀 다른 사회적 현상임에도 다수의견은 이를 교인들의 개별적 또는 집단적 탈퇴로 구성함으로써 본질에 어긋나는 평가를 하고 있다.

그러므로 민법상 사단법인의 분열이 허용되지 않으므로 그 법리가 법인 아닌 사단에 있어서도 동일하게 적용되어야 하고, 그 결과 교회에 있어서도 분열이 허용될 수 없다는 다수의견의 논리에는 찬성할 수 없다.

라. 다수의견과 같이 교회의 분열을 허용하지 아니하고 종전 교회의 재산은 그 동일성을 유지하며 존속하는 교회에 전부 귀속하며, 이와 반대 입장에 서는 나머지 교인들은 잔류 또는 탈퇴 중 하나만을 선택할 수 있다고 보는 경우 아래와 같은 여러 가지 점에서 불합리한 결과가 나타난다.

(1) 우리나라 교단의 숫자가 수십 또는 수백 개에 달하는 것으로 보아 교회 분열 또는 교단변경의 원인이 되는 교리의 차이는 그리 핵심적인 부분은 아닐 것으로 짐작되고, 대다수 교회 분열의 주된 원인은 교회 재산 또는 교회 주도권을 둘러싼 분쟁에 있는 것으로 보이는바, 다수의견은 교단변경 결의가 이루어진 경우 그 결의에 반대하였던 교인들 또는 2/3 이상 찬성을 얻지 못하여 교단변경 결의에 실패한 경우 그 결의에 찬성하였던 교인들은 자신의 선택에 의하여 잔류 또는 탈퇴를 할 수 있다고 보는데, 여기에서 잔류의 의미는 신앙이나 교리, 교회 지도자나 운영 주도권에 관한 주장을 포기하고 자신의 신념에 반하는 다른 신앙생활을 따를

것을 강요받는 것에 다름 아니므로 그 교인으로서는 자신의 신앙을 올바르게 수행하기 위해서는 진의와 무관하게 종전 교회로부터의 탈퇴를 선택할 수밖에 없다고 할 것이고 결국 종전 교회 소유 재산에 대한 총유재산권을 박탈당하게 되는 결과가 초래된다. 이는 결국 다수자에 의한 소수자의 재산권 박탈로서 다수결로 결정할 수 있는 한계를 넘어가는 것이다. 더구나 종전 교회와 대립되는 교인 집단의 숫자가 전체의 반수를 넘어가지만 2/3에까지는 이르지 못하는 경우에는 소수의 교인들로 존속하게 되는 종전 교회가 반수를 넘는 다수 교인들의 재산권을 박탈하고 교회로부터 축출하는 결과가 되어 그 불합리성이 너무 심하게 된다.

(2) 신앙적 측면에서 볼 때에도, 교인 중 상당수가 교단의 변경을 원하는 경우 교단변경을 원하는 교인의 숫자가 2/3를 넘지 못할 때에는 종전 교회의 실체는 종전 교단에 소속되어 있는 상태로서 유지되고 교단변경을 원하는 교인들이 탈퇴할 수밖에 없는데, 이와 같은 경우에는 교단의 소속 지교회에 대한 지배력이 필요 이상으로 강화되게 되는 부작용이 생길 뿐 아니라, 교인들의 신앙공동체 및 신앙생활 근거지로서의 교회의 의미가 축소되어 비교적 사소한 교리상의 이견으로 인하여 다수 교인들, 경우에 따라서는 반수가 넘는 교인들이 신앙공동체와 신앙생활 근거지에서 축출되는 불합리한 결과가 생긴다.

(3) 다수의견은 교단에 소속된 지교회의 교단변경이 정관의 변경에 해당한다는 측면에서 교인 2/3 이상의 결의로 소속 교단을 탈퇴, 변경할 수 있다는 입장이나, 교단을 변경하지 않는 교회 분쟁이나 아무 교단에도 소속되지 않은 독립교회의 분쟁에 있어서는 어떤 기준에 의하여 종전 교회의 동일성을 유지하는 교회를 확정할 것인지에 대한 설명이 없어 그 경우 분쟁해결에 아무런 도움이 되지 못하고, 만일 교단에 소속된 지교회의 경우와 동일하게 2/3

이상 결의를 요구하는 것이라면 정관변경에 관한 2/3 이상 의결정족수를 기준으로 삼는 근거를 설명할 수 없다.

(4) 교단변경 결의가 이루어진 경우 잔류 교인들의 입장에서는 종전 교회로부터 이탈하고자 한 의사와 행동이 전혀 없었음에도 종전 교회가 교단을 탈퇴한 교회로서 동일성을 유지하며 존속하게 됨으로써 자신의 의사와 전혀 관계없이 종전 교회로부터 탈퇴할 수밖에 없게 된다는 점에서, 이는 실질적으로 탈퇴를 강요하거나 제명을 하는 것에 해당한다고 볼 것이다.

또한, 교회 분쟁의 해결 방법으로 새로운 대표자(목사)의 선임이나 기존 대표자(목사)의 해임, 구성원(교인)의 제명 등의 방법을 실제로 취할 수가 있을 것인바, 그 경우 교회 규약 등에 대표자 선임·해임, 구성원 제명에 관한 의결정족수가 따로 정하여져 있으면 그에 의하여야 할 것이고, 따로 정족수의 정함이 없다면 구성원 과반수의 출석과 출석 구성원 과반수 찬성에 의하여 이를 의결할 수 있게 될 것인데, 이와 같은 경우 다수의견이 교회 분열의 해결방법으로 제시하는 2/3 정족수의 기준과 대표자의 선임·해임, 구성원의 제명 등에 관한 의결정족수가 다를 때에 어느 정족수가 기준이 되는지에 관하여 혼란과 충돌이 초래될 수 있다.

(5) 다수의견이 제시하는 기준은 교회 분열을 해결하는 실질적 방법으로 되기 어렵다.

다수의견은 교회 분열 자체를 허용하지 아니한 채, 이탈되어 나가는 교인의 숫자가 2/3 이상을 확보하느냐 여부에 따라, 이를 확보한 경우에는 그 확보한 교인 집단에게 교회 재산과 운영에 관한 권리 전부를 주게 되므로 그 반대 집단(종전 교회 잔류 집단)에게는 종전 교회에서 갖고 있던 일체의 권리를 포기하게 하거나 신념에 반하는 신앙생활을 할 것을 강요하게 되며, 반대로 이탈한 교인 집단이 2/3 이상을 확보하지 못한 경우에는 그 숫자가 아무리 많고 심지어 반수를 넘는다 하더라도 역시 같은 결과가 된다. 교회 분쟁의 상당수가 실제로는 교회 재산을 둘러싼 분쟁인 점을 고려하여 볼 때에 위와 같은 결론을 받아들이고 순순히 물러날 교인 집단이 얼마나 될지 의문이다.

또한, 교인의 탈퇴 여부는 교인의 탈퇴 의사표시가 있는 경우 또는 교인이 다른 교단의 예배를 수행하는 등 그 행태에 의하여 탈퇴의 의사를 추단할 수 있는 경우를 기준으로 판단할 수밖에 없을 것인데, 교회가 사실상 분열되어 교단변경 결의가 이루어진 경우의 소수 반대 교인들 및 결의가 이루어지지 못한 경우의 찬성 교인들이 종전의 신앙공동체로부터 완전히 분리된 별도의 신앙공동체를 구성하거나 명시적으로 탈퇴의 의사표시를 하지 않는 이상 위 교인들의 탈퇴 여부를 판단하는 것은 매우 어렵다고 할 것이다. 실제로 이들이 종전 교회의 구성원으로 남아 교회 재산과 교회 운영에 권한을 행사하겠다고 주장하는 경우 이를 강제로 배제시키는 것이 현실적으로 가능할 것인지 의문이고, 결국 교인들 간의 분쟁은 여전히 해결되지 않은 채 내재적으로 계속된다고 볼 수밖에 없을 것이다.

(6) 다수의견은 2/3 이상 결의를 하는 방법으로 교회의 적법한 소집절차를 거친 총회에서의 결의를 요구하고 있다. 그러나 교회가 사실상 분열될 정도로 분쟁이 격심한 상황에서 교회 분열(교단의 변경)을 의결하기 위한 총회의 소집을 허용해 줄 소집권자는 아무도 없을 것이다. 물론 법원에 총회 소집허가를 받아 총회를 소집하는 방법이 있다고는 하나, 그러한 방법으로 개최된 총회가 전체 교인들의 총의를 제대로 반영하는 효과적인 분쟁해결 방법으로 작동할 것을 기대하기는 어려울 것이다.

다수의견의 위와 같은 엄격한 요구는 사실상 분열되어 별개의 단체로 존재하고 있는 사회적 현상에 대하여 빠르고 적절한 분쟁해결 방법의 사용을 어렵게 하는 대신 분쟁 자체를 억지로 눌러

막아두거나 과도한 양보를 강요하는 바람직하지 못한 상황으로 연결될 가능성을 배제할 수 없다.

마. 이상 살펴본 바와 같이 다수의견에는 여러 가지 문제점이 있어 이를 따를 수 없고, 분열되어 실재하는 사회현상을 그대로 존중하여 교회의 분열을 인정하는 전제하에서 교회 분쟁을 설명하는 법리를 구성하는 것이 타당할 것이다.

나아가 교회의 분열을 허용하는 경우에도, 교회의 분열은 하나의 교회가 별개의 각 교회로 분열함으로써 종전 교회는 소멸하여 존재하지 않게 되는 것이라는 점에서, 종전 판례의 입장과 같이 종전 교회에 속한 권리의무가 분열 당시 교인들의 총유에 속하게 되는 것으로 볼 것이 아니라, 분열된 각 교회에 공유적 형태로 분리하여 포괄승계되는 것으로 볼 수밖에 없을 것이고(채무는 분열된 각 교회가 부진정연대의 관계로 부담하는 것으로 보아야 할 것이다), 각 교회의 공유지분 비율은 분열 당시 분열된 각 교회의 등록된 세례교인의 수에 의하여 결정되는 것이 합리적이라고 할 것이다.

이에 대하여는 공유관계의 성립이나 포괄적 승계를 인정할 수 있는 법적 근거가 없다거나 세례교인의 수를 파악하는 것이 현실적으로 매우 어렵다는 비판이 있으나, 교회 분열을 허용하는 이상에는 권리의무의 포괄적 승계를 허용하는 것이 가장 자연스러울 것이며, 공동소유의 형태 중 공유관계로 법리를 구성하는 것이 분열되는 각 교회 교인들 사이의 형평에 가장 부합하는 것으로 보이는 점, 공유물분할 등 공유관계에 의한 법리에 의하여 교회 재산의 귀속에 관한 분쟁을 최소화하고 신속한 해결을 도모할 수 있는 한편 소수 교인들의 지위도 보호할 수 있는 점, 그리고 사찰의 경우와 달리 교회에 등록된 세례교인의 수를 파악한다는 것이 불가능한 것은 아닌 점 등을 참작하면 위와 같은 비판은 수긍할 수 없다.

바. 결국 종전 판례의 입장 중 교회 분열시의 재산귀속에 관한 부분은 변경되어야 할 것인바, 이 사건에서 원심이 종전 교회인 기독교대한성결교회 갑 교회가 원고 교회와 피고 교회로 분열된 것으로 인정한 이상, 원심으로서는 분열 당시의 현가 세례교인 수와 원·피고 쌍방 교회에 속한 세례교인 수를 조사하여 각 교회의 공유지분을 확정한 다음, 이 사건 부동산에 관하여 피고 앞으로 마쳐진 소유권이전등기 중 원고 교회의 지분에 해당하는 만큼은 소유권이전등기 말소청구를 인용하였어야 할 것이다.

따라서 원심판결은 이러한 위법 때문에 파기되어야 할 것이고, 다수의견 역시 이와 결론을 같이 하여 그 결론에는 찬성하나 파기의 이유에 관하여는 견해를 달리하므로 별개의견을 밝히기로 한다.

8. 대법관 강신욱의 반대의견은 다음과 같다.

우리 사회에 존재하는 법인 아닌 사단은 존립목적과 형태, 구성원 상호간의 관계 및 결속도, 사단 재산의 형성 경위 등에 따라 다종다양하여 단일한 법리로 규율되기 어렵고 민법에서도 이에 관하여 별도의 규정을 두고 있지 않다. 다수의견이 원용하는 대법원 1992. 10. 9. 선고 92다23087 판결 등 종전 판례도 단체의 특성에 반하지 아니하는 범위 내에서 사단법인에 관한 민법의 관련 규정을 유추적용한다는 것일 뿐 단체의 특성에 따라 별도의 법리가 적용되는 것을 부정하는 취지로 해석되지 아니한다.

대법원은 반세기가 넘는 기간 동안 일관하여 교회의 분열을 허용하고 이 경우 교회 재산은 분열 당시 교인들의 총유에 속한다는 법리를 판시하여 왔는바, 종전 판례가 각종의 법인 아닌 사단 중 오직 교회에 대하여만 분열 개념을 허용하고 분열 전 교인들의 총유권을 인정해 온 것은, 교회가 본질적으로 같은 기독교 신앙을 기초로 하는 교인들의 모임인 신앙단체로서 교인들이 신앙노선의 차이에서 별도로 예배주관자를 두고 그의 인도하에 종교활동을 하거나 소속 교단을 달리하는 집단으로 나누어진 경우에는 더 이상 신앙단체로서의 본질적 기초를 같이 할 수 없으므로 분열되었다고 평가할 수밖에 없다는 점을 직시하고 나아가 교회 재산은 대체로 소속 교인들의 헌금을 기초로 형성되므로 설령 일부 교인들이 종전 교회를 탈퇴한다고 할지라도 탈퇴한 교인들이 종전 교회 재산 형성에 기여한 이상 그 재산에 대한 총유권자로서의 지위, 즉 사용·수익권을 보장해 주어야 한다는 점에서 비롯된 것이다.

그렇다면 종전 판례가 민법상 사단법인에 관한 규정 또는 법인 아닌 사단에 관한 법리와 모순된다고 볼 수 없으며 오히려 교회 운영의 실제를 반영하고 있는 이상 종전의 확고한 판례를 변경하여야 할 아무런 필요성이 없다고 할 것이다.

나아가 다수의견에 따를 경우 소수자의 종교의 자유를 침해하는 문제점이 발생한다는 점을 지적하고자 한다.

모든 국민은 종교의 자유를 가지는바(헌법 제20조 제1항) 여기에는 자신이 신봉하는 교리에 따라 종교활동을 할 자유가 포함되므로 특정 교단에 소속된 지교회의 교인들은 자신의 의사에 반하여 다른 교리를 신봉하는 교단으로 옮길 것을 강요당하지 않을 권리를 가진다고 할 것이다.

그런데 다수의견에 따르면 교인들은 어떠한 명목으로든, 예컨대 목사의 전횡이나 비리를 용납할 수 없어 집단적으로 교회를 이탈하는 경우에도 2/3 이상이 되지 않는 한 교회 재산에 대한 사용·수익권이 박탈됨으로써 그 교인들은 교회 건물에 출입할 수조차 없다는 것이고, 다른 한편 교인의 2/3 이상의 동의를 얻기만 한다면 얼마든지 종전 교단을 박차고 나가 다른 교단에 가입할 수 있고 이러한 분파 행동에 참여하기를 거절하고 종전 교단 소속으로 잔류하기를 희망하는 나머지 1/3 이하의 교인들은 자신들이 종전 교회의 정통성을 지키고 있다고 믿고 있음에도 불구하고 종교의 신념을 꺾지 아니하는 이상 역시 교회 재산에 대한 사용·수익권을 박탈당한다는 결과에 이르게 되는바, 이러한 결과는 명백히 소수자의 종교의 자유를 침해하는 것으로 용인하기 힘든 것이라 아니할 수 없다.

또한, 다수의견에 따를 경우 교회는 교인 2/3 이상의 지지를 받는 권력자에 의하여 그 운명이 좌지우지되고 그 권력자는 자신을 반대하는 소수 교인들을 교회에서 내쫓을 수 있을 뿐 아니라 나아가 위 요건을 갖추어 타 교단에 가입하였다가 마음에 차지 않으면 그 중 2/3 결의로 또 탈퇴할 수 있어 교회의 분열을 조장하고 법률관계를 혼란에 빠뜨릴 우려가 있다.

다수의견은 다수결의 원리를 기본으로 하는 민법상 사단법인의 법리를 신앙단체인 교회에도 그 특성을 무시한 채 수용함으로써 교리 및 예배에 관한 소수 교인들의 종교의 자유를 침해하게 될 뿐만 아니라 오히려 다수자에 의한 교회의 분열을 조장하는 결과가 되므로 교회가 분열되었더라도 분열 당시 교인들은 여전히 교회 재산의 총유권자로서 사용·수익권을 보유하고 나아가 그 분열 당시 교인들로 구성된 총회의 결의를 거치지 아니하는 이상 교회 재산을 처분할 수 없게 함으로써 개별 교인들의 권리를 보장하여야 할 것이다.

다수의견은 종전의 판례가 교회재산을 둘러싼 분쟁에 있어 실질적인 해결기능을 발휘하지 못하는 폐단이 있다는 입장에 기초하고 있고 거기에 경청할 부분이 있다는 점은 부정하지 아니하나, 이는 향후 구체적인 사건에서 교회 분열의 허용요건을 보다 엄격하게 해석하고 교인들의 총의에 의하여 분열 후의 교회재산에 대한 합리적 처리를 보다 쉽게 할 수 있도록 총회에서 의결권을 가지는 교인의 범위, 총회의 소집권자와 소집방법, 회의방식 등을 구체적으로 제시하는 방향으로 판례이론을 발전시켜 나감으로써도 충분히 해결할 수 있을 것이라고 본다. 따라서 다수의견처럼 교회의 분열이라는 현상을 부정하는 방향으로 종전 판례를 변경할 것이 아니라, 일단 종전 판례를 유지하고 분열 후 종전 교회의 재산에 관한 권리관계 내지 법률관계를 합리적으로 규율할 수 있는 법리를 찾아내고 발전시켜 나가는 것이 바람직하다고 믿는다.

이상의 이유로 교회의 분열과 재산 귀속에 관한 종전의 판례는 유지되어야 하고, 이를 변경하여야 한다는 다수 의견에는 찬성할 수 없다. 그렇다면 종전 판례에 따른 원심판결은 유지되어야 할 것이다.

9. 대법관 김영란의 다수의견에 대한 보충의견은 다음과 같다.

가. 종전 판례가 교회를 법인 아닌 사단이라고 보면서도 분열을 허용하고 그 경우의 재산관계에 대해서는 법인 아닌 사단의 일반 법리를 그대로 적용하지 않고 변형시켜 적용해 온 데에 대해서는 명확한 이론적 근거가 밝혀져 있지 않다. 연혁적으로 보면 합유나 총유의 규정이 별도로 존재하지 않았던 구 민법 당시에 선고된 대법원 1957. 12. 13. 선고 4289민상182 판결 및 대법원 1958. 8. 14. 선고 4289민상569 판결은 교인들의 연보·헌금 등으로 형성된 교회 재산은 교회가 분열되더라도 원칙적으로 분열 당시 교인의 합유라고 판시함으로써 재산형성에 기여한 개별 교인의 권리를 중시하는 듯한 취지가 엿보였고 합유나 총유규정이 명시된 제정민법이 시행된 이후에도 교회가 분열된 경우에는 여전히 합유라고 판시해 오면서(대법원 1973. 1. 16. 선고 72다2070 판결 등 참조) 분열과 무관한 사건에서는 교회재산은 교인들의 총유라는 판시도 보이다가 대법원 1971. 2. 9. 선고 70다2478 판결에서 처음으로 교회의 분열의 경우 그 재산은 그 교회 교인의 총유에 속한다고 판시하였고 같은 취지의 대법원 1976. 2. 24. 선고 75다466 판결 이후에는 교회가 분열되었다면 그 부동산은 특별한 사정이 없는 한 분열될 당시 교회신도들의 총유라는 판시가 확립된 채 현재에 이르게 되었음을 알 수 있고, 이로 미루어 볼 때 판례가 총유설로 전환하면서도 다수의견에서 들고 있는 바와 같은 사회경제적 필요성 등 여러 요청을 중시하여 합유설을 채택할 당시의 이론을 여전히 좇은 결과 '분

열 당시 합유지분권자인 교인'에게 귀속되었다고 한 교회재산이 '분열 당시 총유권자인 교인'에게 귀속된다고 바뀌게 된 것이 아닌가 짐작될 뿐이다.

이와 같은 판례의 태도에 대하여는 구성원의 개성이 매몰되는 단체법의 이론을 간과하였다거나 분열과 탈퇴 내지 이탈의 구별이 모호하다든가 하는 지적 및 판례이론을 적용한 결과 실제 구성원과 총유권자가 분리되는 결과를 낳고, 종전 교회가 동일성을 달리하는 2개의 교회로 분열되면서도 여전히 재산의 귀속주체로서는 존재한다는 법률상태를 허용하게 되었다는 이론적인 문제뿐 아니라, 사실상 분열 당시 교인들의 총회에서 어떤 결의를 하는 것도 불가능하고 교회재산의 사용·수익도 분열된 각 교회가 상대방의 사용·수익을 방해하지 않는 범위 내에서 종전 교회의 재산을 사용·수익할 수 있다고 하지만 실제로 교회건물 외에도 목사의 사택, 채권채무 등 구체적인 재산의 사용·수익을 어떤 방법으로 할 것인지에 대한 해결책은 찾을 수 없는 상태로 방치되게 되었다는 등의 현실적인 문제점이 드러났다. 이에 관하여는 이미 다수의견에서 자세하게 지적되었으므로 더 이상의 언급을 피하되, 종전 판례에 의한 결론이 사실상 교회 내부의 분쟁에 대하여 간섭하지 아니하고 당사자 사이에서 자율적인 해결을 촉구한다는 것이 지나쳐서 실제의 분쟁을 해결함에 있어 분쟁을 해결하는 기능을 방기하여 버렸고, 교회에 한하여 단체법의 기본원리와 다른 여러 이론을 적용할 당위에 대해서도 설득력을 잃게 된 이상 법인 아닌 사단의 일반 이론에 따라 교회의 재산 귀속에 대하여 판단하고 이로써 법률적으로 분쟁을 해결하도록 하여야 한다는 점만을 다시 지적하기로 한다.

나. 별개의견 중 교단변경에 교인 3/4 이상의 결의를 필요로 한다는 견해는, 교단변경의 요건을 보다 엄격히 함으로써 교회의 내분을 예방하는 효과를 거둘 수 있다는 목적론적 해석이라는 점에

서 일면 수긍할 측면이 없지 않으나, 그 법리적 근거에 대하여는 수긍하기 어렵다.

위 별개의견은 교단변경이 신앙공동체인 지교회의 정체성과 동일성에 중대한 영향을 미치므로 종전 교회를 해체하고 새로운 교단에 소속된 교회를 새롭게 조직하는 것으로 평가하여야 한다는 전제하에 교단변경 결의에 관하여 사단법인 해산에 관한 민법 제78조를 유추적용하여야 한다는 것이다.

만약, 교단변경이 종전 교회로서 동일성 유지에 중대한 영향을 미친다면 교단변경 결의는 해산결의와 동일한 법률적 의미를 갖는다는 해석에 다름 아니므로 법률적 효과에 관하여도 사단법인 해산에 관한 민법 제80조 이하를 유추적용하여 청산 절차에 들어가 교회 재산을 처분하고 종국적으로 종전 교회의 실체를 소멸시켜야 할 것이다(교회의 청산절차에 대하여 민법 제82조 제1항을 유추적용한 대법원 2003. 11. 14. 선고 2001다32687 판결 참조). 그러나 교단변경은 종전의 교회가 동일성을 유지하면서 존속하되 소속 교단만을 달리 한다는 점을 당연한 전제로 하며(위 별개의견 역시 이를 부정하는 취지로 보이지 않는다) 따라서 교단변경에 있어서 법인 소멸을 위한 절차규정은 유추적용될 여지가 없다는 논리적 귀결로서 교단변경결의의 요건으로 사단법인 해산결의요건에 관한 민법 규정만을 유추적용할 수는 없게 되는 것이다.

그렇다면 위 별개의견은 교단 탈퇴에 엄격한 요건을 요구한다는 목적을 먼저 설정하고 이를 위하여 무리하게 무관계한 조문을 끌어들인다는 비판을 면하기 어렵다.

다. 별개의견 중 공유설에 대하여는 이론적 근거가 박약할 뿐더러 현실적으로도 분쟁해결기능을 발휘하지 못한다는 점을 지적하지 않을 수 없다.

(1) 위 별개의견이 지적하는 것처럼 법인 아닌 사단의 구성원들이 별도의 결의 또는 합의를 통하여 종전 사단을 분할하는 행위 및 종전 사단의 구성원들이 집단적으로 탈퇴하여 새로운 교회를 설립하는 행위가 사적자치의 원칙상 허용됨은 당연한 법리이며 다수의견도 이를 전제로 하고 있다. 또한 교회가 분열하여 복수의 교회가 발생하는 사회적 현상을 직시하고 바람직한 해결 방법을 추구한다는 기본적인 입장은 다수의견이든 위 별개의견이든 차이가 있을 수 없다.

(2) 소유권의 귀속과 변동은 재산법 질서의 중핵으로서 법원은 법률의 규정이나 당사자의 법률행위에 근거하지 아니한 소유권의 변동을 인정할 수 없다.

그런데 우리 민법은 법인 아닌 사단의 법률관계 중 재산의 소유형태 및 관리 등에 관하여 민법 제275조 내지 제277조에 특칙을 두어 법인 아닌 사단의 재산관계를 총유로 규정하는 독특한 입법을 채택하였고 총유에 있어서는 소유권이 관리·처분의 권능과 사용·수익의 권능으로 나누어져서 구성원들에게는 사용·수익의 권능이 배분되고 관리·처분의 권능은 통일적 의사를 요구하기 때문에 사단 총회의 결의에 따라서만 행사할 수 있도록 규정하였다. 따라서 사단이 분열된 사회적 현실을 받아들이더라도 분열된 각 사단에게 부여되는 법률효과로서 재산관계에 관하여는 종전 사단의 정관 등으로 정하지 않은 이상 민법 제275조 내지 제277조가 적용되어, 종전 사단의 재산에 대한 권리는 그 구성원으로서의 지위에 수반하여 득실을 결정하지 않을 수 없다. 이는 우리 민법이 법인 아닌 사단의 재산형태로서 총유를 규정한 이상 부득이한 결과로서 이러한 법률효과를 배제하자는 논의는 입법론이 아닌 현행법의 해석론으로는 받아들일 수 없다.

위 별개의견의 논리구조는 "교회 분열이라는 사회적 현실을 받아들여야 한다.", "교회 분열을 허용하는 이상에는 권리의무의 포괄적 승계를 허용하는 것이 가장 자연스럽다.", "따라서 분열된 교회들이 종전 교회 재산을 포괄승계하여 이를 공유한다."라는 삼단논법으로 구성되어 있는바, 교회 분열이라는 사회적 현실을 인정하여야 한다는 필요성과 재산의 포괄승계가 자연스럽다는 이유만으로 법률적 근거를 사상한 채 종전 교회 교인들로 하여금 그 재산을 다른 주체에게 승계시키는 법률효과를 강제할 수 있는지 의문이다.

결국, 종전 교회의 분열 결과 설립된 교회가 별개의 법인 아닌 사단으로서의 요건을 갖춘 경우에는 종전 교회와는 다른 권리의무의 주체가 되어 새로이 법률관계가 형성되는 것이지 종전의 교회에게 귀속되었던 권리·의무가 자동적으로 분열되어 나온 교회에게 포괄승계된다고 볼 근거는 전혀 없다. 우리 단체법이론에 의하면 단체의 합병에 의한 포괄승계는 인정되나 명문으로 인정된 상법상 회사분할의 예를 제외하면 단체의 분리에 의한 포괄승계를 상정하고 있지 않으므로 이를 인정하려면 당사자들의 법률행위나 법률의 규정이 필요한 것이다.

(3) 위 별개의견은, 종전 교회는 소멸하고 2개의 새 교회가 생긴다고 전제하고 있으나, 우리 단체법상의 이론으로는 어떤 단체가 소멸하더라도 청산사무의 범위 내에서는 청산중의 단체로서 존속한다는 것이므로 종전의 단체가 소멸되었다고 볼 수도 없다(교회의 청산절차에 대한 앞서 든 대법원 2003. 11. 14. 선고 2001다32687 판결 참조).

(4) 위 별개의견은, 다수의견에 따를 때 결의권자의 2/3 이상을 확보하지 못한 교인들은 재산권을 박탈당하고 교회로부터 축출되는 결과가 되는데 이는 다수자에 의한 소수자의 재산권 박탈로서 다수결로 결정할 수 있는 한계를 넘어가는 것이어서 불합리하다고 지적한다.

우선, 위 별개의견도 부정하지 아니하는 사단법인 의사결정의 기본원칙은 다수결로서 이는 구성원의 개성이 사단 속에 매몰되는 단체법의 기본원리이고, 이에 따른 소수파의 불이익은 다수결의 원리 개성이 는 모든 단체법관계에서 일어날 수 있는 문제졸의 기본 교회의 경우에만 명문의 규정도 없이 국가가 판결로 새로운 이론을 만들어 내어 보호할 일은 아니다. 종전 판례에 대하여 개신교가 아닌 다른 종교단체에서 평등의 원칙을 위이익였다고 지적하고 있는 것도 다름아닌 이런 이유 때문임을 생각해 볼 필요가 있다.

오히려 위 별개의견에 따르면 다수결의 원리만에 따라 교회 재산의 사용·수익권이 배타적으로 귀속되는 결과에 이르게 된다. 공유자 사이에 공유물을 사용·수익할 구체적인 방법을 정하는 것은 공유물의 관리에 관한 사항으로서 공유자의 지분의 과반수로써 결정하여야 할 것이므로(민법 제263조, 제265조), 과반수 지분의 공유자는 다른 공유자와 사이에 미리 공유물의 관리방법에 관한 협의가 없었다고 하더라도 공유물의 관리에 관한 사항을 단독으로 결정할 수 있고 과반수 지분의 공유자가 그 공유물의 특정 부분을 배타적으로 사용·수익하기로 정하는 것은 공유물의 관리방법으로서 적법하게 되는바(대법원 2002. 5. 14. 선고 2002다9738 판결 등 참조), 따라서 분열된 두 교회가 각기 교회 건물을 배타적으로 점유하면서 상대방의 점유를 배제하고자 하는 경우 분열 당시 세례교인 중 한 사람이라도 많은 수를 확보한 교회가 과반수지분권자로서 배타적으로 사용·수익할 수 있고 소수지분권자로 전락한 다른 교회는 이에 대하여 점유배제를 구할 수 없게 되는 것이다. 결국 위 별개의견은 51%의 다수자가 49%의 소수자를 축출하는 결과는 정당하고 67%의 다수자가 33%의 소수자를 배제하는 결과는 부당하다고 지적하는 것이나 다름없다.

(5) 위 별개의견은, 종전 교회와 대립되는 교인 집단의 숫자가 전체의 반수를 넘어가지만 2/3에 이르지 못하는 경우에는 소수의

교인들로 존속하는 종전 교회가 반수를 넘는 다수교인들의 재산권을 박탈하는 결과가 되어 불합리성이 너무 심하고 교단의 지배력이 필요 이상으로 강화되는 부작용이 생긴다고 지적한다.

그러나 교단변경이 정관 변경의 요건을 갖추어야 하는 만큼 아직 정관 변경에 유효한 정족수를 획득하지 못하여 교단변경을 이루어 내지 못한 경우 이 때문에 교단의 지배력이 필요 이상으로 강화된다고 보기도 어려우며, 교단변경을 시도하다가 무산되어 탈퇴에 이르게 된 것을 사소한 교리상의 이견으로 신앙공동체에서 축출당하는 것이라고 가벼이 보고 불합리성을 논할 것도 아니다.

(6) 위 별개의견은, 분열된 교회가 종전 교회의 구성원으로 남아 재산권 등을 행사하겠다고 주장하는 경우 현실적으로 이를 강제로 배제시킬 수 없으며 또한 종전 교회로부터 이탈한 것인지 교회 내의 분쟁에 불과한지 쉽게 구별할 수 없기 때문에 다수의견은 분쟁 해결방법이 될 수 없다고 지적한다.

그러나 교인들이 종전 교회를 탈퇴하였는지 여부의 판단은 그 소송사건을 심리하는 법원의 당연한 책무이고 그 사실인정이나 강제집행의 어려움은 종전 판례에 따르든, 다수의견이나 위 별개의견에 따르든 아무런 차이가 없다. 나아가 위 별개의견을 채택한다고 하여 실질적으로 분쟁이 해결되지도 아니한다.

대립되어 분열된 두 교회가 동일한 교회 재산을 공유하는 상태를 유지하기는 어렵고 결국 어느 쪽이 공유물분할의 소를 제기할 수밖에 없는데, 현행법의 테두리에서 가능한 공유물분할의 방법으로는 양측에게 만족스러운 권리를 보장할 수 없기 때문에 두 교회에게 종전 교회 재산을 공유케 하는 결과는 분쟁의 해결이 아니라 오히려 새로운 분쟁의 시작이라고 보아야 할 것이다. 그리고 분열된 한쪽 교회의 교인의 수가 얼마이든 언제든지 공유물분할의 소를 제기할 수 있게 함으로써 분열을 더욱 쉽게 조장할 것이라는 우려에서도 자유롭지 않다.

(7) 다수의견이 교단을 변경하지 않는 교회분쟁이나 독립교회의 분쟁에 있어서 아무런 해답을 제시하지 못한다는 지적이 있으나 앞으로 그와 같은 분쟁에서 유효한 정족수를 충족시킨 결의에 따라 목적변경에 준하는 변경 등이 있었는지 여부를 구체적인 사건에서 판단하면 될 일이다.

또한, 탈퇴의 개념이 모호하다든지 탈퇴가 아닌 사실상 제명이라고 보아야 한다든지 그 경우 어떤 의결정족수가 적용될 것인지 다수의견이 예상하는 결의를 할 실제적인 방법이 있는지 등 다수의견에 대한 의문을 제기하고 있으나, 바로 이와 같은 절차적인 문제의 해결 등에서 종전의 판례가 교회 특유의 이론들을 도입하고 적용하는 데 한계에 부닥친 만큼 단체법의 원칙을 충실하게 적용하여 문제를 해결해 나가야 할 필요가 생긴다고 강조하고 싶다.

(8) 결국, 위 별개의견이 제시하는 공유설은, 분열된 교회들에게 종전 교회 재산에 대한 권리를 보장하면서도 종전 판례의 문제점을 보완하려는 이론으로 선해되지만 그 이론적 흠과 실제적 문제점 때문에 종전 판례를 대체할 다른 이론으로 받아들이기 어렵다.

라. 반대의견이 종전 판례가 유지되어야 할 이유로서 소수자의 종교의 자유를 드는 점에 대하여도 찬성하기 어렵다.

다수의견에서도 밝힌 것처럼 교회 재산을 둘러싼 분쟁에서 개별 교인들이 모두 교회 재산에 대한 사용·수익권을 보장받아야만 종교의 자유가 보장되는 것은 아닐 것이다.

반대의견이 지적하는 개별 교인의 종교의 자유를 관철하려면 다수의견은 물론, 종전 판례로도 부족하고 아예 교회의 분쟁은 종교의 영역으로 분리하여 사법심사의 대상에서 제외시켜야 한다.

그런데 교회 등 종교단체의 분쟁에 사법권이 어느 정도까지 개입할 것인가의 문제는 각 나라의 역사나 사법제도 등에 따라 조금씩 그 정도를 달리해 왔지만 오늘날에 이르러서는 종교단체의 자율에 맡겨 두어야 할 고유한 내부사항의 핵심부분에 관한 것이 아닌 한 국가법원의 적극적인 관할을 긍정하여야 하는 데에는 별다른 이론이 없다. 우리 법원도 이런 입장에서 교회가 교인으로서 비위가 있는 자에게 종교적인 방법으로 제재하는 권징재판의 효력과 집행에 대해서는 교회내부의 자율에 맡겨야 한다는 판결을 거듭해 오면서도(대법원 1981. 9. 22. 선고 81다276 판결 등 참조) 그와 같은 권징재판에 의하여 징계, 출교 등의 규제를 받은 사람이 이에 불복하여 자신을 추종하는 세력 등을 규합하여 종전의 교회에서 벗어나 다른 교단으로 옮겨가는 것에 대해서는 징계처분을 받은 후 분열로 인하여 그 소속을 벗어난 이상 더 이상 교회 내부의 문제가 아니라는 이유로 사법심사의 대상이 됨을 당연한 전제로 하여 분열을 긍정하는 판시를 해 왔다.

이처럼 법원이 교단의 탈퇴 등 교인들 간의 갈등으로 말미암은 교회의 분쟁을 고유한 내부 분쟁이라고 치부해 버리지 않고 사법권의 심사대상이 되는 법률적 쟁송이라고 보고 개입하여 온 이상, 법인 아닌 사단에 적용될 법리를 충실하게 적용하여야 하고 그 적용에 있어 다시 개별 교인들의 종교의 자유나 신앙단체의 본질을 들어서 우리법상 아무런 근거가 없는 분열의 개념을 상정하거나 법인 아닌 사단에 적용될 재산관련 법규를 달리 해석하여 집단적으로 탈퇴한 구성원, 나아가 새로 세운 조직의 구성원들에게도 종전 조직에서 인정되던 구성원으로서의 권한을 부여하도록 허용되어서는 안 될 것이다.

다수결의 원리가 적용되는 결과 소수파로 되는 교인들이라 하더라도 자신들이 신봉하는 교리를 좇아 스스로 교회를 선택하거나 선택하였던 교회에서 탈퇴하여 원하는 교회를 찾아감으로써 종교의 자유를 향유할 수 있는 이상 이를 넘어서서 개개 교인들의 종교의 자유를 내세워 이를 기준으로 교회 재산의 귀속을 결정하여야 한다는 것은 구성원의 개성이 매몰되는 단체법원리를 부인하는 것으로서 이미 당위성을 상실하였으므로 받아들일 수 없다.

마. 따라서 종전 판례는 변경되어야 하고, 다만 종전 교회의 교인들은 결의권자의 2/3 이상의 동의로 소속 교단을 탈퇴할 수 있으므로, 이상과 같이 다수의견에 대한 보충의견을 밝힌다.

대법관 이용훈(재판장) 강신욱 이규홍 이강국 손지열 박재윤 고현철 김용담 김영란(주심) 양승태 김황식 박시환 김지형

(출처 : 대법원 2006.4.20. 선고 2004다37775 전원합의체 판결 〈소유권말소등기〉 [집54(1)민,91;공2006.6.1.(251),851])

(3) 교회재정의 임의사용

교회재정을 관리하는 자가 교인들의 헌금이나 교회재정을 임의로 사용해 버렸다면 이는 형법상 '업무상횡령죄'를 구성하게 된다. '횡령죄'(橫領罪)라고 하는 것은 다른 사람의 재물을 보관하는 사람이 그 재물을 보관자의 의도와는 달리 자기 마음대로 함부로 처분하거나, 보관시킨 사람이 반환을 요구함에도 불구하고 그 반환을 거부하는 것을 말한다. 그 중에서도 특히 업무상의 임무에 위배하여 횡령하는 것이 업무상횡령죄이다.

업무란 사회생활상의 지위에 의하여 계속 또는 반복하여 행하는 사무를 말한다. 일정한 사무를 계속하고 있는 이상 반드시 직업이나 영업과 같이 생계유지를 위한 것일 필요는 없다. 여기서의 업무는 위탁관계에 의한 것을 내용으로 한다. 그러므로 교회재정을 관리하는 사람이 이를 임의로 사용해 버렸다면 이는 업무상횡령죄에 해당한다. 이러한 경우 횡령한 사람 측과 원만히 합의가 이루어지지 않으면 그를 고소할 수밖에 없을 것이고, 그렇게 되면 그 횡령자는 사안에 따라 형사처벌을 받게 된다. 그리고 교회는 고소와 동시에 하든지 또는 고소와는 별도로 횡령자에 대하여 민사소송으로 그가 횡령한 금액에 대한 반환청구소송을 제기하여 승소판결을 받은 후 강제집행을 통해 횡령당한 돈을 되찾을 수 있을 것이다.

교회 각 부서와 각급 교회학교의 책임자나, 총무 등 교회 일을 맡아하는 사람이 교회예산에서 그 소요경비를 지급받게 되는데, 이때 실제로 소요될 경비보다 더 많은 돈이 소요되는 것처럼 부풀려서 교회로부터 돈을 받아낸다면 이는 '사기죄'에 해당할 수 있다. 그리고 정당하게 지급받은 돈이라고 하더라도 사용과정에서 잔액이 발생한 경우에 이를 반환하지 않고 본래의 용도와는 달리 자기 마음대로 사용해 버린다면 '횡령죄'가 성립될 것이다. 또한 다른 명목으로 교회로부터 금원을 위탁받은 자가 자기 임의로 자기의 채권과 상계처리한 것은 횡령죄를 구성한다. 이에 대한 대법원 판례는 "피고인이 교회신축공사를 감독하면서 위 교회로부터 레미콘대금을 지급하라는 명목으로 금원을 받았으면서도 거기에 사용하지 아니하고 이를 마음대로 피고인이 받을 채권과 상계처리하였다면, 상계정산하기로 하였다는 특별한 약정이 없는 한 이는 금원을 위탁한 취지에 반하는 것이어서 횡령죄를 구성한다."(대법원 1989. 1. 31. 88도 1992)고 하였다.

교회재산은 정당한 절차를 거쳐 정당하게 사용하여야 한다.

교회재산의 관리와 처분은 그 교회의 정관 기타 규약에 의하되 그것이 없을 경우에는 소속 교회 제직회의 과반수 결의에 의하여야 한다. 그러나 목회자 개인의 횡령행위, 재산문제, 감독회장 부정선거, 여자문제 등 개인의 개인비리나 부정을 무마하거나 처리하기 위하여 교회 공금을 사용하는 것은 그 자체가 업무위배행위에 해당하고, 교인들의 의사에 부합한다고 볼 수 없다. ○○교회 당회에서의 추인은 피고인이 감사결과보고서를 작성하여 당회직전에 감사에게 넘겨주고 감사는 그것을 읽고 끝내는 식으로 보고할 뿐이고 교회 공금의 구체적인 사용내역에 대하여는 전혀 보고되지 아니한 채 교인들의 박수를 유도하여 통과시키는 방식으로 이루어진다면 그것은 간단하게 보고를 하였는데, 궁금한 사항이 있으면 교회 사무실에 와서 확인하라는 식인바, 이것은 교인들로부터 적법하게 의결을 얻었다고 할 수 없으며, 교인들의 진정한 의사를 반영하는 것으로 보기 어렵다고 볼 것이므로 업무상위배행위에 해당한다(대법원 2006. 4. 28. 2005도756 참조)는 판례도 있다.

(4) 명의신탁된 교회부동산의 처분

교회는 교회재산을 이용하여 금융기관의 대출을 받기 위하여 장로 등 다른 사람의 이름으로 교회재산을 등기해 놓는 경우가 있을 수 있다. 또한 보통 개교회의 재산을 소속 교단 또는 그 유지재단 앞으로 등기이전 해놓는 경우가 있는데 이러한 것을 '명의신탁'이라고 한다.

이러한 경우 개교회의 부동산을 명의신탁 받은 사람은 그 부동산의 등기명의자로서 다른 사람의 재물을 보관하는 자에 해당하고, 따라서 자신이 명의신탁 받은 개교회 부동산을 개교회의 승인 없이 함부로 처분하면 횡령죄에 해당한다. 그런데 명의신탁된 개교회의 재산은 사실상으로는 개교회의 재산이지만 대외적으로는 등기명의자(수탁자)의 소유인 것으로 인식되기 때문에, 등기명의인(수탁자)으로부터 적법하게 개교회 재산을 취득한 사람에 대해서는 개교회 재산의 반환을 청구할 수 없다.

물론 개교회 재산 취득자와의 합의에 의해 그에게 상당한 보상을 하고 개교회 재산을 반환받을 수는 있다. 단지 수탁자를 상대로 횡령죄로 형사처벌을 받게 함과 동시에 손해배상을 청구하여 잃어버린 개교회의 재산과 같은 가액의 배상을 받을 수 있을 뿐이다.

(5) 적법한 절차 없는 교회부동산의 소유권이전등기

교회에 분쟁이 생겨서 교회가 분열하게 되면 교인들간에 교회재산에 관한 다툼이 생기게 되고, 이때 분열된 교회의 한편에서 법원의 판결을 받는 등 적법한 절차를 밟음이 없이 독자적으로 교회재산에 관한 소유권이전등기를 자기 앞으로 해놓는 경우가 있다.

그러나 이러한 소유권이전등기는 '진실과 차이가 있는 등기'이기 때문에, 이와 같이 사실과 다른 등기신청을 하여 부동산등기부에 잘못된 내용이 등기되게 하는 것은 '공정증서원본불실기재 및 행사죄'에 해당한다. 본래, '공정증서원본불실기재죄'(公正證書原本不實記載罪)라고 하는 것은 공무원에 대하여 허위신고를 하여 공정증서원본에 불실(不實)의 사실을 기재하는 것으로써 형사처벌의 대상이 된다.

'공정증서'라 함은 부동산등기부, 호적부, 토지대장, 가옥대장, 면허증, 여권 등을 말하고, '불실기재'라고 하는 것은 '진실에 반하는 내용을 기재케 하는 것'을 말한다. 이에 대한 대법원 판례는 "교회가 소유하는 재산은 다른 특별한 정함이 없으면 그 교회교도의 총유에 속한다 할 것이고 교도들이 분열되어 파쟁을 하는 경우라도 위 이치는 변할 수 없는 것이므로 피고인이 당회장과 공모하여 자기파 교도의 결의만으로 교회의 재산을 교회가 당회장에게 명의신탁한 것 같이 꾸며 매매를 원인으로 한 소유권이전등기를 마쳤다면 교회의 명의신탁이 없었음에도 불구하고 명의신탁이 있었던 것 같은 불실의 등기를 한 것이 명백하므로 피고인은 공정증서원본불실기재 등 죄의 공범에 해당한다."(대법원 1991. 4. 23. 91도276)고 하였다.

그리고 공동의회의 결의 없이 행한 교회소유 부동산에 대한 소유권이전등기는 효력이 없다. 이에 대한 대법원 판례는 "기독교단체인 교회의 재산은 특단의 사정이 없는 한 그 교회소속 교인들의 총유에 속하므로 그 재산의 처분에 있어서는 그 교회의 정관, 기타 규약에 의하거나 그것이 없는 경우에는 그 교회소속 교인들의 총회의 결의에 따라야 하는 것인바 교인들 총회의 결의가 없었음에도 있는 것 같이 관계서류를 위조하여 경료한 소유권이전등기는 원인무효의 등기이다."(대법원 1986. 6. 10. 86도777)라고 하였다.

(6) 교회분열시의 절도죄

교회의 분열과정에서 분열된 교회의 한쪽 당사자가 공동의회의 재산귀속절차를 밟지 않고 의자 등 교회 재산을 일방적으로 가져가 버렸다면 이는 '절도죄'가 성립한다.

형법 제329조는 "타인의 재물을 절취한 자는 6년 이하의 징역 또는 1천만원 이하의 벌금에 처한다"라고 규정하고 있다. 그런데 여기서 말하는 '타인의 재물'에는 다른 사람의 단독소유인 물건뿐만 아니라 자기와 다른 사람이 공동으로 소유하고 있는 물건 또는 합유물, 총유물도 포함된다.

따라서 교회가 분열된 경우에 종전의 교회재산은 분열당시 교인들의 총유에 속하므로 이러한 총유물을 적법한 절차 없이 함부로 가져가는 것은 '타인의 재물'을 절취하는 것에 해당하여 절도죄가 성립하는 것이다. 이러한 경우 분열전 교회의 재물을 함부로 가져간 사람에 대해서는 형사처벌이 가능함은 물론, 종전교회의 재물에 대해 권리를 갖고 있는 사람들은 법원에 반환청구소송을 제기하여 교회재물을 되찾아올 수 있다.

이에 대한 대법원 판례는 "기독교단체인 교회에 있어서 그 재산은 특별한 사정이 없는 한 그 교회소속 교인들의 총유에 속한다 할 것이고 하나의 교회가 두 개 이상으로 분열된 경우 그 재산의 처분은 일반적으로 승인된 규정이 있으면 그에 의할 것이나 그와 같은 규정이 없는 때에는 분열당시의 그 교회 교인전원의 총의에 따라 그 귀속을 정해야 하며, 이와 같은 절차를 거침이 없이 교회재산에 대한 다른 교파편의 점유를 배제하고 자기교파만의 지배하에 옮긴다는 인식아래 이를 취거하였다면 이는 절도죄를 구성한다."(대법원 1984. 8. 21. 83도2981)고 하였다.

(7) 교회재산과 관련한 배임죄

① 교회부동산의 2중양도

부동산 소유자가 그의 부동산을 매도한 후 다시 다른 사람에게 매도하고 그 앞으로 소유권이전등기를 해준 경우를 '2중양도' 또는 '2중매매'라고 한다.

형법 제355조 제2항은 '배임죄'라는 이름으로 "타인의 사무를 처리하는 자가 그 임무에 위배하는 행위로써 재산의 이익을 취득하거나 제3자로 하여금 이를 취득하게 하여 본인에게 손해를 가한 때에는 5년 이하의 징역 또는 1,500만원 이하의 벌금에 처한다"라고 규정하고 있다.

부동산 소유자가 그 부동산을 매매하기로 하고 그 대금을 받았다면 그에게는 매수인 앞으로 소유권이전등기를 해줄 의무가 발생한다. 즉, 위 형법 조항에서 규정하고 있는 '타인의 사무를 처리하는 자'에 해당한다. 그럼에도 불구하고 그 임무에 위반하여 그 부동산을 다시 제3자에게 매도하고 그 앞으로 소유권이전등기를 해주었다면 이는 최초의 매수인에 대한 배임죄가 성립한다(대법원 1993. 4. 29. 92도2431 참조).

② 교회재산을 그 가치 이하의 채무변제대가로 양도한 경우

교회재산의 관리자가 교회소유 부동산을 그 가치이하의 채무변제대가로 양도하는 경우에는 배임죄가 성립한다.

이에 대한 대법원 판례는 "교회재산의 관리업무에 종사하고 있던 자가 공소외인과 간에 공소외인이 위 부동산을 담보로 금융기관으로부터 8,000만원의 대출을 받아 교회채무를 변제키로 하는 약정 하에 2억원 상당의 교회부동산을 동인 앞으로 무조건 소유권 이전 등기하여 주는 것은 동인에게 차액상당의 재산상이익을 취득케 하고 소유자인 교회에게 손해를 입히는 것이 되어 배임죄에 해당한다."(대법원 1986.6.10. 84도2015)는 판례가 있다.

③ 제3자명의 부동산의 2중양도와 공동의회의 처분결의 없이 2중매매 계약체결과 담보가등기를 설정한 경우

제3자명의의 부동산을 이중양도 한 경우와 교회의 대표자가 공동의회를 소집, 개최하여 처분결의를 얻을 수 있음에도 그러한 노력을 하지 아니한 채 이중으로 매매계약을 체결하거나 담보가등기를 설정한 행위는 배임죄에 해당한다.

대법원 판례는 "부동산의 매도인은 매매계약이 채권적으로라도 유효하여 매수인에 대하여 소유권이전등기절차에 협력할 의무를 지는 경우에 한하여 배임죄의 주체, 즉 타인의 사무를 처리할 자의 지위에 있는 것이어서 매도인이 부동산을 이중으로 매도하는 등 임무위배행위를 하면 배임죄로 처벌할 수 있고, 임무위배행위 당시 부동산의 소유명의가 매도인 아닌 제3자 앞으로 되어 있더라도 소유권이전등기를 매수인에게 경료하여 줄 수 있는 지위, 즉 매수인을 위한 등기협력임무가 이행가능한 지위에 있으면 배임죄의 성립에 지장이 없다. 교회의 대표자가 교인총회를 소집, 개최하여 처분결의를 얻을 수 있음에도 그러한 노력을 하지 아니한 채 이중으로 매매계약을 체결하거나 담보가등기를 설정하면 배임죄에 해당한다."(대법원 1993. 4. 9. 92도 2431)고 하였다.

(8) 교회의 분열시 공동의회의 결의 있어야 보존행위 가능

하나의 교회가 두 개의 교회로 분열된 경우, 분열될 당시 교인들의 총회결의(공동의회)가 없이는 어느 일방의 교회에서도 소유권이전등기 등 보존행위를 할 수 없다. 이에 대한 판례는 "하나의 교회가 2개의 교회로 분열된 경우 교회의 장정 기타 일반적으로 승인된 규정에서 교회가 분열될 경우를 대비하여 미리 재산의 귀속에 관해 정하여진 바가 없으면 교회의 법률적 성질이 권리능력 없는 사단인 까닭으로 종전교회의 재산은 분열당시의 교인들의 총유에 속하고(대법원 1993. 1. 19. 91다 1226 참조) 교회재산의 보존행위에는 교인총회의 결의가 있어야 할 것이므로(대법원 1985. 2. 8. 84다카730, 1990. 12. 7. 90다카23561 참조) 교회가 분열될 당시의 교인들의 총회결의가 없이는 어느 일방의 교회도 그 보존행위를 할 수 없다고 할 것이다."(대법원 1994. 9. 13. 94다 9153)라고 하였다.

(9) 교회분열시 대표자이름으로 소송할 경우 공동의회 결의 필요

교회가 둘로 분열되어 교회가 그 재산에 대한 보존행위로 대표자이름으로 소송을 할 경우에는 분열당시의 교인총회(공동의회)결의가 있어야 한다. 이에 대한 판례는 "교회의 법률적 성질이 권리능력 없는 사단이기 때문에 교회재산이라는 총유물의 보존행위에는 민법 제276조 제1항 소정의 사원총회의 결의를 거쳐야 할 것이며, 교회가 그 총유재산에 대한 보존행위로서 대표자의 이름으로 소송행위를 하는 경우라 할지라도 정관에 달리 규정하고 있다는 등의 특별한 사정이 없는 한 그대로 적용된다."(서울지방법원 동부지원 1994. 3. 25. 92가항9805)고 하였다.

(10) 불교신자의 교회에 대한 토지증여는 증여의 신빙성 결여

불교신자가 자기소유 토지를 기독교신자의 단 한 번의 기증권유로 즉석에서 교회부지로 기증한 경우에 교회에서는 증여증서를 받고도 권리보존의 절차를 취함이 없이 지나왔다면 증여의 신빙성이 없다는 사례가 있다. 이에 대한 판례는 "불교신자가 그 소유토지를 교회부지로 기증하라는 단 한 번의 권유를 받고 그 처리여부에 대한 고려도 해보지 않은 채 즉석에서 승낙하면서 증여서류까지 작성 날인해 주었다는 것은 특별한 사정이 없는 한 우리의 경험칙상 이례에 속한다."(대법원 1984. 2. 14. 83다카1938)고 하였다.

(11) 교인의 토지연보는 증여로 인정

교인이 교회에 토지를 교회신축부지로 연보한 경우 그 후 교회로부터 수차의 소유권이전등기 요구에 응하지 아니하였다 하더라도 이는 그 재산자체를 증여한 것으로 보아야 한다는 사례가 있다. 이에 대한 판례는 "기독교 신도가 그가 적을 두고 있는 교회에 대하여 특정된 재산을 '연보'하였다거나 그 신앙의 대상이 되는 신인 '하나님'께 바쳤다고 한다면 특히 그 재산권의 사용권만을 교회에 제공하는 것이라는 명확한 표시가 없는 이상 그 재산 자체를 증여한 것이라고 보는 것이 타당하다."(대법원 1975. 7. 30. 74다1844)고 하였다.

(12) 교회재산 보존행위시 제직회와 공동의회의 결의 필요

교회재산 보존행위로서 소송행위를 하는 경우에는 총회의 의결을 거쳐야 하며, 공동의회의 결의 없이 제직회의 결의만으로 교회

대표자가 교회재산 보존을 위해 제기한 소유권보존등기 청구의 소를 부적법하다고 본 사례가 있다.

"총유물의 보존에 있어서는 공유물의 보존에 관한 민법 제265조의 규정이 적용될 수 없고, 특별한 사정이 없는 한 민법 제276조 제1항 소정의 사원총회의 결의를 거쳐야 하고 이는 대표자의 정함이 있는 비법인사단인 교회가 그 총유재산에 대한 보존행위로서 대표자의 이름으로 소송행위를 하는 경우라 할지라도 정관에 달리 규정하고 있다는 등의 특별한 사정이 없는 한 그대로 적용된다." (대법원 1986. 9. 23. 84다카6) "교인들의 총회에 해당하는 공동회의 결의 없이 제직회의 결의만으로 교회대표자가 교회재산 보존을 위해 제기한 소유권보전등기청구권의 소는 부적법하다"고 하였다(대법원 1994. 10. 25. 94다28437).

(13) 교회신축부지의 교환은 교인들의 처분결의 필요

교회건축위원장이 교회 신축부지를 매수하였으나, 이 토지가 교회당 부지로는 협소하다고 생각하고 가등기담보로 받아 가지고 있던 대지와 맞바꾸기로 교환계약을 한 경우, 교인들의 교환약정에 대한 처분결의가 없었다면 그 처분행위는 무효이며, 교회가 매수한 토지를 다른 토지와 교환함에 있어서는 새로운 처분결의가 필요하다고 본 사례가 있다.

"교회 교인들의 총유 또는 준총유에 속하는 토지의 처분에 관하여 교회의 정관이나 규약이 없고 교인들의 처분결의도 없다면 비록 그 토지를 취득하여 등기를 마친자가 선의라 하더라도 교회는 그 처분행위의 무효인 사실을 대항할 수 있다. 교회가 매수하려는 토지의 계약사실, 중도금 및 잔금 지급사실이 주보에 의하여 교인들에게 보고된 바 있다면 그 교회에서는 이 토지에 관한 권리를 총유의 방법으로 준공동소유 하게 된 것이 확정되었다고 보아야 할 것이므로 그 후 다른 토지와 교환계약을 체결하는 것은 새로운 처분행위로서 새로운 처분결의가 필요하다고 할 것이다."(대법원 1989. 3. 14. 87다카1574)

(14) 교회건축시 건축법 소정의 수평거리 미확보는 불법행위

주거전용지역에 교회를 건축하면서 건축법 소정의 수평거리를 확보하지 아니하여 인접가옥을 응달에 묻히게 하고 가옥내실 등을 관망할 수 있게 한 경우 불법행위가 성립한다는 사례가 있다.

"사람은 쾌적한 일조, 전망, 통풍, 정온 등의 외적환경 아래에서 또 그의 독립적 지배하에 있는 주택내부에서는 외부로부터 차단되어 공개되지 아니한 채 자유롭게 생활을 할 권리를 가지며 이러한 권리를 조화있게 향유하기 위하여 인접토지소유자는 이를 사용, 수익함에 있어 피차 상당한 제한을 받는다 할 것이고 특히 건축물에 관하여는 건축법에서 건축에 관한 최소한의 기준을 정하고 있는바, 주거전용지역에 교회를 건축함에 있어서 정북방향에 있는 대지의 경계선으로부터 건축법 제41조 제4항 및 동법시행령 제90조 제1항 제1호 소정의 수평거리를 확보하지 아니하여 엄동설한에 인접가옥을 응달 속에 묻히게 하고 한편 교회 1, 2, 3층에서 그 가옥내실 등을 관망할 수 있게 함으로써 입게 된 쾌적한 생활환경의 침해는 소유권행사에 따른 반사적 불이익으로서의 인접가옥 소유자의 수인한도를 훨씬 넘는 것이어서 그에 대하여 불법행위가 된다."(서울고등법원 1983. 11. 17. 선고 83나1174)

(15) 교회건물의 공작물 설치보존자의 방호조치 의무의 정도

교회건물 후면에 건물지하로 통하는 비상계단 출입구 위에 설치된 콘크리트에 올라가 놀다가 실족 추락하여 상해를 입어 손해배상을 청구한 사건에 있어 공작물의 설치 및 보존의 하자의 의미는 그 공작물이 용도에 따라 통상 갖추어야 할 안전성을 갖추지 못한 상태에 있는 것을 말하고 항상 완전무결한 상태를 유지할 정도의 고도의 안전성을 갖출 것을 말하는 것은 아니며, 공작물의 설치보존자에게 부과되는 방호조치의무의 정도는 사회통념상 일반적으로 요구되는 정도의 것이라고 판단한 사례가 있다.

"공작물의 설치 및 보존의 하자라 함은 공작물의 축조 및 보존에 불완전한 점이 있어 이 때문에 그 공작물이 그 용도에 따라 통상 갖추어야 할 안전성을 갖추지 못한 상태에 있음을 말하는 것이지 공작물의 설치 및 보존에 있어서 항상 완전무결한 상태를 유지할 정도의 고도의 안전성을 갖추지 아니하였다 하여 그 공작물의 설치보존에 하자가 있는 것이라고 할 수는 없다. 공작물의 설치보존자에게 부과되는 방호조치의무의 정도는 그 공작물의 위험성에 비례하여 사회통념상 일반적으로 요구되는 정도의 것을 말한다." (대법원 1987. 5. 12. 86다카2773)

(16) 교회차량에 무상 동승 중 사상사건 발생시 손해배상정도

교회차량에 승차하여 교인들과 함께 관광을 하던 중 교통사고로 인한 사상사건 발생시 피해자인 교인들은 교회로부터 무상으로 자동차를 빌려 사용한 호의동승자로서 교회에 손해의 전부를 배상하게 함은 공평의 원칙 내지 신의의 원칙에 반한다하여 손해배상액의 감경사유로 삼은 서울고등법원의 판결에 대하여 대법원은 사고차량에 무상으로 동승하여 그 운행으로 인한 이익을 누리는 지위를 가졌다하여 특별한 사정이 없는 한 손해배상액의 감경사유로 삼지 아니함이 상당하다고(대법원 1987. 1. 20. 86다카251참조) 판단한 사례가 있다.

"교인들이 교회소유 봉고차를 무상으로 빌려 놀러가던 중 사고가 발생한 경우 피해자가 위 사고차량에 무상으로 동승하여 그 운행으로 인한 이익을 누리는 지위를 가졌다 하여 특별한 사정이 없는 한 이를 손해배상액의 감경사유로 삼을 수 없다."(대법원 1987. 4. 14. 84다카2250)

(17) 예배시 사용물의 압류금지

예배에 사용되는 물건은 압류가 불가능하다. 어떤 사정으로 교회가 다른 사람에게 빚을 지게 되었는데 이를 갚지 못하여 강제집행을 당하게 되는 경우에도 예배에 사용되는 물건은 압류되지 않는다. 실제로 교회에서 사용하는 '종'에 대하여는 압류가 불가능하다는 판례가 있다.

"예배에 직접적으로 공용하는 물건인 종은 구 민사소송법(1990. 1. 13. 법률 제4201호로 개정 전) 제532조 제1항 제7호에 해당하는 압류금지물이다."(대법원 1965. 2. 10. 64마1092)

(18) 휴거를 빙자한 헌금의 손해배상의무

'휴거'를 빙자한 설교로 신자들을 기망하여 거액의 헌금을 받은 경우에는 손해배상의무가 있다. 즉 ○○○선교회에서 1992년 10월 10일 '휴거'가 일어나므로 재물은 소용이 없고 헌금의 액수가 많을 수록 하늘에서 높은 상급을 받는다는 취지의 설교로 기망하여, 거액헌금을 받은 경우 손해배상의무가 있다고 판단한 사례가 있다.

"휴거가 일어나지 않음에도 휴거가 일어나므로 재물은 소용이 없고 헌금의 액수가 많을수록 하늘에서 높은 상급을 받는다는 취지의 설교를 통하여 원고를 기망하였으므로 이로 인하여 원고에게 발생한 손해를 배상할 책임이 있다."(서울민사지방법원 1994. 2. 18. 93가항32274)

6) 권징 · 재판에 관한 문제

(1) 교회분열의 인정기준과 교회 권징재판의 사법심사 대상여부

교회분열시 그 인정기준으로는 교리와 예배형식 등 신앙노선을 달리하는 2개의 집단으로 나뉘거나, 일부교인들이 소속교단을 변경하기로 하고 다른 교단에 가입한데 반하여 다른 교인들은 종전 교단에 그대로 남아있기로 하는 정도에 이르러야하고(대법원 1985. 9. 10. 84다카 1262, 1993.1.19. 91다1226각 참조), 서로 예배를 달리 보는 두 집단으로 나뉘어 있지만 한 교단에 속해 있으면서 교회의 재산관리, 노회의 행정에 관한 승복여부에 관한 다툼을 계속하여 온 정도라면 두 개의 교회로 분열되었다고 볼 수 없으며, 교회의 권징재판으로 인한 목사, 장로의 자격에 관한 시비는 사법심사의 대상이 되지 않는다고 판단한 사례가 있다.

"기독교의 개교회는 대표기관과 구성원의 공동의사결정기구를 갖추고 재산을 관리하는 등 교회의 일상업무를 처리하는 측면에서 보면 법인 아닌 사단의 형태를 갖추고 있지만 이는 본질적으로 같은 신앙을 기초로 한 교인들의 모임인 신앙공동체이므로, 한 교회가 2개의 교회로 분열되었다고 하려면 한 교회에 속한 교인들이 교리와 예배형식 등 신앙노선을 달리하는 2개의 집단으로 나뉘어 그 신앙공동체로서의 기초가 상실되는 정도에 이르렀거나, 다른 사유에 기한 분쟁이라 하더라도 최소한 일부 교인들이 집단을 이루어 소속교단을 변경하기로 하는 결의를 하고 다른 교단에 가입한 데 반하여 다른 교인들은 종전교단에 그대로 남아있기로 하는 정도에 이른 경우라야 한다.

교회가 서로 예배를 달리 보는 두 집단으로 나뉘어 있지만 의연한 교단에 속해 있으면서 신앙노선이 아닌 교회의 재산관리, 상회인 노회의 행정에 관한 승복 여부에 관한 다툼을 계속하여 온 정도에 불과한 경우, 두 개의 교회로 분열되었다고까지 볼 수 없다.

교회의 권징재판은 종교단체가 교리를 확립하고 단체 및 신앙상의 질서를 유지하기 위하여 목사 등 교역자나 교인에게 종교상의 방법에 따라 징계 제재하는 종교단체의 내부적인 제재에 지나지 아니하므로 원칙적으로 사법심사의 대상이 되지 아니하고, 그 효력과 집행은 교회내부의 자율에 맡겨져 있는 것이므로 그 권징재판으로 말미암은 목사, 장로의 자격에 관한 시비는 직접적으로 법원의 심판의 대상이 된다고 할 수 없다."(대법원 1995. 3. 24. 94다47193)

(2) 교회의 권징재판은 법률상 쟁송의 대상이 아니다

교회의 권징재판은 목사 등 교역자나 교인에게 교단헌법 소정의 범죄(종교상의 비위)가 있는 경우에 종교상의 방법에 따라 징계 제재하는 종교단체 내부에서의 규제이므로 법률상의 쟁송의 대상이 될 수 없으며, 교회대표자의 지위에 관하여 소송상 그 대표권을 부인하면서 그 전제로 교회의 권징재판의 무효를 다툴 경우, 그 권징재판이 교회헌법에 정한 적법한 재판기관에서 내려진 것이 아니라는 등의 특별한 사정이 없는 한 그 권징재판을 무효라고 할 수 없다고 판단한 사례가 있다.

"소위 권징재판은 원고와 같은 종교단체가 그 교리를 확립하고 단체 및 신앙상의 질서를 유지하기 위하여 목사 등 교역자나 교인에게 그 헌법 소정의 범죄(종교상 비위)가 있는 경우에 종교상의 방법에 따라 징계 제재하는 종교단체 내부에서의 규제에 지나지 아니하고, 그것이 교직자나 교인개인의 특정한 권리의무에 관한 법률관계를 규율하는 것이 아님이 명백하므로 그 재판기관에서 한 권징재판 자체는 소위 법률상의 쟁송의 대상이 될 수 없다. 교회 대표자의 지위에 관하여 소송상 그 대표권을 부인하면서 그 전제로 권징재판의 무효를 다투고 있는 경우에 있어서는 그 유, 무효를 가려보아야 할 것인데 이때에 있어서도 그 권징재판이 교회헌법에 정한 적법한 재판기관에서 내려진 것이 아니라는 등 특별한 사정이 없는 한 교회헌법 규정에 따라 다툴 수없는 이른바 확정된 권징재판을 무효라고 단정할 수 없다."(대법원 1984. 7. 24. 83다카2065)

(3) 교회재판의 효력과 신도 중 일부의 교파탈퇴 및 타 교파에의 가입결의의 효력

교회의 권징재판은 사법심사의 대상이 되지 아니하고, 교회신자들 중 일부가 교단탈퇴 및 타 교파에의 가입결의를 한 경우 그 결의에 찬동한 개개인의 탈퇴 또는 타 교파 가입으로서의 그 결의의 효력은 있지만, 그 결의에 참석하지 아니한 교인에게까지 그 효력이 미치지 아니하므로 그 결의는 효력이 없다고 판단한 사례가 있다.

"종교단체의 권징결의는 교인으로서 비위가 있는 자에게 종교적인 방법으로 징계 제재하는 종교단체 내부의 규제에 지나지 아니하므로, 이는 사법심사의 대상이 되지 아니하고, 그 효력과 집행은 교회 내부의 자율에 맡겨져야 할 것인바, 대한예수교장로회(합동측) 총회재판국의 목사직 정직 등 결의에 불복하고 동 총회로부터의 이탈을 선언하여 독자적인 운영체제를 구축하여 교회의 권위와 질서에서 벗어난 목사에 대한 목사직 상실 및 타목사 파송결의를 위 장로회 서울노회에서 하였다면 그 결의의 효력은 긍인되어야 한다.

교회신자 약 500명 중 약 150명과 교직자들이 대한예수교장로회 합동측 총회와 산하 서울노회를 이탈하여 대한예수교장로회 합동보수측 총회에 가입하였다면, 그 결의에 찬동한 교인 개개인의 탈퇴 또는 타교파 가입으로서는 그 결의의 효력이 있다 할 것이나, 그 결의에 참석하지 아니한 교인에게까지 그 효력이 미친다고는 할 수 없고, 따라서 이 결의는 교회의 총의라고도 할 수 없으므로 그 결의에 불구하고 위 교회는 여전히 대한예수교장로회 합동측 총회와 그 산하 서울노회에 속하고 있다고 할 것이다"(대법원 1981. 9. 22. 81다276)

(4) 장로면직 및 출교처분은 무효확인소송의 대상이 아니다

교인에 대한 교회의 징계처분(장로면직 및 출교처분)은 교인개인의 특정한 권리의무에 관계되는 법률관계를 규율하는 것이라고 볼 수 없어 확인소송의 대상이 될 수 없다고 판단한 사례가 있다.

"피고(기독교대한성결교회)의 장로면직 및 출교처분이 종교단체의 교리를 확립하고 단체 및 신앙상의 질서를 유지하기 위하여 교인으로서 비위가 있는 자에게 종교적인 방법으로 징계 제재한 종교단체 내부의 규제에 불과하고, 그것이 교인개인의 특정한 권리의무에 관계되는 법률관계를 규율하는 것이라고 볼 수 없다면 확인소송의 대상이 될 수 없고 이같은 판단은 평등권 등의 헌법상 규정에 위배되지 아니한다."(대법원 1983. 10. 11. 83다233)

(5) 교회재판은 무효확인의 소(訴)의 대상이 아니다

교회재판은 무효확인의 소의 대상이 되지 않는다고 판단한 사례가 있다. "대한예수교장로회 총회의 재판국이 목사, 장로 등에 대하여 정직, 면직 등에 처하는 결의(재판)는 종교단체 내부의 규제에 지나지 아니하고, 그것이 교인개인의 특정한 권리의무에 관계되는 법률관계를 규율하는 것이 아니므로 그 무효확인을 구하는 것은 법률상의 쟁송사항에 관한 것이라 할 수 없다."(대법원 1978. 12. 26. 78다1118)

(6) 대한예수교장로회 헌법의 소속교회에 대한 기속력

대한예수교장로회 경북노회가 교단헌법에 따라 면직한 장로는 장로로서의 대표자격이 없다고 판단한 사례가 있다.

"원고교회가 독자적인 종교활동을 하는 종교단체라 하여도 대한예수교장로회 경북노회에 소속된 교회인 이상, 동 장로회의 헌법에 따라 관리 운영되어야 하므로 노회가 그 헌법에 따라 소속교회의 장로를 면직판결 하였다면 그는 장로로서의 대표자격이 없어진다."(대법원 1972. 11. 14. 72다1330)

(7) 면직출교처분은 무효확인의 소의 대상이 아니다

목사면직 및 출교처분이 부당하다고 하여 그 처분이 무효임을 확인해 달라는 1심 소송에서 패소하자 부당하다고 항소한데 대한 항소심 판결이다.

"가. 교회의 권징재판은 종교단체가 교리를 확립하고 단체 및 신앙상의 질서를 유지하기 위하여 목사 등 교역자나 교인에게 종교상의 방법에 따라 징계 제재하는 종교단체의 내부적 제재에 지나지 아니하므로 원칙적으로 사법심사의 대상이 되지 않고, 그 효력과 집행은 교회 내부의 자율에 맡겨져 있는 것이므로, 그 권징재판으로 말미암은 목사의 자격에 관한 시비는 원칙적으로 법원의 심판의 대상이 된다고 할 수 없고, 다만 그 효력의 유무에 관련하여 구체적인 권리 또는 법률관계를 둘러싼 분쟁이 존재하고 또한 그 청구의 당부를 판단하기에 앞서 그 징계의 당부를 판단할 필요가 있는 경우에는 그 판단의 내용이 종교교리의 해석이 미치지 아니하는 한 법원으로서도 그 징계의 당부를 판단하여야 한다(대법원 2007. 6. 29.자 2007마224 결정 등 참조).

나. 원고는, 이 사건 처분은 교회의 담임목사로서 예배 및 종교활동을 주재하는 종교상의 지위에 관한 것일 뿐만 아니라 비법인사단인 교회의 재산의 관리처분권 등을 갖게 되는 비법인사단의 대표자의 지위를 겸유하는지 여부에 관련된 것이므로 이 사건처분의 당부는 구체적인 권리 또는 법률관계에 관한 분쟁이어서 그 무효확인을 구하는 이 사건 소는 확인의 이익이 있다고 주장하고, 반면 피고는 원고가 구체적으로 어느 교회 내에서의 법적 지위에

대한 불안과 관련된 것인지 밝히지 아니하여 그 법률적 불안이 무엇이지 주장 자체에 의하여 불분명할 뿐만 아니라, 이 사건 처분이 무효로 확인되더라도 원고의 현재의 법률적 불안 제거하는데 가장 유효·적절한 수단이 되는것도 아니므로 이 사건 소는 확인의 이익이 없어 부적법하다고 다툰다.

다. 살피건대, 피고의 이 사건 처분은 그 자체로서 교회의 권징재판에 해당함이 명백한데, 원고의 이 사건 소는 위 권징재판만의 무효확인을 구하는 것이므로 '구체적인 권리 또는 법률관계를 둘러싼 분쟁이 존재하고 또한 그 청구의 당부를 판단하기에 앞서 위 권징재판의 당부를 판단할 필요가 있는 경우'에 해당한다고 볼 수 없고, 위 권징재판의 당부가 원고가 ○○교회의 대표자의 지위에 있는지 여부에 앞서 판단할 필요가 있는 문제라 하더라도, 원고가 비법인사단인 ○○교회의 대표자 지위 확인을 직접 구하는 것은 별론으로 하고 이 사건 처분의 무효확인을 구하는 것은 현재의 법률적 불안을 제거하는데 가장 유효 적절한 수단이 된다고 할 수 없다. 그리고 원고가 ○○교회의 대표자의 지위에 있는지 여부는 이 사건 처분의 효력뿐만 아니라 원고가 이 사건결의에 의하여 ○○교회를 탈퇴한 것으로 볼 것인지 여부 등의 문제를 종합하여 판단하여야 할 것이고, 또한 원고가 노회인 피고를 상대로 제기한 이 사건 소의 판결은 대세적 효력이 없어 분쟁의 실질적 당사자인 ○○교회에게 미치지 아니하므로, 결국 이 사건 소는 ○○교회에 관한 분쟁해결의 유효 적절한 법적 수단이 될 수도 없다.

그렇다면, 이 사건 소는 부적법하여 이를 각하할 것인바, 제1심판결은 이와 결론을 같이 하여 정당하므로 이에 대한 원고의 항소를 기각하기로 하여, 주문과 같이 판결한다."라고 하였다.

(8) 사전 당회의 결의 없이 공동의회를 한 것은 당연 무효가 아니다

"우리 헌법이 종교의 자유를 보장하고 종교와 국가기능을 엄격히 분리하고 있는 점에 비추어 종교단체의 조직과 운영은 그 자율성이 최대한 보장되어야 할 것이므로 교회 안에서 개인이 누리는 지위에 영향을 미칠 각종 결의나 처분이 당연 무효라고 판단하려면 그저 일반적인 종교단체 아닌 일반단체의 결의나 처분을 무효로 돌릴 정도의 절차상 하자가 있는 경우로는 부족하고 그러한 하자가 매우 중대하여 이를 그대로 둘 경우 현저히 정의 관념에 반하는 경우라야 하는데, 교회의 목사와 장로에 대한 신임투표를 위한 공동의회의 소집절차에 당회의 사전결의를 거치지 아니한 하자가 있으나 그 하자가 정의 관념에 비추어 도저히 수긍할 수 없을 정도의 중대한 하자가 아니기 때문에 공동의회에서의 시무장로에 대한 불신임결의는 당연 무효가 아니다".(대법원 2006. 2. 10 선고 2003다63104)

7) 교회건축과 관련한 문제

(1) 교회단 건축 시 유의사항

교회당은 건축법상 종교시설(종교집회장)로 분류한다. 종교시설은 주차장 및 소방시설이 강화되며, 장애인 편의시설을 기본적으로 갖추어야 한다. 경사지를 구입하여 교회당을 건축하고자 할 때는 부지 경사도가 18도를 초과하지 않는 범위의 토지를 구입토록 하여야 한다(조례상 형질변경 한도 내야 한다).

건축법 제50조 및 동법 시행령 제80조의 2에 의한 대지안의 공지 규정(별표 2)을 기준 적용하여 건물을 배치하여야 한다. 건축허가 신청 시 신축인 경우 신청면적이 100평방미터(증·개축시는 85평방미터)이내 경우는 신고로 가능하고 그 이상은 건축허가 대상이 된다.

도시계획법에 따른 조례 규정에 따라 지역·지구에 따른 건축 가능 여부에 유의하여야 한다.

교회는 예배당으로 쓰이는 부분과 교육으로 쓰이는 부분을 구분할 필요가 있다. 예배에 쓰이는 부분은 종교시설(종교집회장)로 분류되며, 교육으로 쓰이는 부분(통칭 교육관)은 종교시설의 수련시설로 분류되는데, 이럴 경우 주차장 확보기준이 많이 완화된다. 수련시설(생활권수련시설)은 청소년 수련관, 청소년 문화의 집 등이 있다.

(2) 기존건물(상가건물)에 교회개설 가능 여부

건축법 제14조 및 동법 시행령 제14조에 의하면 (별표 1의 4항 마 목) 바닥면적 300평방미터(90평)까지의 상가건물은 용도변경을 하지 않고 근린생활 시설을 교회로 사용할 수 있다.

300평방미터(90평)를 초과할 경우 상가건물은 종교시설(종교집회장)로 용도변경을 하여 사용가능하다. 이럴 경우 장애인 편의시설에 관한 규정에 적합한지를 검토하여야 할 뿐 아니라 주차장, 소방, 정화조 용량, 대지안의 공지 규정을 점검하여 관계 법규에 맞도록 해야 한다.

(3) 교회 개척을 위해 건물 임대시의 유의사항

건물을 임대하여 교회를 개척하고자 할 때에는 300평방미터 미만의 제2종 근린생활시설을 사용할 수 있다.

제1종 근린생활시설에 해당되는 용도는 기재사항 변경으로 사용가능하고, 기타 용도는 용도변경 허가 대상에 해당하며 화장실, 주차장, 소방설비 등의 적법성 여부를 검토하여 사용할 수 있다.

용도변경하고자 하는 부분의 바닥 면적이 100평방미터 이상이면 사용승인을 얻고 사용하여야 하며 500평방미터 이상은 착공신고도 추가된다. 사용면적 200-300평방미터인 경우에는 직통계단이 2개소 필요하다.

지하층 임대 시에는 150평방미터 이상일 경우 연결살수 소방설비 시설을 하여야 한다. 내부시설에 대하여는 차후 임대 해약시 시설 권리 인정이 안 되므로 시설비는 최소로 하되, 방염 및 불연재료 선택에 유의하여야 한다.

(4) 기존 교회당이나 부속 건물의 증·개축에 필요한 사항

건축물 대장을 확인하여 무허가 및 불법 건물이 없어야 한다.

대지 안의 공지 규정 적합 여부 검토와 주차장, 정화조, 소방, 조경면적, 장애인 편의시설(경사루 등)을 검토하여야 한다. 85평방미터 이내의 증·개축은 신고로 가능하고, 85평방미터 이상은 당국의 허가를 받아야 한다. 3층 이상은 내진 설계 규정에 적합하도록 해야 하므로 구조검토를 한 후 구조를 보완, 보강하여야 한다. 그리고 기존건물의 단열을 확인하고 보완작업이 필요하다.

(5) 기존 교회당 및 부속건물의 수리 절차

미관지구의 외부 입면 변경은 미관심의 대상이다. 직통계단 및 주요구조부(보, 기둥, 내력벽)의 철거 및 구조변경시에는 대수선허가 대상이므로 대수선허가를 받아야 한다.

(6) 교회건물의 철거의무의 불이행

"등기부나 건축물관리대장상 대부분 각각 독립된 건물로 등재되었고, 사회통념상 전체가 1개의 건축물에 해당한다고 보기 어려운 기존건축물 18동을 철거하고 그보다 층수가 높고 높이가 높은 교회건축물을 축조하는 행위는 증축이나 개축에 해당되지 아니하고 신축에 해당된다고 할 것이며, 개발제한구역 및 도시공원에 속하는 임야상에 신축된 위법건축물인 대형 교회건물이 합법화가 불가능하여 교회 건물의 건축으로 공원미관조성이나 공원관리 측면에서 비록 유리하고, 철거될 경우 막대한 금전적 손해를 입게 될 뿐만 아니라 신자들이 예배할 장소를 잃게 되는 사정이 있다고 해도, 위 교회건물의 철거의무의 불이행을 방치함은 심히 공익을 해한다고 본다."(대법원 2006. 6. 23선고 98두3112)

(7) 허위의 건축공사표준계약서를 작성 제출하는 행위는 사기죄 구성

"교회신축을 위해서 교회의 담임목사가 건설업자와 공모하여 실제 교회 건축도급계약서와는 다른 내용으로 허위의 건축공사표준계약서를 작성, 제출하는 방법으로 건설공제조합 담당자를 기망하여 선급보증서를 발급받아 발주자에게 제출하였다면 이는 사기죄가 성립된다.(대법원 2006. 11. 24. 선고2005도5567)

8) 교회와 관련된 세금문제

(1) 유지재단이 소속교회를 신축하기 위하여 토지를 교환한 경우 특별부가세의 부과는 부당

기독교 한국침례회유지재단이 교회를 짓기 위하여 교회부지를 매수하여 신축준비 중 그 일대가 토지구획정리사업지구로 지정되어 건축이 제한되자 주무장관의 인가를 받아 위 부지를 교환하여 교회를 신축하였을 경우, 발생한 소득에 대하여는 특별부가세[1]를 부과 할 수 없다고 판단한 사례가 있다. "종교의 보급 기타 교회를 법적으로 설립된 법인이 그 재단소속 교회를 짓기 위하여 교회부지로 용도를 특정하여 부동산을 매수하고 기본재산에 편입시켜 설계 등 신축준비를 하던 중 당국의 토지구획정리사업의 시행으로 교회를 지을 수 없게 되자 주무관청인 문화공보부장관의 인가를 받아 소외인 소유의 토지와 교환하여 그 위에 교회를 신축하여 사용해 오고 있다면 위 토지의 양도는 법인세법 제59조의 3 제1항 제17호에 해당되어 그로 인하여 발생한 소득에 대하여서는 특별부가세를 부과할 수 없다."(대법원 1986. 6. 24. 86누189)

(2) 교회토지를 고유목적에 사용치 않을 시는 특별부가세의 대상

교회가 소유하는 토지를 교회의 고유목적에 직접 사용하지 못한 경우에는 특별부가세의 대상이 되고, 특별부가세의 비과세대상을 규정한 법규정상의 '양도할 때의 의미'는 양도계약체결 당시를

2) 특별부가세라 함은 법인이 토지, 건물, 부동산에 관한 권리, 주식을 유상으로 양도함으로써 발생하는 양도차익에 대하여 과세하는 법인세의 일종이다. 개인의 부동산 양도차익에 대하여 과세하는 양도소득세와 같은 것이다.

의미한다고 판단한 사례다. "종교법인이 토지를 고유목적에 직접 사용하지 못한 것이 제3자가 토지를 불법점유 하였기 때문이었다고 하더라도, 양도당시 고유목적에 직접 사용하지 않고 있었던 이상 양도소득이 구 법인세법(1989. 12. 30. 법률 제4165호로 개정되기 전의 것) 제59조의 3 제1항 제17호에 해당하여 특별부가세를 부과하지 아니한다고 볼 수 없다.… 특별부가세의 비과세대상을 규정한 구 법인세법(1988. 12. 26. 법률 제4020호로 개정되기 전의 것) 제59조의 3 제1항 제4호 소정의 '양도할 때'라 함은 양도계약 체결 당시를 의미하므로, 양도계약체결 후 잔대금을 청산하기 전에 토지가 대지화되었다 하더라도 양도계약체결 당시까지 8년 이상 당해 법인이 경작한 농지라면 실제로 농지세가 부과되거나 비과세로 처리된 사실이 있는지 여부와 관계없이 특별부가세를 부과할 수 없다."(대법원 1993. 2. 23. 92누18849)

(3) 교회당부지로 토지를 취득하였으나 인접토지 소유자들의 거부로 형질변경허가를 받지 못하여 건축치 못한 경우 토지를 고유목적에 사용치 못한 것에 대한 정당한 사유에 해당

교회가 교회당 신축부지로 토지를 매수하였으나 인접토지소유자들의 거부로 형질변경허가를 받지 못하여, 지방세법 규정에 의하여 토지를 취득한 후 1년이 경과하도록 법인의 고유업무에 직접 사용하지 아니하였다고 취득세를 부과한 사실에 대하여, 이는 토지를 고유목적에 사용 못한 것에 정당한 사유가 있다고 봐야 한다고 판단한 사례가 있다. "지방세법시행령 제84조의 4 제1항 소정의 정당한 사유란 법령에 의한 금지, 제한 등 그 법인이 제대로 할 수 없는 외부적인 사유는 물론 고유업무에 사용하기 위한 정상적인 노력을 다하였음에도 시간적인 여유가 없어 유예기간을 넘긴

내부적인 사유도 포함한다고 보아야 할 것인바, 토지를 취득한 후 건축을 위하여 진지한 노력을 다하였으나 법률상 및 사실상 장애로 인하여 건축에 착수하지 못한 것으로서 1년 내에 그 고유목적에 사용하지 못한 데에 정당한 이유가 있다고 보아야 할 것이다."(서울고등법원 1994. 6. 8. 93구32899)

(4) 관계법령상 금지가 있어 토지를 사용할 수 없었더라도 그 사실을 토지를 취득할 때 이미 알고 있었다면 과세대상

교회가 교회부설 사회복지관을 건립할 목적으로 토지를 취득하면서 당시 이 토지는 공원용지로 지정되어 있어서 건축 및 형질변경이 불가능하다는 사실을 알고 있으면서 시간이 지나면 상황이 바뀔 수도 있다는 판단아래 위 토지를 취득하였다면 토지를 취득(등록)한 후 1년 이내에 고유목적에 직접 사용하지 아니하였으므로 지방세법 규정에 따라 취득세를 부과한 것은 정당하다고 판단한 사례가 있다.

"토지를 취득함에 있어 토지상에 공원용지의 지정이 있어 건축 및 형질변경이 금지되어 있는 사실을 알고 있었던 이상 그와 같은 관계법령상의 금지를 들어 위 토지를 취득(등록)한 후 1년 이내에 그 사업에 직접 사용하지 못한 데에 대한 정당한 사유로 삼을 수 없다."(대법원 1992. 7. 14. 91누12219)

(5) 법시행 후 취득한 택지상의 주택을 교육관으로 사용시 택지초과부담금의 부과대상

교회가 주거용으로 건축되었고 공부상으로도 주택용으로 되어 있는 건물을 적법한 용도변경절차를 거침이 없이 교회의 교육관으로 사용하였다면, 그 건물부지는 택지초과소유부담금의 부과대상이 된다고 판단한 사례가 있다. "종교법인 등이 택지소유상한에 관한 법률(1994. 7. 29. 헌법재판소의 위헌결정으로 1998. 12. 28. 동법은 폐지되었음) 시행 이후에 택지취득허가를 받아 취득한 택지의 경우에 있어서 법 제20조 제1항 제1호, 제8호 및 법시행령 제26조 제1항 제5호 등의 규정에 의하여 부담금 부과대상에서 제외되기 위하여는 부담금 부과기간동안 그 허가받은 사용계획서의 내용에 따라 이용·개발되고 있어야만 하고, 이때 허가받은 사용계획서의 내용이란 관련법규에서 정한 택지취득허가기준에 적합하여야 할 뿐 아니라 적법한 절차에 따라 이용·개발하는 것을 뜻한다고 할 것이므로, 법시행 후 취득한 택지의 경우에는 당해 택지상에 원래 주거용으로 사용할 수 있도록 건축되었고 공부상으로도 주택용으로 되어 있는 건물에 대하여 이를 적법한 용도변경절차를 거침이 없이 종교법인 등의 고유업무에 직접 사용함으로써 무단으로 다른 용도로 사용하고 있다면, 특별한 사정이 없는 한, 그 건물의 부지는 부담금부과대상에서 제외될 수는 없다."(대법원 1999. 2. 5. 98두5781)

(6) 교회가 택지를 고유업무에 사용하는 경우 부담금부과대상 택지에서 제외

교회가 택지소유상한에 관한 법률 시행당시(현재는 폐지되었음) 택지를 소유하여 법인의 고유업무인 교회의 본당건물 및 경내 교회용지로 직접 사용하고 있다면 부담금부과대상 택지에서 제외된다고 판단한 사례가 있다. "종교 기타 공익사업 또는 공공사업을 영위하는 법인이 택지소유상한에 관한 법률 시행 당시 택지를 소유하여 법인의 고유업무에 직접 사용하는 경우는 시장, 군수의 허가를 받은 것으로 간주되어 같은 법 제18조 소정의 택지의 이용, 개발의무를 이미 이행한 것이거나 같은 법 제10조의 규정에 의하여 취득한 택지로서 허가받은 내용에 따라 이용, 개발하는 택지에 해당하므로 초과소유부담금 부과대상 택지에서 제외된다."(대법원 1995. 5. 12. 94누15394)

(7) 교회의 부동산임대행위는 과세대상

종교단체의 부동산임대행위는 교회의 고유목적사업이 아니고 비록 그 수입으로 신자의 교화 등으로 사용하였다 하더라도 부동산 임대영업으로서 과세대상이 된다고 판단한 사례가 있다. "종교단체의 부동산임대행위는 법인의 고유목적사업도 아니고 본건 과세기간에 시행되던 법인세법 제1조 제1항 제1호, 영업세법 제1조 제1항 제5호, 동시행령 제1조, 제11조 제2호 소정 영리를 목적으로 하는 부동산임대영업에 해당하여 과세대상이 되고 위 부동산임대가 관광사업진흥이라는 국책에 따라 국가의 지시에 의한 것이고 그 수입은 ○○재산관리법에 따라 법인수입으로 계상하여 종교단체의 고유목적사업에 지출 사용된다고 하더라도 특단의 사정이 없는 한 부동산임대영업으로서 과세대상이 되는 점에는 다를 바가 없다."(대법원 1976. 4. 13. 75누173)

(8) 선교회산하 기독병원의 수익은 과세대상

장로교선교회산하 기독병원 수익에 대한 재산세 등 부과처분 취소소송에서 위 수익은 사업소세의 과세대상이 된다고 판단한 사례가 있다. "비영리법인이 수행하는 어느 사업이 사업소세의 비과세대상에서 제외되어 과세되는 지방세법 제245조의 2 제1항 제1호

단서 소정의 수익사업인지 아닌지 여부는 당해 사업이 수익성을 가진 것인지 여부에 의하여 판단할 것이며 그 사업에서 얻는 수익이 종국적으로 고유목적사업의 재원조달에 충당된다 하여 그 수익성을 부정할 것은 아니며, 선교사업을 목적으로 하는 민법상 비영리법인으로서 같은 법 시행령 제207조 소정의 '비영리사업자'인 원고가 운영하는 병원의 의료사업에 위의 수익성이 있다면 위 병원을 찾아 온 일부 극빈환자들에 대하여 병원자체의 진료비감면규정에 따라 진료비감면의 혜택을 준다 하더라도 이것만으로는 위 병원의 수익사업체로서의 성격을 부정할 수는 없으므로 이를 사업소세의 비과세대상이라 할 수 없다."(대법원 1991. 5. 10. 90누4327)

(9) 부목사, 강도사, 전도사의 사택은 재산세 부과대상

교회의 부목사, 강도사, 전도사들의 주거용으로 사용하는 아파트는 지방세법 소정의 재산세 비과세대상이 아니라고 판단한 사례가 있다. "교회의 부목사, 강도사, 전도사 등은 모두 교회의 목적사업을 수행함에 있어 필요불가결한 중추적 존재라 할 수 없으므로, 그들의 주거용으로 사용한 아파트는 교회의 목적사업에 직접 사용하는 것이라고 단정할 수 없고 따라서 이는 지방세법 제184조 제1항 제3호 소정의 재산세 비과세대상에서 제외된다."(대법원 1986. 2. 25. 85누824)

(10) 부목사의 사택은 취득세 과세대상

교회부목사의 사택용으로 취득한 주택은 취득세의 비과세대상이 아니라고 판단한 사례가 있다. "교회가 부목사 사택용으로 주택을 취득한 경우 비록 부목사도 위임목사와 마찬가지로 목사안수를 받은 교역자의 자격을 가지고 있고, 그 교회의 신도수가 많아 부목사 7인이 위임목사를 보좌하여 목회행정을 분담하고 있더라도 부목사는 교회의 필요에 따라 당회장인 위임목사를 보좌하기 위하여 수시로 노회의 허락을 받아 임명되어 임의로 시무하는 목사라는 점에서 그 교회의 종교활동에 필요불가결한 중추적인 지위에 있다고는 할 수 없으므로 위 주택의 취득은 지방세법 제107조 제1호에 의한 취득세의 비과세대상에 해당하지 않는다."(대법원 1989. 11. 14. 89누2608)

그리고 부목사는 교회의 필요불가결한 중추적 존재라고 할 수 없으므로 부목사의 사택은 교회의 목적사업에 직접 사용되는 재산이 아니라는 판례도 있다(대법원 1989. 9. 26. 89누4598 참조).

(11) 교회 사찰집사의 사택은 과세대상이며, 사찰집사는 지방세법 소정의 법인의 종업원에 해당

교회 사찰집사의 주거용 사택으로 사용한 토지는 법인의 비업무용 토지에 해당하지 아니하므로 취득세의 중과세대상에 해당하지 아니하고, 사찰집사는 교회의 목적사업을 수행함에 있어서 필요불가결한 중추적 존재라 할 수 없어 그의 주거용으로 사용한 토지 및 건물의 취득은 취득세의 비과세대상에 해당하지 아니한다고 판단한 사례가 있다(대법원 1986. 2. 25. 85누824, 1989. 11. 14. 89누2608 참조).

"법인이 취득한 토지가 지방세법시행령 제84조의 4 제4항 제3호에서 규정하는 건축물의 부속토지에 해당하는 이상 같은 조 제1항 등에서 규정하는 비업무용 토지에 해당하는지의 여부에 불구하고 법인의 비업무용 토지로 볼 수 없으므로, 당해 토지의 취득은 구 지방세법(1994. 12. 22. 법률 제4794호로 개정되기 전의 것) 제112조 제2항의 규정에 의한 취득세의 중과세대상에 해당하지 아니한다. 교회의 사찰집사는 교회의 종업원으로서 지방세법시행령 제84조의 4 제4항 제3호 소정의 '법인의 종업원'에 해당한다."(대법원 1995. 7. 11. 95누2739)

(12) 담임목사의 사택은 비과세대상

교회의 담임목사의 주택은 교회의 목적사업에 직접 사용되는 것으로 보아야 하므로 세금을 부과해서는 안 된다고 판단한 사례가 있다. "교회의 담임목사는 교회가 그 목적사업을 수행함에 있어서 필요불가결한 중추적 존재라 할 것이므로 어떤 건물을 담임목사의 유일한 주택으로 사용함은 교회의 목적사업에 직접 사용하는 것과 다름이 없으며, 이 건물이 교회의 경내에 있지 아니하고 떨어져 있다고 하여 달리 볼 것이 아니므로 이 사건 건물은 지방세법 제107조 제1호 소정의 비과세대상에 해당한다"(대법원 1983. 12. 7. 83누298).

또한 교회의 담임목사의 목사관이 교회의 경내에 있지 아니한 건물일지라도 교회의 목적사업에 꼭 필요한 목사 사택용 건물이라면 비과세대상에 해당한다고 판단한 사례가 있다. "이 사건 건물이 교회의 경내에 있지 아니하고 떨어져 있다고 하더라도 교회가 종교·자선 등 목적사업을 함에 있어서 필요불가결한 중추적 존재라고 할 교회의 대표자인 담임목사의 유일한 주택으로 사용함은 교회의 목적사업에 직접 사용하는 것과 다름없다고 할 것이므로 이 사건 목사관은 지방세법 제184조 제1항 제3호 소정의 비과세대상에 해당한다"(대법원 1983. 11. 22. 83누456).

(13) 선교사의 사무실 겸 주택부지는 비과세대상

선교사의 사무실 겸 주택의 부지로써 종교사업목적에 직접 사용하는 재산은 재산세 비과세대상이라고 판단한 사례가 있다. "종교법인이 선교사 사무실 겸 자택부지로 토지를 소유하는 경우 그 토지 건물이 동 재단 선교사명의로 보존등기가 되어 있으나 동인이 그 건물을 위 법인에 기부하고 동 법인이 이를 채납하여 사실상 법인소유로 되었으며 그 건물은 신축당시 이래로 선교사들이 선교사 사무실 겸 사택 등으로 사용해 왔다면 그 토지는 결국 종교를 목적으로 하는 사업경영자가 그 사업목적의 하나인 전도를 위한 선교사의 사무실 겸 주택의 부지로써 그 사업에 직접 사용하는 재산이라 할 것이므로 재산세 비과세대상인 재산이라 할 것이며, 법인이 그 토지상의 건물을 증여받아 사실상 그 목적사업에 사용하고 있는 이상 건물의 등기부상 소유명의자가 누구로 되어 있든지 간에 위 토지가 재산세 비과세대상의 재산임을 인정하는데 아무런 소장이 없다."(대법원판결 1978. 11. 14. 78누168)

"종교, 자선 등을 목적으로 하는 비영리법인이 그 사업목적의 하나인 전도를 위한 선교사의 주택 및 부지로 사용하는 재산은 종교사업을 수행하기 위하여 필요한 것으로서 그 사업에 직접 사용하는 것에 해당하므로 재산세 등의 과세대상이 되지 아니한다." (대법원 1978. 10. 10. 78누245)

(14) 교회신축용 부동산은 비과세대상

교회신축용 부동산은 취득세의 과세대상이 아니라고 판단한 사례가 있다. "종교단체가 오로지 교회신축을 위하여 그 대지를 취득하는 경우에는 취득세를 부과할 수 없다 할 것이며, 다만 6월내에 정당한 사유없이 오로지 그 사업목적에 사용하지 아니하는 경우에는 그것을 이유로 하여 취득세를 부과할 수 있다 할 것인바, 위 부동산을 취득한 날로부터 6월이 경과하기도 전에, 6월이 경과하더라도 교회부지로 사용할 수 없는 객관적, 주관적 사정이 있었다 하여 취득세부과처분을 하였다면 구 지방세법(1962. 12. 29. 법률 제1243호) 제107조의 규정에 의하여 동 과세처분은 중대하고도 명백한 하자있는 당연무효의 행정처분이다."(대법원 1972. 12. 12. 72누174)

(15) 종교단체 소유토지의 비과세 요건(신청필요)

종교단체의 특정재산이 비과세대상에 해당하는 경우라도 반드시 비과세신청을 하여야 세금을 면제받을 수 있다고 판단한 사례가 있다. "종교단체의 재산유지를 목적으로 하는 재단이 공익을 위한 사업에 제공하는 재산이었다 할지라도 그 토지의 소유자 또는 관리자의 신청이 있어야 재산세 등의 비과세지가 될 수 있으며 당연히 재산세의 비과세대상이 되는 것은 아니다."(대법원 1972. 3. 28. 71누225)

(16) 교회의 도로점용은 공용 또는 공익의 목적이 아니다

교회가 교회당에 인접되어 있는 도로부지상에 잡상인이 운집하여 교통혼잡을 이루고 미관을 해친다며 동 도로부지를 점용한 것은 공용 또는 공익을 목적으로 한다고 볼 수 없다고 판단한 사례가 있다. "도로법 제44조에서 규정한 도로의 점용이 공용 또는 공익을 목적으로 하는 것일 때라 함은 도로의 점용 그 자체가 공용 또는 공익을 목적으로 하는 때라고 풀이되며 그 점용하는 주체가 공익기관 또는 단체라 할지라도 그 점용이 반드시 공용 또는 공익 목적으로 하는 것이라고 일률적으로 단정할 수 없다."(대법원 1974. 8. 30. 73누98)

(17) 실질소유자의 교회명의 토지를 며느리 명의로의 소유권이전등기시는 증여세 과세대상

부동산의 실질소유자가 교회명의로 소유권이전등기를 하였다가 그 후 며느리명의로 소유권이전등기를 한 것은 증여세부과처분이 가능하다고 판단한 사례가 있다. "부동산을 매수한 실질소유자가 교회명의로 소유권이전등기를 하였다가 그 후 며느리명의로의 소유권이전등기를 한 것에 대하여 등기가 교회명의로 되어 있어 이를 담보로 한 은행융자가 불가능하여 개인명의로 함으로써 융자를 받을 목적이었을 뿐 조세회피 목적이 없었다고 인정한 원심판결은 경험법칙[2]에 어긋난 체증법칙위반의 위법이 있다."(대법원 1991. 5. 28. 91누1868)

(18) 교회 부설주차장은 비과세 대상

이 교회부설 주차장은 법규에서 정한 기준 밖인 261미터에 있더라도 교회의 신도수가 7,200명이고 신두들의 차량이 599대인데 이용 가능한 서울시 임시주차장은 190대 정도 밖에 주차할 수 없는 점에 비추어 그 부지는 교회의 종교사업 목적에 직접 사용된다고 봄이 상당해 비과세 대상 토지라고 봐야한다(서울행정법원

3) 경험법칙이라 함은 일상경험으로부터 귀납적으로 얻어진 사물에 관한 지식이나 법칙을 발한다. 경험법칙은 사실의 인정이나 사실에 대한 가치판단과 증거력의 평가를 하는데 이용한다.

2007. 10. 12 2007구합16639 참조).

9) 가정에 관련된 문제

(1) 과도한 신앙생활로 인한 가정 및 혼인생활의 소홀은 이혼사유가 된다

처가 '여호와의증인'이라는 종교에 심취하여 신앙생활에만 전념하면서 가사와 육아를 소홀히 하여 혼인이 파탄에 이르게 되었다면 이혼의 사유가 된다고 판단한 사례가 있다.

"신앙의 자유는 부부라고 하더라도 이를 침해할 수 없는 것이지만, 부부사이에는 서로 협력하여 원만한 부부생활을 유지하여야 할 의무가 있으므로 그 신앙의 자유에는 일정한 한계가 있다 할 것인바, 처가 신앙생활에만 전념하면서 가사와 육아를 소홀히 한 탓에 혼인이 파탄에 이르게 되었다면 그 파탄의 주된 책임은 처에게 있는 것으로 보아야 할 것이다."(대법원 1996. 11. 15. 96므851)

(2) 종교가 다르다고 배우자를 유기하면 이혼사유가 된다

종교가 다르다 하여 정신적으로 완전하지 못한 배우자를 악의로 유기하면 혼인파탄의 책임을 져야한다고 판단한 사례가 있다.

"청구인의 어머니가 며느리인 피청구인을 데리고 절에 기도드리러 가서 비정상적 행동을 하자 피청구인이 갑자기 정신이상의 증세를 보이기 시작하여 지금까지 계속 재발을 반복해 왔는데, 청구인의 노력에도 불구하고 피청구인이 청구인의 종교인 불교에 대하여 계속 적대적인 태도를 취하여 왔으며 이러한 사정으로 청구인이 이혼을 요구하였으나 피청구인이 불응하자 청구인은 집을 나와 입산하여 비구승이 됨으로써 부부가 10년 넘게 별거하게 되고 현재에 이르러서는 서로의 배타적 신앙생활로 인한 애정의 결핍과 장기간의 별거로 혼인관계가 돌이킬 수 없는 파탄에 빠져있는 것이라면, 이러한 파탄은 청구인이 정신적으로 완전하지 아니한 피청구인을 악의로 유기함에서 비롯되었다고 본 원심의 판단은 수긍된다."(대법원 1990. 11. 9. 90므583, 590)

(3) 신앙포기 강요 및 폭행으로 가출했더라도 그 잘못은 강요 및 폭행한 측에 있다

남편의 신앙포기 강요 및 폭행으로 부인이 가출을 했다 하더라도 그 잘못은 강요 및 폭행한 측에 있으므로 남편은 이혼청구를 할 수 없다고 판단한 사례가 있다.

"청구인과 그의 어머니가, 피청구인이 혼인 전부터 '여호와의증인'이라는 종교를 신봉하는 것을 알고 그 신앙을 양해하여 혼인하게 된 것인데, 혼인 후 피청구인이 제사에 참여하지 아니하고 일요일마다 멀리 떨어진 곳에 있는 교회에 나가는 것에 불만을 품고 신앙을 바꿀 것을 요구하였으나 피청구인이 이에 응하지 아니하자 청구인이 어머니의 마음을 상하게 한다는 이유로 여러 차례 폭행을 가하고, 마침내 이를 견디지 못한 피청구인이 가출함으로써 가정생활이 파탄에 빠진 것이라면 피청구인이 청구인을 악의로 유기한 것이라고 할 수 없고, 청구인과 그 어머니의 신앙포기요구에 피청구인이 따르지 아니하여 혼인생활이 파탄에 빠지게 되었다 하더라도 그 파탄의 주된 책임은 청구인에게 있으니 청구인은 이를 이유로 이혼을 청구할 수 없다."(대법원 1990. 8. 10. 90므408)

(4) 가정을 돌보지 않는 신앙생활은 혼인파탄의 책임사유가 된다

처가 '여호와의 증인'교에 심취하여 가정과 자녀교육을 등한시하고 신앙생활에만 전념하였다면 혼인파탄의 책임이 처에게 있으므로 이혼사유가 된다고 판단한 사례가 있다.

"혼인관계의 파탄이 남편이 애정을 가지고 아내의 신앙생활을 이해하고 협조하려고 하지 않고 여호와의증인교에 대하여 편견을 가진 나머지 교회활동은 물론 성경공부마저도 못마땅하게 생각한 데에도 그 원인을 찾을 수 있으나 한편 아내도 신앙생활을 하면서 가정생활이 희생되지 않도록 더욱 마음을 기울이면서 신앙생활과 가정생활이 양립할 수 있는 길을 찾아야 하였을 터인데도 그러한 노력은 하지 않은 채 이를 나무라는 시어머니와 서로 머리채를 잡고 싸움까지 한 다음 남편과 자녀를 두고 집을 나갔었고, 그 후에도 남편과의 원만한 결혼생활을 위하여 별다른 노력을 기울임이 없이 신앙생활에만 전념한 것도 그 원인이 되었다면 그 파탄의 주된 책임이 남편에게 있다고 인정하기 어렵다."(대법원 1989. 9. 12. 89므51)

(5) 서로 다른 종교를 갖는 부부는 서로 이해하고 양보하며 신앙과 가정을 조화시키도록 노력할 의무가 있다

남편은 처가 여호와의 증인 신도로서 종교의 교리를 내세워 망부에 대한 제사, 애국가봉창, 국기배려 등을 거부하고, 예배 및 포교활동으로 자주 집을 비우는 등 가정에 충실하지 아니하며 시모를 학대하였다는 사유로 이혼을 청구한 사건에 대하여, 처는 남편과 시모의 태도를 감안하여 최소한의 교리연구와 예배활동만 하고 다른 적극적인 종교활동은 자제하면서 가족의 식사준비, 빨래, 청소 등 가정주부로서 해야 할 기본적인 일은 충실히 하여 왔고, 시부의 제사 때에는 배례는 하지 아니하였으나 제사음식은 준비하였으며 시모의 음식을 따로 마련하는 등 종교활동으로 인하여 가정생활에 피해가 가지 않도록 노력하였으며 가정이 회복되기를 바라고 있다면 이혼심판청구는 이유없고, 서로 이해하고 양보하여 신앙과 가정을 조화시키도록 노력할 의무가 있다고 판단한 사례가 있다.

"부부는 가족이라는 혈연공동체를 이끌어가는 구심체로서 가정평화를 유지하기 위하여 서로 협조하여야 할 의무가 있는 것이므로 부부가 각기 다른 교리를 따르고 상이한 윤리적 관념을 가지는 탓으로 제례의 봉행, 존속에 대한 예우, 자녀의 교육 등 중요한 가사에 관하여 의견이 대립되는 경우에는 종교적 신념과 가정의 평화라는 두 개의 가치를 함께 유지하기 위하여 상호의 이해와 양보로 합리적인 기준을 찾도록 노력할 책무가 있다."(서울가정법원 1988. 10. 10. 87드6835)

(6) 신앙과 가정 중 양자택일을 강요하는 것은 혼인파탄의 책임사유이다

신앙생활과 가정생활 중 양자택일을 강요하여 배우자가 부득이 신앙생활을 택하여 혼인관계가 파탄에 이르렀다면, 그 혼인관계 파탄의 주된 책임은 양자택일을 강요한 배우자에게 있으므로 이 배우자의 이혼청구는 허용되지 않는다고 판단한 사례가 있다.

"신앙생활과 가정생활이 양립할 수 없는 객관적 상황이 아님에도 상대방배우자가 부당하게 양자택일을 강요하기 때문에 부득이 신앙생활을 택하여 혼인관계가 파탄에 이르렀다면 그 파탄의 주된 책임은 양자택일을 강요한 상대방에게 있다고 할 것이므로 이 배우자의 이혼청구는 허용할 수 없다."(대법원 1981. 7. 14. 81므26)

10) 학교에 관련된 문제

(1) 신학연구원은 교육부인가를 받아야 하는 학교

대한예수교장로회 총회 신학연구원이 교육부인가를 받지 아니하고 신학예비과, 유아교육과, 교회음악과 등을 개설하고 입학금 및 수강료를 받았다면, 서울특별시 ○○교육청 교육장의 무인가 교육기관 폐쇄명령처분은 정당하다고 판단한 사례가 있다.

"신학연구원이 대학규모의 시설을 갖추고 3~4년의 장기간에 걸쳐 신학 이외 유아교육, 종교음악 등 학과를 학기별로 이수하게 한 것은 구 교육법 제85조에 따라 교육부의 인가를 받아야 하는 학교에 해당한다."(서울행정법원 1999. 1. 13. 98구14944)

(2) 채플학점 미이수자는 졸업할 수 없다는 학칙은 위헌무효가 아니다

숭실대학교의 채플학점 미이수자는 졸업할 수 없다는 학칙은 위헌무효가 아니며, 사립학교는 국·공립학교와는 달리 종교의 자유의 내용으로써 종교교육 내지는 종교선전을 할 수 있다고 판단한 사례가 있다.

"사립학교는 국·공립학교와는 달리 종교의 자유의 내용으로써 종교교육 내지는 종교선전을 할 수 있고, 학교는 인적·물적 시설을 포함한 교육시설로써 학생들에게 교육을 실시하는 것을 본질로 하며, 특히 대학은 헌법상 자치권이 부여되어 있으므로 사립대학은 교육시설의 질서를 유지하고 재학관계를 명확히 하기 위하여 법률상 금지된 것이 아니면 학사관리, 입학 및 졸업에 관한 사항이나 학교시설의 이용에 관한 사항 등을 학칙 등으로 제정할 수 있으므로, 사립대학은 종교교육 내지는 종교선전을 위하여 학생들의 신앙을 가지지 않을 자유를 침해하지 않는 범위 내에서 학생들로 하여금 일정한 내용의 종교교육을 받을 것을 졸업요건으로 하는 학칙을 제정할 수 있다."(대법원 1998. 11. 10. 96다37268)

미션스쿨의 성경교육문제는 자기의사로 입학한 대학에서는 채플을 필수이수학점으로 규정한 학칙이 위헌이 아닌 만큼 그 제한이 없지만, 자기의사에 반하여 추첨으로 입학하는 초·중·고교에서는 종교교육이 문제가 될 수도 있다.

(3) 사립대학 입학의 법적 성질 및 학칙의 기속력

사립대학 입학의 법적 성질 및 그 학칙의 기속력과 사립대학에서 대학예배에 참석할 것을 졸업요건으로 하는 학칙은 종교의 자유를 침해한 것이 아니라고 판단한 사례가 있다.

"학생이 사립대학에 입학이 허가됨으로써 사립학교와 학생간에 발생하는 법률관계는 사법상의 계약이라 할 것이고, 사립대학은 그 인적·물적 수단을 포함한 교육시설로써 학생들에 대하여 교육을 실시하는 것을 본질로 하고 있고, 또한 헌법에 의하여 인정된 학문의 자유를 보장하기 위하여 자치권이 부여되어 있으므로 대학은 그 권능으로써 대학시설 및 학생관리를 자율적으로 정할 수 있으며, 또한 그 이용관계를 명백히 하기 위하여 구체적인 법률의 근거가 없는 경우에도 법률이 금지하고 있는 사항이 아니라면 학사관리, 입학, 졸업에 관한 사항이나 학교시설의 이용에 관한 사항 등을 정하는 학칙, 규정 등을 일방적으로 제정할 수 있다 할 것이고, 사립대학의 학생신분을 취득하기를 희망하는 자는 학칙이나 규정 등이 입학안내나 시험요강 등에 기재되어 있지 않아 이를 미리 알지 못하였다 하더라도, 사립대학에 입학함과 동시에 학교당국이 일방적으로 정한 학칙, 규정 등의 내용을 일괄하여 포괄적으로 승인한 것으로 되므로 그 내용에 기속된다.… 교육법 제115조 제1항, 제5조, 같은 법 시행령 제55조, 제56조 제1항의 규정을 종합하면, 국가 또는 지방자치단체가 설립, 경영하는 학교에서 특정 종교를 위한 종교교육을 실시하는 것을 금지하고 있을 뿐이므로, 종교단체가 설립한 사립대학은 종교의 자유의 내용으로써 종교교육 내지 종교선전을 할 수 있다 할 것이고, 이를 위하여 신앙을 가지지 않을 자유를 침해하지 않는 범위 내에서 학생들로 하여금 일정학기 동안 대학예배에 참석할 것을 졸업요건으로 하는 학칙을 정할 수 있으므로, 이를 학생들의 신앙을 가지지 아니할 자유를 본질적으로 침해하는 것으로 볼 수도 없다."(서울지방법원 1995. 7. 6. 95가합30135)

(4) 종교교육 및 종교지도자 양성을 위한 학교는 교육법의 규제대상

종교교육 및 종교지도자 양성을 위한 학교는 교육법의 규제대상이고, 교회부설 교육기관인 '한국어린이선교원신학교'가 외견상 학교의 요건을 구비한 이상 과목의 구분을 두지 않고 교수진도 자격기준에 맞지 않다고 하더라도 교육법상의 전문학교에 해당한다고 판단한 사례가 있다.

"종교교육 및 종교지도자의 양성은 헌법 제20조에 규정된 종교의 자유의 한 내용으로써 보장되지만 그것이 학교라는 교육기관의 형태를 취할 때에는 헌법 제31조 제1항, 제6항의 규정 및 이에 기

한 교육법상의 각 규정들에 의한 규제를 받게 된다."(대법원 1989. 9. 26. 87도519참조)

"교회부설 교육기관인 한국어린이선교원신학교가 외견상 학교의 요건을 구비한 이상 과목의 구분을 두지 않고 교수진도 자격기준에 맞지 않다고 하더라도 교육법상의 전문학교에 해당된다."(대법원 1992. 12. 22. 92도1742)

(5) 신학교는 헌법, 교육법의 규제대상이며, 사립학교에서의 종교교육은 선교의 자유의 일환으로써 보장된다

광주신학교의 교육법위반사건에 관하여 종교의 자유가 인정되더라도 신학교는 헌법, 교육법 등의 규제에 따라야 하며, 사립학교에서의 종교교육은 선교의 자유의 일환으로써 보장된다고 판단한 사례가 있다.

"종교교육 및 종교지도자 양성은 구 헌법(1980. 10. 27. 전문개정공포) 제19조에 규정된 종교의 자유의 한 내용으로써 보장되지만 그것이 학교라는 교육기관의 형태를 취할 때에는 교육기관 등을 정비하여 국민의 교육을 받을 권리를 실질적으로 보장하고자 하는 교육제도 등에 관한 법률주의에 관한 위 헌법 제29조 제1항, 제6항의 규정 및 이에 기한 교육법상의 각 규정들에 의한 규제를 받게 된다.… 정교분리원칙상 국·공립학교에서의 특정종교를 위한 종교교육은 금지되나 사립학교에서의 종교교육 및 종교지도자 육성은 선교의 자유의 일환으로써 보장되는 것이고, 교육법 제81조는 능력에 따라 균등하게 교육을 받을 권리를 규정한 구 헌법 제29조 제1항과 마찬가지로 신앙, 성별, 사회적 신분, 경제적 지위 등에 의한 불합리한 차별을 금지하는 것일 뿐이므로 교육기관이 학교설립인가를 받았다 하여 종교지도자 양성을 위한 종교교육을 할 수 없게 되는 것도 아니다."(대법원 1989. 9. 26. 87도519)라고 하였다.

(6) 종립학교의 종교교육의 한계

종교교육을 위해 설립된 사학(미션스쿨)에서도 학생들의 종교의 자유, 즉 특정한 종교를 믿지 않을 종교의 자유가 보장되어야 한다는 판례가 나왔다(대법원 2010. 4. 22 선고 2008다38288 전원합의체판결). 그 내용은 강제 배정된 고등학교에서의 일방적인 종교교육은 안 된다는 것이다. ○○고등학교가 종교과목 교육을 하면서 대체과목을 개설하지 않고 종교행사에 참석할지 사전 동의조차 얻지 않은 것은 우리사회의 건전한 상식과 법 감정에 비춰 용인될 수 있는 한계를 벗어난 것이라는 것이다.

참고로 이 사건의 판결문 전문을 부록에 수록한다.

참고자료 4. 종립학교의 종교교육의 한계

대법원 2010. 4. 22 선고 2008다38288 전원합의체판결

사건 2008 다 38288 손해배상 (기)
원고 , 상고인 원고
소송대리인 변호사 강 ○○외 42 인
피고 , 피상고인 1. 피고 학교법인
소송대리인 법무법인 ○○○
담당변호사 최 ○○외 5 인
2. 서울특별시
소송대리인 변호사 정○○
원 심 판 결 서울고등법원 2008. 5. 8. 선고 2007 나 102467 판결
판 결 선 고 2010. 4. 22.

〈주문〉

원심판결 중 피고 학교법인에 대한 부분을 파기하고, 이 부분 사건을 서울고등법원에 환송한다.

피고 서울특별시에 대한 상고를 기각한다.

피고 서울특별시에 대한 상고비용은 원고가 부담한다.

〈이유〉

상고이유(상고이유서 제출기간이 경과한 후에 제출된 상고이유 보충서의 기재는 상고이유를 보충하는 범위 내에서)를 판단한다.

1. 피고 학교법인에 대한 상고이유에 관하여

가. 종교교육과 관련한 손해배상청구

(1) 기본권의 침해와 손해배상청구

헌법상의 기본권은 제1차적으로 개인의 자유로운 영역을 공권력의 침해로부터 보호하기 위한 방어적 권리이지만 다른 한편으로 헌법의 기본적인 결단인 객관적인 가치질서를 구체화한 것으로서, 사법(私法)을 포함한 모든 법영역에 그 영향을 미치는 것이므로 사인간의 사적인 법률관계도 헌법상의 기본권 규정에 적합하게 규율되어야 한다.

다만 기본권규정은 그 성질상 사법관계에 직접 적용될 수 있는 예외적인 것을 제외하고는 사법상의 일반원칙을 규정한 민법 제2조, 제103조, 제750조, 제751조 등의 내용을 형성하고 그 해석기준이 되어 간접적으로 사법관계에 효력을 미치게 된다. 종교의 자유라는 기본권의 침해와 관련한 불법행위의 성립 여부도 위와 같은 일반규정을 통하여 사법상으로 보호되는 종교에 관한 인격적 법익침해 등의 형태로 구체화되어 논하여 져야 한다.

(2) 학생과 학교법인의 기본권 충돌과 그 위법성 판단

(가) 헌법 제20조 제1항은 "모든 국민은 종교의 자유를 가진다."라고 규정하고 있고, 이러한 종교의 자유에는 신앙에 대한 침묵을 뜻하는 소극적인 신앙고백의 자유와 자신의 종교적인 확신에 반하는 행위를 강요당하지 아니하는 소극적인 종교행위의 자유 및 종교교육의 자유 등이 포함된다. 종교의 자유는 양심의 자유 등과 더불어 우리 헌법이 최고의 가치로 상정하고 있는 도덕적·정신적·지적 존재로서의 인간의 존엄성을 유지하기 위한 기본조건이고 민

주주의체제가 존립하기 위한 불가결의 전제로서 다른 기본권에 비하여 보다 고도로 보장되어야 한다.

한편 사립학교의 설립자 및 학교법인은 일반적인 행동의 자유를 보장하는 헌법 제10조, 국민의 교육을 받을 권리를 규정하고 있는 헌법 제31조 제1항 그리고 교육의 자주성·전문성·정치적 중립성 등을 규정하고 있는 헌법 제31조 제4항 등에 의하여 인정되는 기본권으로서 자신의 의사와 재산으로 독자적인 교육목적을 구현하기 위하여 학교를 설립하고 이를 운영할 자유를 가진다(대법원 2007. 5. 17. 선고 2006다19054 판결 등 참조). 이러한 설립자나 학교법인이 가지는 사학 운영의 자유에는 설립자나 학교법인의 종교적·세계관적 교육이념에 따라 교과과정을 자유롭게 형성할 자유가 당연히 포함되므로 종교단체가 설립한 사립학교 즉 '종립학교'에서 종교행사 및 종교과목 수업(이하 종교행사와 종교과목 수업을 합하여 칭할 때는 '종교교육'이라 한다)을 할 자유 는 종교의 자유뿐만 아니라 사학의 자유라는 관점에서도 일반적으로 보장되어야 한다.

(나) 그런데 우리나라는 대도시 및 주요도시를 중심으로 고등학교 평준화정책을 시행하고 있다. 고등학교 평준화정책은 고등학교 입시의 과열을 해소하여 중학교 교육이 입시과목 위주로 편성되는 것을 막아 학생에 대한 전인적 교육이 이루어지도록 교육과정을 정상화하고 고등학교 사이의 격차를 해소하여 고등학교 교육의 질적 균등과 학대를 위하여 도입된 것으로 일정 지역에 거주하는 학생들을 학교군별로 추첨을 통하여 학교에 강제로 배정하는 방법으로 실시되고 있다(초·중등교육법 제47조 제2항, 같은 법 시행령 제77조 제2항, 제84조 제2항).

학생은 헌법 제31조 제1항 및 헌법 제10조에 의하여, 그 부모는 혼인과 가족생활을 보장하는 헌법 제36조 제1항 및 헌법 제10조 등에 의하여 사립학교 선택권을 갖는 것이 원칙이고, 이러한 사립학교 선택권은 학생 인격의 자유로운 발현과 부모의 자녀에 대한 교육권을 보장하는 수단이 되는 데 그 의의가 있다. 사립학교 역시 사학의 자유에 의하여 학생 선발권을 가진다. 그런데 위와 같은 강제배정으로 인하여 학생의 사립학교 선택권과 사립학교의 학생 선발권이 제한되었다.

그러나 헌법 제31조 제1항은 능력에 따라 균등하게 교육을 받을 권리를 국민의 기본권으로 보장함으로써 이를 실현할 의무와 책임을 국가가 부담하도록 하여 공교육체계를 교육제도의 근간으로 하고 있다. 또한 헌법 제31조 제6항이 선언하고 있는 교육제도 법률주의는 국가의 백년대계인 교육이 일시적인 특정 정치 세력에 의하여 영향을 받거나 집권자의 의도에 따라 수시로 변경되는 것을 예방하고 장래를 전망한 일관성이 있는 교육체계를 유지·발전시키기 위하여 교육제도 등에 관한 기본적인 사항을 법률로 정하도록 하고 있다(헌법재판소 2000. 3. 30. 선고 99헌바14 결정 등 참조). 이에 따라 예외적인 일부를 제외한 대부분의 사립 고등학교는 교원, 교육내용, 교과용 도서의 사용, 학교에 대한 공적 지도.감독 등 학교에 관한 사항에 관하여 국.공립학교와 구분 없는 동일한 규율을 받고(초·중등교육법 제19조, 제23조, 제29조, 제63조,제64조, 제65조 등), 국가로부터 학교의 기본적 운영을 위한 재정결함보조금과 교육활동을 위한 기타보조금 등의 재정지원을 받는 등으로 공교육체계 내에 편입되어 있다.

공교육체계 내에서 학생에 대한 교육은 집단적인 학교교육을 중심으로 이루어지게 되므로 다양한 가치관과 능력·적성을 가진 학생들이 그에 알맞은 교육을 받을 권리는 현실적인 한계뿐만 아니라 학교교육이라는 제도적인 이유로 인하여 제한될 수밖에 없다. 거기에다가 현재 우리나라 고등학생의 절반가량이 사립학교에 다니고 있을 정도로 우리나라 교육체계 내에서 사립학교가 차지하는 비중이 크므로, 국·공립학교를 더 많이 신설하지 않는 이상 사립학교에게 학생 선발권을 전면적으로 부여하기 어렵고, 사립학교가 학생 선발권을 가진다 하여도 학생 또한 학교 선택권을 가지게 됨에 따라 상당수의 사립학교가 정원 확보에 실패할 수 있음에도 사립학교가 공교육체계에 편입되어 있는 이상 그러한 사립학교에 대하여 재정지원을 하지 않을 수 없다. 그러나 이러한 국·공립학교의 다수 신설과 사립학교에 대한 현재보다 더 많은 지원은 모두 현재의 교육재정상 현실적이지 않다. 즉 이러한 공교육체계 내에서는 교육의 확대와 기회균등이라는 국가 교육목표 달성을 위하여 불가피한 범위 내에서 학생과 학교 모두의 교육에 관한 기본권은 제한될 수 있고 그러한 기본권에 포함되는 학생의 사립학교 선택권과 그 이면에 있는 사립학교의 학생 선발권 또한 제한될 수밖에 없다.

그리하여 평준화정책이 시행되는 지역에 거주하는 학생은 자신의 신앙 또는 무신앙에 따라 자유로이 사립학교를 선택할 권리를 가지지 못하고, 자신과 다른 종교를 건학이념으로 하는 종립 고등학교로 진학할 수도 있게 된 반면, 종립 고등학교 역시 자신과 동일한 종교를 가진 학생만을 선발하지 못하고, 신앙을 가지지 아니한 학생들이나 나아가서는 학교와는 다른 종교를 가진 학생까지도 배정받지 않을 수 없게 되었다. 그러나 사립학교가 공교육체계에 편입되었고 평준화정책이 실시되었다고 하더라도 그로 인하여 학교법인의 사학의 자유가 근본적으로 박탈된다고 볼 것은 아니므로 종립학교 는 여전히 종교교육을 할 자유를 가지고, 학생 역시 종립학교에 진학하게 되었다고 하더라도 종교의 자유를 완전히 잃게 되는 것은 아니므로 여전히 자신의 의사에 반한 종교교육을 거부할 자유를 가진다고 볼 것이다.

위와 같은 공교육체계의 헌법적 도입과 우리의 고등학교 교육현실 및 평준화정책이 고등학교 입시의 과열과 그로 인한 부작용을 막기 위하여 도입된 사정, 그로 인한 기본권의 제한 정도 등을 모두 고려한다면 고등학교 평준화정책에 따른 학교 강제배정제도에 의하여 학생이나 학교법인의 기본권에 일부 제한이 가하여진다고 하더라도 그것만으로는 위 제도가 학생이나 학교법인의 기본권을 본질적으로 침해하는 위헌적인 것 이라고까지 할 수는 없다.

(다) 그렇지만 이로써 학생들이 신앙에 따른 자유로운 선택을 하지 못한 채 강제 배정된 학교로 입학하게 되고, 종립학교가 그 학생들을 상대로 자유로운 참가를 보장하지 아니하고 종교적 중립성이 유지된 보편적인 교양으로서의 종교교육의 범위를 넘어서서 학교의 설립이념이 된 특정의 종교교리를 전파하는 이른바 '종파교육' 형태의 종교교육을 실시한다면, 그 특정 종교와 다른 종교를 가지거나 종교를 가지지 아니한 학생들은 자신들이 이를 원하는 경우를 제외하고는 그 종교교육에 강제로 참여할 수밖에 없게 되고 전학을 가는 등의 특별한 조치 없이는 이를 면할 길이 없으며, 참여한 후에도 그 특정 종교를 신앙으로 가진 학생과는 달리 적극적으로 호응할 수 없게 된다는 문제가 생긴다.

즉 위와 같은 교육제도가 위헌이 아니라고 하더라도 여전히 학교가 가지는 종교교육의 자유 및 운영의 자유와 학생들이 가지는 소극적 종교행위의 자유 및 소극적 신앙고백의 자유 사이에 충돌이 생기게 되는 것이다. 이와 같이 하나의 법률관계를 둘러싸고 두 기본권이 충돌하는 경우에는 구체적인 사안에서의 사정을 종합적으로 고려한 이익 형량과 함께 양 기본권 사이의 실제적인 조화를 꾀하는 해석 등을 통하여 이를 해결하여야 하고(대법원 2006. 11. 23. 선고 2004다50747 판결, 대법원 2009. 1. 15.자 2008 그202 결정 등 참조), 그 결과에 따라 정해지는 양 기본권 행사의 한계 등을 감안하여 그 행위의 최종적인 위법성 여부를 판단하여야 한다.

학생이 가지는 소극적 종교행위의 자유 및 소극적 신앙고백의 자유는 부작위에 의하여 자신의 종교적 신념을 외부로 표현하고 실현하는 기본권이라는 점에서(대법원 1982. 7. 13. 선고 82도1219 판결, 대법원 2004. 7. 15. 선고 2004도2965 판결 참조) 학교법인이 가지는 종교교육의 자유와의 사이에서 위계질서를 논하기는 어려우며 양자의 기본권 모두 인격적 가치 및 자유권적 가치를 가지므로 추상적인 이익형량만으로는 우선하는 기본권을 정할 수 없다.

헌법상 기본권의 행사는 국가공동체 내에서 타인과의 공동생활을 가능하게 하고 다른 헌법적 가치 및 국가의 법질서를 위태롭게 하지 않는 범위 내에서 이루어져야 한다는 점에서 충돌하는 기본권 모두 최대한으로 그 기능과 효력을 유지할 수 있는 조화점이 모색되어야 한다. 이는 헌법과 법률의 규정 및 그로부터 도출되는 기본권 행사의 한계, 그러한 한계 설정으로 인한 기본권 제약의 정도가 필요 최소한에 그치는지 등을 종합적으로 고려함으로써 이루어질 수 있다.

그런데 우리 헌법 제31조 제6항은 교육제도 법률주의를 선언하면서 헌법 스스로 학교법인의 기본권이 교육의 공공성이라는 헌법적 가치나 학생의 학습권이라는 기본권을 구체화한 법률에 의하여 제한될 수 있음을 밝히고 있다. 그리고 위와 같은 헌법 규정에 터잡아 제정된 교육기본법 제12조 제1항은 "학생을 포함한 학습자의 기본적 인권은 학교교육 또는 사회교육의 과정에서 존중되고 보호된다."고 규정하여 학교법인의 기본권은 학생의 기본권이 존중되어야 하는 한도에서 한계를 가질 수 있음을 보여 준다.

구 교육법(1997. 12. 13. 법률 제5437호 교육기본법 부칙 제2조로 폐지된 것) 제155조 제1항을 근거로 제정되어 이 사건 당시 시행되던 교육부고시 제1997-15호(이후 교육부 고시 제2004-85호로 그 내용이 그대로 이어졌다. 이하 '이 사건 교육부고시'라 한다)가 "학교가 종교과목을 부과할 때에는 종교 이외의 과목을 포함, 복수로 과목을 편성하여 학생에게 선택의 기회를 주어야 한다."라고 규정하여, 종립학교가 정규과목으로서의 종교과목을 부과하는 경우 그와 다른 선택과목을 편성하도록 함으로써 신앙을 가지지 않은 학생들이나 학교법인과 다른 종교를 가진 학생들에 대하여 종교교육을 할 자유를 상당히 제한하고 있는 것 역시 학교 강제배정제도 아래서의 학생의 기본권과 학교법인의 기본권을 조화하기 위한 방책으로 마련된 것이라고 할 것이다.

그러나 학교 강제배정제도로 인하여 학교법인의 기본권만 제한되어야 하는 것은 아니다. 즉 사립학교는 독자적인 건학이념을 실현하기 위하여 설립되는 것이고 종립학교의 건학이념은 특정한 종교의 교리를 전파하는 것이라고 할 수 있으며, 선교의 자유의 일종인 종교교육의 자유는 종립학교와 다른 종교를 가진 학생들이나 신앙을 가지지 아니한 학생들을 상대로 특정 종교를 선전하고 전파하는 자유를 당연히 포함하고 있으므로, 이러한 종립학교에 대하여 평준화정책이 합헌이고 학생들이 강제로 배정되었다는 이유로 종교교육을 제한하는 것은 종립학교의 종교교육의 자유나 운영의 자유를 중대하게 침해하는 것이라고 볼 수 있으며, 학교교육은 학생의 창의력 개발 및 인성 함양을 포함한 전인적 교육을 중시하여 이루어져야 하고(교육기본법 제9조 제3항), 종교교육 역시 학생들의 올바른 심성과 가치관을 기르는 데에 도움이 될 수 있으므로, 종립학교가 종파교육 형태의 종교교육을 실시한다고 하여 그 자체만으로 바로 강제로 배정된 학생들에 대한 관계에서 학교법인의 종교교육의 자유나 사학의 자유의 한계를 넘은 것이라고 단정할 수는 없을 것이다. 한편 학생의 소극적 종교행위의 자유 및 소극적 신앙고백의 자유도 외부로 표현되는 실현 과정에서 다른 법익과 충돌한다면 제한이 수반될 수 있으므로, 학생 또한 피교육자의 입장에서 올바른 인성을 함양하고 민주 시민으로서 필요한 자질을 기르기 위하여 앞서 본 한계 내에서 실시되는 종교교육을 용인하여야 한다.

다만 종립학교와 학생의 기본권 모두 일정 한도에서 제한이 될 필요가 있다고 하더라도 종립학교의 종교교육을 할 자유는 독립한 기본권의 주체인 학생들에 대하여 영향을 미치기 위한 것인 반면 학생의 종교교육을 거부할 자유는 소극적으로 자신의 권리를 지키기 위한 것인 점, 종립학교의 종교교육이 비판의식이 성숙되지 않은 학생에게 일방적으로 주입되는 방식으로 행하여진다면 그 자체로 교육 본연의 목적을 벗어났다고 볼 소지가 높은 점, 그로 인하여 학생이 입게 되는 피해는 지속적이고 치유되기 어려울 것이라는 점들을 고려한다면 종립학교와 학생 사이의 관계에 있어서 학생의 법익이 보다 두텁게 보호될 필요가 있다.

아울러 앞서 본 고등학교 평준화정책의 목적과 그 불가피성 및 그로 인한 학교 강제배정제도의 시행으로 종립학교는 학생 선발권을 가지지 못하더라도 그 반면에 학생들을 강제로 배정받아 정원을 확보하여 경영을 정상화할 수 있고 나아가 교세를 확장할 수도 있으며 종교교육을 거부하지 아니하는 학생들에게 종교교육을 실시하는 등의 방법으로 제한된 범위 내에서 종교의 자유 및 운영의 자유를 누릴 여지가 있기도 하나, 종립학교로 진학하게 된 학생은 국·공립학교 등 종교교육을 실시하지 아니하는 학교에 배정된 것에 비하여 그 배정으로 인하여 누리는 특별한 이익이 거의 없다는 점도 고려되어야 한다.

그러므로 이 사건에서 대립하는 양 법익의 가치와 보호목적 등을 모두 고려하여 양법익 행사에 있어서 실제적인 조화를 실현하려면, 먼저 이러한 고등학교 평준화정책 및 교육 내지 사립학교의 공공성, 학교법인의 종교의 자유 및 운영의 자유가 학생들의 기본권이나 다른 헌법적 가치 앞에서 가지는 한계를 고려하여야 한다. 그리고 종립학교에서의 종교교육은 필요하고 또한 순기능을 가진다는 것을 간과하여서는 아니 되나 한편으로 종교교육으로 인하여 학생들이 입을 수 있는 피해는 그 정도가 가볍지 아니하며 그 구제수단이 별달리 없음에 반하여 학교법인은 제한된 범위 내에서 종교의 자유 및 운영의 자유를 실현할 가능성이 있다는 점도 역시 고려하여야 한다. 이러한 점을 모두 감안한다면 비록 학교법인이 국.공립학교의 경우와는 달리 종교교육을 할 자유와 운영의 자유를 가진다고 하더라도, 그 종립학교가 공교육체계에 편입되어 있는 이상 원칙적으로 학생의 종교의 자유, 교육을 받을 권리를 고려한 대책을 마련하는 등의 조치를 취하는 속에서 그러한 자유를 누린다고 해석하여야 할 것이다.

그리하여 종립학교가 고등학교 평준화정책에 따라 학생 자신의 신앙과 무관하게 입학하게 된 학생들을 상대로 종교적 중립성이 유지된 보편적인 교양으로서의 종교교육의 범위를 넘어서서 학교의 설립이념이 된 특정의 종교교리를 전파하는 종파교육 형태의 종교교육을 실시하는 경우에는 그 종교교육의 구체적인 내용과 정도, 종교교육이 일시적인 것인지 아니면 계속적인 것인지 여부, 학생들에게 그러한 종교교육에 관하여 사전에 충분한 설명을 하고 동의를 구하였는지 여부, 종교교육에 대한 학생들의 태도나 학생들이 불이익이 있을 것을 염려하지 아니하고 자유롭게 대체과목을 선택하거나 종교교육에 참여를 거부할 수 있었는지 여부 등의 구체적인 사정을 종합적으로 고려하여 사회공동체의 건전한 상식과 법감정에 비추어 볼 때 용인될 수 있는 한계를 초과한 종교교육이라고 보이는 경우에는 위법성을 인정할 수 있다.

(3) 이 사건 종교교육의 위법 여부에 관한 판단

(가) 먼저 피고 학교법인이 실시한 종교행사에 관하여 본다.

원심판결 이유에 의하면, 원고는 학교 강제배정에 따라 피고 학교법인이 기독교 정신을 건학이념으로 하여 설립·운영하는 ○○고등학교에 입학하였으나 평소 종교를 가지지 아니하였던 학생인 사실, ○○고등학교에서는 수업이 있는 매일 아침에 담임교사의 입회 아래 5분 정도 찬송과 기도 등을 실시하는 경건회 시간을 가졌고, 매주 수요일 정규 교과시간에 강당 등에서 1시간가량 찬송과 목사의 설교, 기도 등을 하는 수요예배를 진행하였는데 원고는 입학 이후부터 위 경건회 시간 및 수요예배에 참석한 사실, 위 학교는 학생들에게 매년 3박 4일에 걸쳐 합숙하면서 각종 기도와 성경읽기 등을 하는 생활관 교육을 받게 하였고, 부활절에는 정규 교과시간에 부활절 예배를 진행하였으며 그로부터 3일간 정규 수업시간 일부로 심령수양회라는 시간을 편성하여 설교 및 기도 등을 진행한 사실, 또한 매년 반별 성가대회를 개최하였고 추수감사절에도 정규수업 대신 감사예배를 진행하였으며 성탄절에는 학생들을 교회에 출석하도록 한 사실, 원고는 2003년에 위 생활관 교육, 부활절 예배, 성가대회, 추수감사절 예배에 참석하였고 성탄절에는 교회로 출석한 사실, ○○고등학교는 위와 같은 종교행사를 거행함에 있어 원고를 포함한 학생들에게 자율적 참여를 보장하지 않고 동의를 구하지도 않은 채 학생들이 경건회 시간에 참석하지 아니하면 지각으로 처리하고 주의를 주기도 하였으며 수요예배가 있을 때에는 교사들이 학급을 돌아다니며 참석하지 않는 학생이 있는지 확인하여 참석하지 않는 학생들에게는 청소를 시키는 등 불이익을 주고 성탄절에 교회에 출석하였는지 여부를 확인하기도 한 사실, 원고는 2002년 1학기말 학생회 부회장 선거에 출마하면서 '교회에 1년 이상 다녀야 한다.'는 학생회 회칙상의 자격요건을 시정하여 줄 것을 교목교사에게 건의한 적이 있고, 2002년 말과 2004년 초경에는 교목 및 담임교사에게 예배참가에 대한 거부감을 표시하였으나 교사들로부터 자중하고 학교방침에 따르라는 취지의 답변을 들었을 뿐이고 학교의 정책에는 아무런 변화가 없었던 사실 등을 알 수 있다.

위와 같은 사실관계에 의하면, ○○고등학교가 실시한 종교행사는 보편적인 교양으로서의 종교교육이 아니라 기독교라는 특정 종교의 교리를 기도와 설교, 찬송 등의 방법으로 전파하는 종파적인 행사라고 할 것임에도 위 학교는 이에 참석하지 아니하는 학생들에게 일정한 불이익을 줌으로써 참석을 거부하는 것이 사실상 불가능한 분위기를 조성하여 아무런 신앙을 갖지 아니한 원고가 그러한 행사에 대한 참가 여부를 자유로운 상태에서 결정할 수 없도록 하였다고 보이므로, 이는 신앙을 가지지 아니한 원고의 기본권을 고려한 처사라고 보기 어렵다. 또한 ○○고등학교가 원고에게 종교행사의 내용과 방식에 대하여 사전에 어떠한 설명을 하거나 동의를 받는 등의 조치를 취하지 않고 심지어는 수차례에 걸친 이의가 있었음에도 별다른 조치 없이 계속하여 기독교 교리에 입각한 여러 종류의 종교행사를 오랜 기간 동안 빈번하게 반복하여 실시한 행위는 그러한 종교행사가 학생의 올바른 심성 함양에 도움이 된다는 점을 고려하더라도 원고에 대한 관계에서는 종립학교에서 허용되는 종교행사의 한계를 넘은 것으로 보지 않을 수 없다. 비록 원고가 입학 당시 기독교 교육과 함께 모든 교과교육을 충실히 받겠다고 선서하거나 일시적으로 종교행사에 적극적으로 참여한 바 있다고 하더라도, 이러한 사정을 들어 입학 이후 이루어질 다양한 종교행사의 내용과 방식을 충분히 이해한 후 자유로운 상태에서 종교행사 참가에 포괄적으로 동의한 것으로 볼 수는 없으며, 오히려 원고가 수차례 종교행사 등에 대하여 부정적인 의견을 밝혀 왔던 점, 원고가 성년에 이르지 못한 고등학생으로 학교의 교육방침에 대하여 일일이 명시적인 반대 의사를 밝히는 것이 우리의 교육현실에서 용이하지 아니할 것이라는 점 등을 고려하면, 이와 달리 볼 것이 아니다.

(나) 다음으로 피고 학교법인이 실시한 종교과목 수업에 관하여 본다.

원심판결 이유에 의하면, ○○고등학교는 주당 1시간씩 정규 수업으로 종교과목을 부과함에 있어 대체과목을 편성하지 아니하였고, 그 수업시간에 기독교 경전인 성경을 읽고 그에 관한 토론 등을 진행하였으며 학생들에게 십계명이나 사도신경을 써오도록 과제를 부과하기도 한 사실, 학생의 생활기록부에 그 종교과목 이수에 대한 교사의 평가의견을 기재하도록 한 사실 등을 알 수 있다.

이와 같이 ○○고등학교가 실시한 종교과목 수업은 기독교 교리에 입각한 종파교육이라고 할 것인데 그럼에도 학교가 이 사건 교육부고시와는 달리 대체과목을 개설하지 아니함으로써 학생들에게 선택의 기회를 부여하지 않았고 실질적인 참가의 자율성도 보장하지 아니하였으며 사전 동의조차 얻지 아니하였다는 점에서 비록 학교에서 제공하는 교육과정은 교원수, 학급수, 시설 등 학교의 현실적인 조건을 고려하여 운영될 수밖에 없다 하더라도, 위와 같은 종교과목 수업 진행이 종파교육을 실시함에 있어 원고의 종교의 자유라는 기본권으로 말미암아 생기는 한계를 고려하여 이루어진 조치라고 보기는 어렵다. 이는 ○○고등학교가 종교과목에 대하여 별도의 시험평가를 실시하지 아니하였다거나 원고가 학교에 대하여 명시적으로 종교과목 수업에 관한 거부의 의사를 표시한 바 없다 하더라도 달리 볼 것이 아니다.

(다) 이러한 사정을 종합하여 보면, 결국 피고 학교법인이 시행한 종교교육은 우리 사회의 건전한 상식과 법감정에 비추어 용인될 수 있는 한계를 벗어난 것으로 원고의 종교에 관한 인격적 법익을 침해하는 위법한 행위라고 보지 않을 수 없다. 그리고 강제배정으로 입학한 학생들 모두가 피고 학교법인과 동일한 종교를 가지고 있지는 않을 것이라는 점은 경험칙상 분명하므로, 위와 같은 형태의 종교교육을 실시할 경우 그로 인하여 인격적 법익을 침해받는 학생이 있을 것이라는 점은 충분히 예견가능하고 그 침해는 회피가능하다고 할 것이어서 과실 역시 인정된다. 나아가 이로 인하여 피고 학교법인의 건학이념과 같은 종교를 가지지 않은 원고가 정신적으로 고통을 받았음은 넉넉하게 추인할 수 있다.

그럼에도 원심이 그 판시와 같은 사정들만으로 피고 학교법인의 종교교육이 원고에 대하여 불법행위를 구성하지 아니한다고 판단하고 손해배상책임을 부정한 조치는, 학생의 종교에 관한 인격적 법익 침해로 인한 불법행위의 성립요건에 관한 법리를 오해하여 판결에 영향을 미친 위법이 있다.

나. 징계처분으로 인한 손해배상청구

(1) 학생에 대한 징계가 징계대상자의 소행, 평소의 학업 태도,

개전의 정 등을 참작하여 학칙에 정한 징계절차에 따라서 징계위원들이나 징계권자의 자율적인 판단에 따라 행하여진 것이고, 실제로 인정되는 징계사유에 비추어 그 정도의 징계를 하는 것도 무리가 아니라고 인정되는 경우라면, 비록 그 징계양정이 결과적으로 재량권을 일탈한 것으로 인정된다고 하더라도 이는 특별한 사정이 없는 한 법률전문가가 아닌 징계위원들이나 징계권자가 징계의 경중에 관한 법령의 해석을 잘못한 데 기인하는 것이라고 보아야 하므로, 이러한 경우에는 징계의 양정을 잘못한 것을 이유로 불법행위책임을 물을 수 있는 과실이 없다(대법원 1997. 9. 9. 선고 97다20007 판결 등 참조). 그러나 학교가 그 징계의 이유로 된 사실이 퇴학 등의 징계처분의 사유에 해당한다고 볼 수 없음이 객관적으로 명백하고 조금만 주의를 기울이면 이와 같은 사정을 쉽게 알아볼 수 있는데도 징계에 나아간 경우와 같이 징계권의 행사가 우리의 건전한 사회통념이나 사회상규에 비추어 용인될 수 없음이 분명한 경우에 그 징계는 그 효력이 부정됨에 그치지 아니하고 위법하게 상대방에게 정신적 고통을 가하는 것이 되어 그 학생에 대한 관계에서 불법행위를 구성하게 된다(대법원 2004. 9. 24. 선고 2004다37294 판결 등 참조).

(2) 원심판결 이유에 의하면, ○○고등학교 학칙은 성행이 불량하여 개전의 가망이 없다고 인정된 자, 정당한 이유 없이 무단결석이 수업일수의 3분의 1 이상인 자, 학생 본분에 어긋나는 집단적 행동으로 수업을 고의적으로 방해한 자, 특별교육을 이수하였음에도 동일한 내용의 교칙을 위반한 자에 대하여 퇴학처분을 할 수 있다고 규정하고 있고, 학칙의 위임에 따라 징계기준을 정한 ○○고등학교 학생선도규정은 교사에게 불손한 반항을 하거나 폭력을 가한 학생에 대하여 학교내 봉사·특별교육 이수·퇴학처분을 할 수 있다고 규정하고 있음을 알 수 있다. 그런데 위 학생선도규정에서 교사에게 불손한 반항을 하거나 폭력을 가한 학생에 대해서는

마치 개전의 가망이 있는지 여부를 묻지 않고 퇴학처분을 할 수 있는 것처럼 규정하고 있다 하더라도 이는 학칙의 위임에 따라 제정된 것이므로, 상위규범인 학칙에서 정한 데에 따라 학생이 교사에게 불손한 반항을 하거나 폭력을 가하였음을 징계사유로 한 경우에도 그에 따른 퇴학처분은 학생에게 개전의 가망이 없다고 인정된 때에만 가능하다고 해석하여야 할 것이다.

원심이 인정한 사실관계에 의하면, 원고는 담임교사에게 불손한 반항을 하였고, 2003. 11. 교내 급식과 관련하여 학교의 명예를 실추한 사건에 대한 가중처벌이 필요하며, 학교 공동 기물을 무단으로 사용하였고, 학생회장 신분으로 학생들을 선동하였다는 등의 징계사유로 이 사건 퇴학처분을 받은 사실, 그러나 원고와 피고 학교법인 사이의 서울북부지방법원 2004가합4809호 퇴학처분무효확인 소송에서 교사에게 불손한

반항을 하였다는 것 이외에는 정당한 징계사유에 해당하지 않는다고 판단되었고, 위 판결은 그대로 확정된 사실, 원고는 2004. 6. 16. 08:30경 ○○고등학교 방송실에서 '○○고등학교는 학생들에게 매주 수요일마다 예배를 강요하는데 이는 잘못된 것이다. 원고는 수요예배를 거부하겠다. 원고가 학교를 떠나게 되는 상황이 되더라도 그때까지 원고가 할 수 있는 일은 무엇이든지 할 것이다.'라는 취지의 교내방송을 한 사실, 그 후 담임교사가 원고에게 방송실을 무단으로 사용한 것에 대하여 잘못을 시인하고 학교 측에 사과하라고 권유하자, 원고는 담임교사 앞에서 벽을 주먹으로 치면서 '자신은 잘못이 없고, 잘못이 있다면 방송실 관리를 소홀히 한 학교 측에 책임이 있다.'라고 소리를 치고 '원고가 전학을 하든 퇴학을 당하든 상관이 없고, 원고가 주장하는 것처럼 학교가 변화될 때까지 싸우겠다.'는 취지로 말한 사실, 원고는 같은 날 학교를 마친 후 18:00경부터 약 1시간 동안 서울특별시 교육청 앞에서 ○○고등학교에서는 학생의 종교의 자유가 인정되지 않는다는 내용의 피켓을 목에 걸고 1인 시위를 한 사실, 원고는 그 다음날인 2004. 6. 17.

점심시간 무렵에 교무실로 찾아가 담임교사에게 자퇴에 필요한 서류가 무엇인지 등을 문의하였고, 담임교사로부터 학생선도위원회의 개최가 예정되어 있으니 학교에 부모를 모시고 오라는 말을 듣고는, '자신은 아무런 잘못도 저지르지 않았는데 부모가 왜 학교에 죄인처럼 와야 하느냐.'고 큰 소리로 항의한 사실, 원고는 방과 후인 같은 날 17:30경에도 재차 서울특별시 교육청 앞에서 1인 시위를 한 사실, 담임교사가 2004. 6. 18. 10:00경 원고에게 학교에 적대적인 모든 대외활동을 중단하고 학교에 사과할 것을 권유하였으나 원고는 '자신이 진행하는 일을 그만 둘 수 없다.'고 대답한 사실, ○○고등학교는 같은 날 13:00경 교감, 교목실장, 생활지도교사 등이 참석한 학생선도위원회를 개최하여 앞서의 징계사유를 들어 먼저 원고에게 전학을 권유하여 이를 승낙하면 다른 학교로 전학을 보내고, 이를 거부하면 퇴학처분을 하기로 하는 내용의 징계결의를 한 사실, 그 후 원고와 원고의 부모가 전학을 거부하자, 원고에게 이 사건 퇴학처분을 한 사실 등을 알 수 있다.

이 사건 징계처분의 사유가 된 원고의 담임교사에 대한 불손한 행동이나 지도에 불응한 행위의 내용 및 정도가 결코 경미한 것이라고는 볼 수 없다. 그러나 학생에 대한 징계처분 중 가장 무거운 퇴학처분은 학생의 신분이나 명예에 대하여 쉽사리 회복할 수 없는 불이익을 가하는 것으로 그 처분에 최대한의 신중을 기하여야 함이 당연하고, 학칙에 따라 개전의 가망이 없다고 인정되는 때에 한하여 취하여져야 한다.

원고가 이 사건 징계처분의 발단이 된 교내 방송 및 1인 시위를 하고 학교당국 및 담임교사와 갈등을 빚게 된 근본적인 원인은 ○○고등학교가 학생들에게 종교교육을 위법하게 강행한 데 있고, 학생인 원고가 학교의 위법.부당한 행위를 시정하기 위하여 취할 수 있는 수단은 일반적으로 교사에 대한 의견표현 이외에 달리 마땅한 수단이 없다는 점을 고려할 때 원고가 수차례 교사들에게 그 문제점을 지적하였음에도 아무런 조치가 이루어지지 않은 채 학교의 방침에 따르라는 답변만을 들은 후 위와 같은 행위를 하였다는 사정이나 우리 사회의 정서상 학교 내부의 문제를 교육감 등에게 진정하는 등 다른 방법으로 해결하기란 쉽지 아니하다는 사정도 이 사건 징계의 불법성을 판단함에 있어서 고려하여야 하고 아울러 ○○고등학교가 사랑과 용서라는 기독교 이념을 실현하는 것을 목표로 하여 설립되었다는 점도 위 판단에 참고할 수 있다. 더구나 원고는 입학식에서 신입생 대표로 선서를 하였고 재학 중에는 학생회 부회장 및 회장을 차례로 역임하였으며, 이 사건 교내 방송 이전의 재학기간 동안에는 교내 급식 개선과 관련하여 학교 측과 마찰을 빚은 것 이외에는 학교의 교육방침이나 정책에 순응해 왔고 달리 학교 정책에 반대하거나 비협조적인 태도를 보이지는 않은 것으로 보인다. 이러한 원고가 교사에 대하여 다소 극단적인 반항을 하였다고 하더라도 이는 수차례의 시정 요구가 묵살되어 더 이상의 방법이 없다고 보고 선택한 교내방송 후 흥분된 감정을 추스르지 못한 채 학교의 잘못에 대하여는 언급이 없고 자신의 잘못만을 질책 당하는 상태에서 저지른 우발적인 행동으로 보이고 그 이후의 언행도 그러한 연장선상에서 나온 것으로서, 이러한 여러 사정을 감안한다면 원고의 위와 같은 언행만으로 원고가 개전의 가망이 없는 학생이라고는 도저히 볼 수 없다.

그러므로 원고에 대한 이 사건 징계사유만으로는 학칙에서 정하는 퇴학처분 사유에는 해당하지 아니함이 객관적으로 명백할 뿐만 아니라 징계권자 또는 징계위원들이 조금만 주의를 기울였더라면 이러한 사정을 쉽게 알 수 있었다고 할 것이다.

그럼에도 원심이, 원고의 담임교사에 대한 불손한 태도만으로도 퇴학처분까지 가능한 징계사유에 해당한다고 전제하고, 원고의 위반 내용이나 담임교사의 권면 등 이 사건 퇴학처분에 이르게 된 경위에 비추어 볼 때 원고에 대한 징계로 퇴학처분을 선택한 것이 사회통념상 용인될 수 없을 정도의 징계권 남용에 해당한다고 보기는 어렵다고 판단한 조치에는, 학생에 대한 징계처분으로 인한 불법행위의 성립요건에 관한 법리를 오해하여 판결에 영향을 미친 위법이 있다.

2. 피고 서울특별시에 대한 상고이유에 관하여

가. 초·중등교육법은 제6조에서 사립학교는 교육감의 지도·감독을 받는다고 규정하고, 제7조에서 교육감은 학교에 대하여 교육과정운영 및 교수·학습방법에 대한 장학지도를 실시할 수 있도록 규정하고 있다. 또한 제63조 제1항에서 "관할청은 학교가 시설·설비·수업·학사 및 기타 사항에 관하여 교육관계법령 또는 이에 의한 명령이나 학칙을 위반한 경우에는 학교의 설립·경영자 또는 학교의 장에게 기간을 정하여 그 시정 또는 변경을 명할 수 있다." 고 규정하고 있다. 이러한 규정은 교육의 공공성을 고려하여 사립학교 교육에 있어서도 국가 교육이념을 실현하고 그 운영의 적정성을 확보하기 위한 것일 뿐 아니라 나아가 그러한 학교 운영을 통하여 학생 개개인의 균형 있는 정신적·육체적 발달을 도모하려는 취지라고 봄이 상당하다. 그러나 교육감이 위 법률의 규정에서 정하여진 직무상의 의무를 게을리하여 그 의무를 위반한 것으로 위법하다고 하기 위해서는 그 의무 위반이 직무에 충실한 보통 일반의 공무원을 표준으로 할 때 객관적 정당성을 상실하였다고 인정될 정도에 이르러야 할 것이다. 또한 교육감의 장학지도나 시정·변경명령 권한의 행사 등이 교육감의 재량에 맡겨져 있는 위 법률의 규정 형식과 교육감에게 그러한 권한을 부여한 취지와 목적에 비추어 볼 때 구체적인 상황 아래에서 교육감이 그 권한을 행사하지 않은 것이 현저하게 합리성을 잃어 사회적 타당성이 없는 경우에 해당하여야만 교육감의 직무상 의무를 위반한 것으로서 위법하게 된다고 할 수 있을 것이다(대법원 1998. 5. 8. 선고 97다54482 판결, 대법원 2006. 7. 28. 선고 2004다759 판결, 대법원 2008. 4. 10. 선고 2005다48994 판결 등 참조).

나. 원심판결 이유에 의하면, 서울특별시 교육감 및 담당 공무원이 2002년경부터 ○○고등학교에 대하여 수차례 장학지도 등을 통하여 학교 내의 종교교육이 이 사건 교육부고시를 준수하여 운영되도록 지도를 해 왔으며, 교장·교감 회의 등 각종 회의와 연수시에 학교 종교교육에 관한 구체적인 지침을 안내하여 온 사실, 원고가 서울특별시 교육청 건물 앞에서 앞서 본 1인 시위를 한 후, 담당 장학사 등이 수차례 ○○고등학교를 방문하여 학생들을 상대로 질의를 하는 등으로 종교교육 현황을 점검하고 정규 교과 시간외 종교행사에 관하여 그 운영 등을 개선하도록 시정조치를 한 사실, 담당 공무원이 피고 학교법인으로부터 ○○고등학교의 학칙 등 자료를 제출받아 원고에 대한 이 사건 퇴학처분에 중대한 하자가 있는지 여부를 검토하고 국가인권위원회의 중재 절차에 참가하여 조언을 하기도 한 사실 등을 알 수 있다.

이와 같이 시정·변경명령 권한 등의 행사가 교육감의 합리적 재량에 맡겨져 있는 상황 아래서 서울특별시 교육감은 이 사건 교육부고시를 준수할 것을 내용으로 하는 장학지도나 종교교육 현황을 점검하고 일부 시정조치를 하는 등으로 어느 정도 필요한 조치를 하였다. 뿐만 아니라 교육감은 시정·변경명령을 이행하지 아니할 경우 그 위반행위를 취소하거나 학교의 정원 감축 등의 조치를 취할 수 있지만(초·중등교육법 제63조 제2항) 이는 사립학교의 자율성과 학생의 학습권을 해할 우려가 있으므로 교육감이 시정.변경명령과 그 위반에 대한 조치를 취할 때에는 신중을 기할 필요가 있다는 점도 함께 고려하여야 한다.

이러한 사정을 모두 종합하여 본다면, 비록 서울특별시 교육감과 담당 공무원이 한 위와 같은 조치들만으로는 피고 학교법인의 위법한 종교교육이나 퇴학처분을 막기에는 부족하여 결과적으로 원고의 인격적 법익에 대한 침해가 발생하였다고 하더라도, 교육감이 더 이상의 시정·변경명령 권한 등을 행사하지 아니한 것이 위 법리에서 말하는 것과 같이 객관적 정당성을 상실하였다거나 그와 같은 상황 아래서 현저하게 합리성을 잃어 사회적 타당성이 없다고 볼 수 있는 정도에까지 이르렀다고 하기는 어렵다.

같은 취지의 원심 판단은 수긍할 수 있고, 거기에 상고이유에서 주장하는 바와 같은 공무원의 지도감독 권한 또는 시정·변경명령 권한 등의 불행사로 인한 불법행위책임의 성립에 관한 법리오해 등의 위법이 없다.

3. 결론

그러므로 원심판결 중 피고 학교법인에 대한 부분을 파기하고 이 부분 사건을 다시 심리·판단하게 하기 위하여 원심법원에 환송하며, 피고 서울특별시에 대한 상고를 기각하기로 하고, 상고기각 부분에 관한 상고비용은 패소자가 부담하기로 하여, 주문과 같이 판결한다.

이 판결에는 피고 학교법인에 대한 상고이유 중 종교교육에 관한 판단에 대한 대법관 안대희, 대법관 양창수, 대법관 신영철의 반대의견과 징계처분에 관한 판단에 대한 대법관 양승태, 대법관 안대희, 대법관 차한성, 대법관 양창수, 대법관 신영철의 반대의견, 피고 서울특별시에 대한 상고이유의 판단에 대한 대법관 박시환, 대법관 이홍훈, 대법관 전수안의 반대의견이 있는 외에는 관여 법관들의 의견이 일치되었다.

4. 피고 학교법인에 대한 상고이유 중 종교교육에 관한 판단에 대한 대법관 안대희, 대법관 양창수, 대법관 신영철의 반대의견

가. 다수의견은 피고 학교법인이 행한 이른바 종파교육이 원고의 종교에 관한 인격적 법익을 침해하는 위법한 행위라고 하고, 나아가 그러한 교육을 실시할 경우 그로 인하여 인격적 법익을 침해받는 학생이 있을 것임은 충분히 예견·회피될 수 있어서 피고 학교

법인의 과실 역시 인정된다고 한다. 그러나 이와 같이 다수의견이 이 부분 불법행위책임을 긍정한 것에는 다음과 같은 이유로 찬성할 수 없다.

나. 다수의견도 인정하고 있는 바와 같이, 학교법인은 학생과 마찬가지로 헌법상의 기본권을 향유하는 주체이고, 종교단체가 설립한 종립학교에서 종교교육을 할 자유는 헌법 제20조에 의하여 보장되는 종교의 자유 및 헌법 제10조, 제31조 제1항, 제4항에 의하여 보장되는 사학의 자유에 의하여 뒷받침되는 기본권이자 우리나라의 기본적인 가치질서에 해당한다. 그리고 종립학교는 특정 종교의 교리에 대한 이해를 더욱 깊게 하고 또 이를 전파하는 것을 건학이념으로 하여 설립된 사립학교이므로 종립학교에서 특정 종교에 관한 교육을 실시하는 것은 그 존립의 목적을 구현하기 위한 핵심적 사항에 해당한다. 또한 이러한 종교교육을 할 자유는 그 특정 종교를 신앙하는 학생들에 대한 관계에서 뿐만 아니라 종교를 가지지 아니한 학생들이나 그 특정 종교와 다른 종교를 가진 학생들에 대한 관계에서도 마찬가지로 보장되는 것이다. 그러므로 국가가 이러한 종립학교에 대하여 교육의 공공성을 이유로 하여 교과과정 등을 지도·감독할 수 있다고 하더라도 종립학교가 가지는 종교의 자유의 본질적 내용을 침해할 수는 없으며, 동시에 그러한 간섭은 필요한 최소한도에 그쳐야 한다.

한편 헌법에 규정된 모든 기본권은 각자 독자적인 의미와 기능을 가지며 국가공동체의 다양한 이해관계를 조성하는 핵심적 가치질서로서 서로 동등한 지위에 있는 것이라고 보아야 할 것이므로, 충돌되는 기본권 상호간에 쉽사리 그 우열을 논할 수 없다. 그러므로 사회공동생활에서 하나의 법률관계를 둘러싸고 둘 이상의 기본권이 충돌하는 경우에 그 우열을 비교하여 그 중 하나의 기본권의 행사를 다른 기본권의 침해로 보아 이를 위법행위로 단정하는 일은 가급적 피하지 않으면 안 된다. 특히 이 사건과 같이 상호 충돌되는 기본권들이 모두 외부적으로 표현되는 이른바 상대적 기본권으로서 동등한 지위에 있는 때에는 그 기능과 효력을 유지할 수 있는 조화점이 모색되어야 하고, 이 점은 다수의견도 수긍하고 있는 바이다.

다. 원래 종립학교의 종교교육은 학생이 그 학교를 선택하여 입학한다는 자발적인 동의에 의하여 정당화된다. 학생은 학교에 자발적으로 입학함으로써 그 학교의 독자적인 설립이념 및 이에 근거한 교육목표나 교과과정 등 자율적 질서에 편입되는 것을 포괄적으로 승인하는 것이다. 그런데 우리나라에서는 고등학교 평준화정책의 시행으로 그 정책이 시행되는 지역에 거주하는 학생들은 자신이 원하는 학교를 선택할 수 없게 되었고, 나아가 종교를 가지지 아니한 학생들이 종립학교에 배정되거나 종교를 가진 학생들도 자신의 종교와 다른 종교를 설립이념으로 하는 종립학교에 배정되는 일이 발생하게 되었다. 그 결과 학생이 종립학교의 자율적 질서에 편입되는 근거를 학생 자신의 동의에 근거한 것이라고 보기 어려운 면이 있는 것도 사실이다.

그러나 종립학교가 국가의 고등학교 평준화정책 및 학교 강제배정제도에 따라 학생을 배정받게 되었다 하여서 종립학교가 본래 가지는 헌법상의 기본권인 종교교육의 자유까지 당연히 제한된다고 보기는 어렵다. 이에 따라 종교교육을 실시하는 종립학교와 그 종교를 신앙하지 아니하는 학생들의 소극적 종교의 자유 사이에 갈등이 생긴다고 하더라도, 이러한 문제는 기본적으로 국가가 위와 같은 교육정책을 실시한 데 기인한 것이므로 그 해결에 관한 제1차적인 책임도 국가에 있다고 할 것이다.

따라서 국가로서는 모든 학생이 능력에 따라 균등하게 교육을 받을 수 있도록 국. 공립학교를 설치·운영하여 종립학교 진학을 희망하지 아니하는 학생들이 본인의 의사에 반하여 종립학교에 배정되는 일이 발생하지 않도록 하는 것이 바람직하다는 데에는 의문이 없다. 그러나 사립학교가 고등학교 교육에서 차지하는 비중이 현저하여 종립학교를 포함한 사립학교를 대상으로 학교 강제배정 제도를 실시하는 것이 우리나라의 교육 현실과 국가의 교육재정 등에 비추어 불가피하다고 한다면, 사립학교 중 상당수가 종립학교라는 실정 등을 감안하여 적어도 이러한 제도의 시행으로 야기되는 문제점에 대한 해결 방안을 마련할 책임은 국가가 부담하여야 하고 이를 해결할 책무를 종립학교에게 전가할 성질의 것은 아니라고 보아야 할 것이다.

이러한 점에서 이 사건 교육부고시의 내용을 살펴보면, 그 고시는 종립학교는 종교 과목 수업을 부과할 경우에는 종교 이외의 과목을 포함, 복수로 편성하여 학생에게 선택의 기회를 주어야 한다고 규정하고 있다. 그러나 위 고시는 교육행정상의 규제에 관한 것일 뿐 학생에게 학교에 대한 관계에서 그 이행을 구할 권리를 부여하는 것은 아니라는 점, 국가가 종립학교를 위하여 위 고시 내용을 구체적으로 실현할 수 있도록 별도의 인적·물적 지원을 지원하였다고 볼 만한 아무런 자료가 없는 점 등 제반 사정을 감안하여 보면, 종립학교가 종교과목을 수강하는 대다수의 학생들과는 별도로 소수의 학생들을 위하여 대체과목 수강 등의 기회를 충분히 제공하지 못하였다 하여 이를 사법상 위법한 행위라고 평가하기는 어렵다고 할 것이다.

라. 학교교육은 건전한 양식을 가지고 타인과 더불어 살아가는 민주 시민을 양성하기 위한 전인적 교육이고(교육기본법 제2조, 제9조 제3항), 종교교육은 학생들의 올바른 심성과 가치관을 기르는 데에 도움이 될 수 있는 것이다. 또한 우리나라는 다양한 종교와 이를 믿는 사람들이 서로를 존중하며 살아가는 사회이고 우리나라 국민은 종교적 관용을 자랑스러운 전통으로 여기고 있다. 그러므로 고등학교 평준화정책 및 학교 강제배정제도의 실시로 특정 종립학교에서 그 설립이념과 다른 종교를 가지거나 또는 종교가 없는 학

생들이 그 설립이념인 종교를 신앙하는 학생들과 함께 교육을 받게 되었다 하더라도 종립학교가 종교과목의 부과 등과 관련하여 일정한 제약을 받는 것과 마찬가지로 학생 역시 일정한 범위 내에서는 종립학교에서 실시하는 종교수업과 종교 행사는 물론 선교행위 등도 이를 용인할 의무를 부담한다고 보아야 한다. 이는 타인에 대한 존중과 배려이기도 하지만 법질서의 통일성을 지키고 조화로운 국가공동체를 유지하는 데 필요한 대가로서 일정한 한도 내에서는 감내하여야 할 성질의 것으로 볼 수 도 있을 것이다.

더욱이 종교가 없는 사람이나 다른 종교를 가진 사람이라고 하더라도 선교를 통하여 종교를 가지게 되거나 개종을 할 수도 있다. 이러한 종교 선택이나 개종은 한 번의 선교로 바로 이루어지는 것이 아니라, 지속적인 선교와 그에 따른 내면에서의 진지한 성찰과 반성 심지어는 내적 갈등을 통하여 그 특정 종교에서 말하는 신이나 피안의 세계 등에 대한 종교적 확신을 가질 때 비로소 이루어진다는 특성이 있다. 그러므로 종교 선택이나 개종을 위하여는 당연히 어느 정도의 기간 동안 내면적인 갈등이나 혼란이 생길 수 있고 오히려 그러한 갈등 등이 생기는 것이 일반적이다. 물론 종립학교에서 종교교육을 실시할 경우 생길 수 있는 이러한 갈등이나 혼란 등을 학생이 원하지 아니 할 수도 있다. 그러나 무릇 인간이 종교적 정체성을 비롯한 자신의 정체성과 가치관을 정립하려면 이미 자신이 가진 것과는 다른 세계관·가치관·종교관 등과 부딪히며 숱한 내면적 갈등과 심적인 고민의 과정 등을 겪어야 하고, 이러한 과정 속에서 다양한 세계관·가치관·종교관에 대한 자신 나름의 검증과 비판의 기회를 가지게 되며, 이를 통하여 자신의 정체성을 형성하거나 더욱 공고하게 다지는 것이다. 특히 고등학생 시절은 아직 성년에 이르지 못한 학생들이 자신의 종교적 정체성을 탐색해 가는 중요한 성장기라는 점을 감안하면, 그 과정에서 어느 정도의 내면적인 갈등과 혼란 등을 겪는 것은 오히려 정신적으로 건강한 성인으로 성장하기 위해서 반드시 거쳐야 할 과정으로 볼 수도 있다. 따라서 종립학교가 시행하는 종교교육이 개인의 성장과정에서 겪을 수 도 있는 종교적 갈등이나 혼란 등을 야기하였다거나 이에 대하여 학생이 다소간 불만을 표시한 것만으로 섣불리 이를 한계를 벗어난 종교교육으로 보아 제한할 것은 아니다.

종립학교에서의 종교교육을 지나치게 제한하여 불법행위의 성립을 넓게 인정한다면, 헌법상 보장된 종교교육의 자유를 심하게 침해하는 결과를 초래하여 종교교육을 위축시킬 것은 물론이거니와, 종교단체의 사립학교 설립 등 교육투자를 크게 위축시키는 부작용을 초래할 수 있다. 이는 종교단체가 설립한 사립학교의 공교육 담당 비율이 상당한 수준에 이르고 있는 우리나라에서 자칫 공교육의 부실로도 이어질 수 있고, 다른 한편으로 학생들이 다양한 종교적 자극을 받고 그를 통하여 자신이 신앙할 종교를 선택할 기회를 제한받게 되는 결과가 될 수도 있어 바람직하다고 보기 어렵다.

마. 이상과 같이 생각하여 보면, 결국 종립학교의 종교교육이 그 허용되는 한계를 벗어나서 위법하다고 평가되어 불법행위가 성립된다고 볼 수 있으려면, 그 종교교육이 보편적이고 건전한 사회인의 양성이라는 교육목적에 전혀 어울리지 아니하는 것이 아닌 한, 학생이 자신의 종교적 신념이나 확신에 기초하여 종립학교의 종교교육을 거부 한다는 의사를 명시적으로 표시하거나 또는 이와 동일하게 평가될 수 있는 행동을 하였음에도 그러한 학생에게 전학의 기회를 부여하는 등 보완책을 제시하지 아니한 채 종교의 자유를 가지는 학생이 인격적 가치를 무시하여 일방적으로 종교교육을 강제한 것임이 인정되어야 할 것이다.

그리고 위와 같은 종교교육 거부의 의사가 학생 자신의 종교적 신념이나 확신에 기초한 것인지를 판단함에 있어서는 고등학생이라는 그 연령대가 아직 감정의 기복이 심하고 인격적으로 미성숙의 성장단계임을 감안한다면 학생 본인의 의사표현만 가지고 판단할 것이 아니라 부모의 태도 등을 충분히 고려하여 본인의 진지한

성찰을 거친 것임이 명확히 확증될 수 있어야 하고, 나아가 부모도 이에 동의한 경우라야 할 것이다.

바. 원심판결 이유에 의하면, 원고는 2002년 입학 당시 ○○고등학교에서 이루어지는 기독교 교육과 함께 모든 교과교육을 충실히 받겠다고 선서하였고 학생회장으로 취임하면서도 학교의 교육방침에 따르겠다는 내용의 서약을 한 사실, 원고는 2004년 6월경 교내방송을 하기까지 2년이 넘는 상당한 기간 동안 몇 차례 종교행사에 관한 불만을 나타내기는 하였으나 곧 교사의 권유에 따라 기독교의식이 포함된 각종 학교행사에 적극적으로 참여하였고 종교과목 수업에 대하여는 아무런 이의제기를 하지 않았으며 원고의 부모도 위 교내 방송 이전까지는 종교교육에 대하여 아무런 이의제기를 하지 아니하였던 사실, 원고와 같은 학년의 학생 1명이 종교행사를 거부하고 전학을 간 사례가 있었음에도 원고나 그의 부모는 전학을 요구한 일이 없었고 위 교내 방송 이후에는 학교 측에서 오히려 전학을 적극적으로 권유하였는데도 이를 거부한 사실, ○○고등학교는 종교과목에 대하여 별도의 시험평가를 실시하지 아니하였고, 따라서 이를 성적 등에 반영한 일이 없는 사실 등을 알 수 있다.

이와 같이 원고는 그와 같은 종교교육에 대하여 위 교내 방송 이전까지 자신의 종교적 신념이나 확신에 기초한 명시적인 거부의사를 표시하지 아니하였고 오히려 이를 따르겠다고 선서하고 적극적으로 참여하기도 하였고, 더구나 미성년인 원고를 보호하고 교육할 권한과 의무를 지닌 그의 부모 역시 피고 학교법인의 종교교육에 대하여 아무런 거부의사를 표시하지 아니하였다. 그렇다고 하면 아직 미성년자인 원고가 위 교내 방송 이후로 표시한 피고 학교법인의 종교교육에 대한 거부의 의사표시가 일시적·즉흥적인 것이 아니라 숙고한 결과로 얻어진 종국적인 결단에 기하여 종전의 종교교육 수용의 의사를 번복하여 행하여진 것인지가 의심된다고 하지 않을 수 없다. 또한 설사 그 점이 인정된다고 하더라도 그 의사표시에 대한 친권자인 부모의 동의를 인정할 아무런 자료가 없다.

그러므로 피고 학교법인이 원고의 위와 같은 의사표시에 지체없이 대응하여 인적 및 물적인 설비를 새롭게 마련하고 종교 이외의 과목을 편성하는 등의 조치를 취하지 아니하고 종전과 같은 종교교육을 실시한 것이 위법한 것으로 평가될 수는 없다고 할 것이다.

한편 원고가 위 교내 방송으로써 학교의 종교교육에 대한 종국적인 거부의사를 부모의 동의 아래 명확하게 밝혔다고 하더라도 그 이후에도 피고 학교법인이 종전대로 종교교육을 실시하였는지를 인정할 자료가 충분하다고 할 수 없고, 또 설령 그와 같이 실시되었다고 하여도 종립학교의 종교교육의 한계를 벗어난 것이라고 쉽사리 단정할 수 없다.

사. 또한 설사 이 사건에서 피고 학교법인의 종교교육이 그 한계를 넘어 위법한 것으로 평가될 수 있다고 하더라도, 피고 학교법인에게 이러한 위법한 종교교육을 실시한 것에 대하여 과실이 있다고 할 수 없다.

(1) 우선 종립학교가 행하는 종교교육이 학생의 소극적 종교의 자유를 침해하여 위법한지 여부에 대한 평가는 위에서 다수의견도 누누이 말하는 것처럼 헌법상의 여러 가치와 우리의 교육 현실을 종합적으로 고려한 이후에야 비로소 판단할 수 있는 매우 어려운 일이다. 이러한 미묘한 이익형량과 종합적인 고려를 통하여 비로소 해결책이 도출될 수 있는 어려운 문제에 관하여, 이제 강제배정제도가 실시됨을 계기로 종립학교가 종전부터 행하여져 오던 종교교육에 관하여 법적으로 허용되는 것과 허용되지 아니하는 것의 경계 설정에 관하여 스스로 적절한 판단을 하고, 그 허용된 것의 한계 내 에서 종교교육이 행하여지도록 종전의 종교교육에 변경을 가하는 등의 조치를 취하지 아니하였다고 하여도 종립학교 측에 과실이 있다고 하기는 어려운 것이다.

일찍이 대법원 1973. 10. 10. 선고 72다2583 판결이 "법령의 해석이 복잡 미묘하여 어렵고 학설·판례가 통일되지 아니한 때에 공무원이 신중을 기해 그 중 어느 한 설을 취하여 처리한 경우에는 그 해석이 결과적으로 위법한 것이었다 하더라도 국가배상법상 공무원의 과실을 인정할 수 없다"고 판시한 이래로, 대법원은 행정청이 위법한 행정 처분을 행한 경우에 대하여 그 행정처분이 위법하는 것 자체만으로 곧바로 공무원의 고의 또는 과실로 인한 불법행위를 구성한다고 단정할 수 없고, 행정청이 관계 법령의 해석이 확립되기 전에 어느 한 설을 취하여 업무를 처리한 것이 결과적으로 위법하게 되어 그 법령의 부당집행이라는 결과를 빚었다고 하더라도 처분 당시 그와 같은 처리 방법 이상의 것을 성실한 평균적 공무원에게 기대하기 어려웠던 경우라면 특별한 사정이 없는한 이를 두고 공무원의과실로 인한 것이라고 볼 수 없다고 여러 차례 판시한 바 있다. 이러한 판단이 반드시 행정처분의 특성으로 말미암은 것으로서 위법한 처분을 한 행정청의 불법행위책임 성립 여부에 한정하여 적용되는 것이라고 볼 이유는 없다.

또한 대법원은 —이는 다수의견이 징계처분으로 인한 불법행위책임에 관한 판단에서 이미 원용하였지만— 징계권의 일탈·남용으로 인한 불법행위책임 성립과 관련하여, 징계권자의 피징계자에 대한 징계의 양정이 결과적으로 재량권을 일탈남용한 것이라고 인정되어 징계처분이 무효라고 판단된다 하더라도 그것이 법률전문가가 아닌 징계위원들의 징계 경중에 관한 관련 규정의 해석 잘못에 불과한 경우에는 그 징계의 양정을 잘못한 징계위원들에게 불법행위책임을 물을 수 있는 과실이 없으며, 또 피징계자에 대한 불이익처분을 할 당시의 객관적인 사정이나 근로자의 비위행위 등의 정도, 불이익처분을 하게 된 경위 등에 비추어 피징계자의 비위행위가 불이익처분 사유에 해당한다고 판단한 것이 무리가 아니었다고 인정되고 아울러 소정의 적법한 절차 등을 거쳐서 당해 불이익처분을 한 것이라면, 징계권자로서는 피징계자에 대하여 불이익처분을 하면서 기울여야 할 주의의무를 다한 것으로 보아야 하므로, 비록 당해 불이익처분이 사후 법원에 의하여 무효라고 판단되었다 하더라도 거기에 불법행위책임을 물을 만한 고의·과실이 없다는 태도를 확고하게 취하고 있다(최근의 재판례만을 들자면, 대법원 2008. 1. 31. 선고 2005두8269 판결 등 참조).

이러한 입장에서 보면, 이 사건에서 논의되고 있는 종립학교의 종교교육의 한계 설정이라는 극히 어려운 문제와 관련하여서도 종전과 같은 종교교육을 실시하여도 위법하지 아니하다고 판단한 것에 어떠한 무리한 점이 있다고 보기 어려워 과실이 없다고 할 것이므로, 역시 피고 학교법인의 불법행위책임은 부정되어야 한다.

(2) 더욱이 원심판결 이유에서 알 수 있듯이, 피고측의 ○○고등학교는 평준화정책 훨씬 이전인 1947년경에 개교하여 그 때부터 수십 년에 걸쳐 종교과목을 필수과목으로 하는 등 종교교육을 실시하여 왔는데 그 동안 ○○고등학교에 재학한 수많은 학생 중에 이러한 종교교육에 이의를 적극적으로 제기한 학생이 있었다는 자료를 찾을 수 없다. 이와 같이 오랜 기간 동안 이루어진 종교교육에 대하여 특별한 이의제기가 없었다면 피고 학교법인으로서는 자신의 종교교육이 정당하다는 데에 대한 강한 확신을 가졌을 것이라고 쉽게 짐작할 수 있다. 그러한 사정 아래에서 피고 학교법인에게 학교 강제배정제도가 시행되었다고 자신의 존재의의가 부정될 수 있는 종교교육 방식의 변경을 기대하는 것은 현실적이라고 보기 어렵다.

(3) 나아가 일찍이 대법원은, 기독교 재단이 설립한 사립대학이 학칙으로 6학기 이상의 대학예배 참석을 졸업요건으로 정하고 있더라도 위 대학교의 대학예배는 목사에 의한 예배뿐만 아니라 강연이나 드라마 등 다양한 형식을 취하고 있고 학생들에 대하여도 예배시간의 참석만을 졸업의 요건으로 할 뿐 그 태도나 성과 등을 평가하지는 않는다는 점에서, 위 대학교의 예배는 복음 전도나 종

교인 양성에 직접적인 목표가 있는 것이 아니고 신앙을 가지지 않을 자유를 침해하지 않는 범위 내에서 학생들에게 종교 교육을 함으로써 진리·사랑에 기초한 보편적 교양인을 양성하는 데 목표를 두고 있다고 할 것이므로, 위와 같은 학칙은 헌법상 종교의 자유에 반하는 위헌무효의 학칙이 아니라고 판시한 바 있다(대법원 1998. 11. 10. 선고 96다37268 판결 참조).

이와 같은 대법원의 견해는 비록 종립대학에 관한 것이기는 하지만 그 판시에 표명된 사립학교의 종교교육의 자유 및 사학의 자유 보장에 관한 취지는 이 사건 종립학교에도 궤를 같이한다. 더욱이 위 대법원판결의 사안은 대학예배 참석을 학생의 신분관계에 절대적 영향을 미치는 졸업요건으로 한 것이었다는 점에서(이에 반하여 앞서 본대로 이 사건 종교교육 등에 관하여는 학교 측이 그 수행 정도를 졸업요건으로 삼지 않은 것은 물론이고, 어떠한 평가대상으로조차 삼지 않았다) 전체 종립학교가 종교교육에 관한 규범적 판단기준을 형성하는 데 영향을 미쳤을 것이라는 점도 충분히 예상할 수 있는 것이다.

아. 그러므로 같은 취지에서 피고 학교법인의 불법행위책임을 부정한 원심판결은 정당하고 다수의견은 부당하며, 원고의 이 부분 상고이유의 주장은 받아들일 수 없는 것이다.

이상과 같이 다수의견에 찬동하지 아니하는 이유를 밝혀 둔다.

5. 피고 학교법인에 대한 상고이유 중 징계처분에 관한 판단에 대한 대법관 양승태, 대법관 안대희, 대법관 차한성, 대법관 양창수, 대법관 신영철의 반대의견

가. 다수의견은 원고에 대한 퇴학처분은 그 징계의 이유로 된 사실이 퇴학처분의 사유에 해당한다고 볼 수 없음이 객관적으로 명백하고 징계권자 또는 징계위원들이 조금만 주의를 기울이면 이와 같

은 사정을 쉽게 알아 볼 수 있음에도 징계에 나아간 것으로 그 징계권의 행사가 우리의 건전한 사회통념이나 사회상규에 비추어 용인될 수 없음이 분명하여 원고에 대하여 불법행위가 된다고 한다. 그러나 이러한 다수의견에는 아래와 같은 이유로 동의할 수 없다.

나. 징계가 징계양정을 그르친 것에 해당하여 결과적으로 징계의 재량권을 일탈한 것으로 판단되는 경우라고 하더라도 그 징계가 징계대상자의 소행, 평소의 태도, 개전의 정 등을 참작하여 학칙에 정한 징계절차에 따라 징계위원들이나 징계권자의 자율적인 판단에 따라 행하여진 것이고, 실제로 인정되는 징계사유에 비추어 그 정도의 징계를 하는 것도 무리가 아니라고 인정되는 경우라면, 특별한 사정이 없는 한 법률전문가가 아닌 징계위원들이나 징계권자가 징계의 경중에 관한 법령의 해석을 잘못한 데 기인하는 것이라고 보아야 할 것이어서, 이러한 경우에는 징계의 양정을 잘못한 것을 이유로 불법행위책임을 물을 수 있는 과실이 있다고 할 수 없는 것이다(다수의견이 인용하고 있는 대법원 1997. 9. 9. 선고 97다20007 판결 등 참조). 그리고 징계처분에서 징계사유로 되지 아니한 비위사실이나 피징계자의 평소의 소행 등도 징계양정의 참작자료로는 삼을 수 있다(대법원 1998. 5. 22. 선고 98다2365 판결, 대법원 2002. 5. 28. 선고 2001두10455 판결 등 참조).

그러므로 이 사건 퇴학처분의 이유가 된 사실이 퇴학처분의 사유에 해당한다고 볼 수 없음이 객관적으로 명백하고 징계권자 또는 징계위원들이 조금만 주의를 기울이면 이러한 사정을 쉽게 알아 볼 수 있음에도 징계를 한 것으로서 징계권의 행사가 우리의 건전한 사회통념이나 사회상규에 비추어 용인될 수 없음이 분명한 경우에 해당하는지 여부를 판단함에 있어서는 징계사유 뿐만 아니라 그 징계양정에 참작한 비위사실 등도 종합적으로 고려하여야 한다.

다. 이 사건에서 본다. ○○고등학교는 당초 원고가 담임교사에게 불손한 반항을 하였고, 2003. 11. 학교의 명예를 실추한 사건에 대한 가중처벌이 필요하며, 학교 공동 기물을 무단으로 사용하였고, 학생회장 신분으로 학생들을 선동하였다는 등의 징계사유로 이 사건 퇴학처분을 하였으나 위 퇴학처분의 효력을 다투는 관련 소송에서 교사에게 불손한 반항을 하였다는 것 이외의 징계사유는 정당한 징계사유로 인정되지 않았다.

그러나 우선 징계사유로 인정된 원고의 담임교사에 대한 문제된 언행은 그 방식이나 내용에 있어서 학생으로서 스승에게 취할 수 있는 것으로는 도저히 보기 어려운 불손한 것으로 결코 사소한 잘못이라 할 수 없고, 나머지 징계사유에 해당하는 사실들도 비록 위 관련 소송에서 정당한 징계사유로 인정되지 아니하였으나 징계양정의 자료로는 삼을 수 있는 비위사실에 해당한다고 보인다.

즉 원심판결 이유에 의하면, 원고는 ○○고등학교의 학생회 부회장으로 있던 2003. 11.경 외부 단체로부터 지원을 받아 교내 급식의 개선을 요구하는 배지와 학생의 날 행사 관련 유인물을 만들어 등교시간에 학생들에게 배포하고 생활지도부장의 인증 없이 대자보를 교실에 부착한 행위로 인하여 그 무렵 학생선도위원회에 회부되었다가 정식의 징계결의 없이 지도차원에서 훈계에 처하는 결정을 받았다는 것인바, 위와 같은 원고의 행위는 원고가 학생회 간부의 지위에 있으면서 학교 내부의 문제를 합리적인 절차를 통하여 해결하려고 하지 아니하고 외부 단체의 도움을 받아 다수 학생들의 의사표현인 것처럼 공론화시킴으로써 학교 내부의 갈등을 조장한 것으로 이 사건 징계양정의 불리한 참작자료가 될 수 있다. 또한 원고가 무단으로 교내방송을 한 것을 ○○고등학교의 학칙에 정한 징계사유로 보기는 어렵다 하더라도, 이러한 원고의 행동은 종교의 자유를 내세워 의도적으로 돌출적인 행동을 하려고 한 것으로 볼 수 있고, 정상적인 절차와 방법으로 학교에 대하여 종교교육에 대한 시정을 요구하지 않고 곧바로 과격한 행동으로 나아간 것으로 학교의 공공시설인 방송실을 정당하지 못한 목적으로 사용한 것으로 볼 수 있다. 한편 원고가 학생회장이라는 지위에서 학생들을 상대로 교내방송을 통해 종교교육에 관한 학교의 방침을 정면으로 비판하면서 앞으로 수요예배를 거부하겠다는 취지의 발언을 한 것은 원고가 학교에 대하여 자신의 의사를 전달하고 이를 관철시키기 위하여 학생회장의 지위를 남용한 것으로 볼 수 있고 객관적으로 보아 학생들의 동참을 선동한 것으로 보일 여지도 있어, 이러한 점들도 원고에 대한 불리한 징계양정의 자료가 될 수 있다.

따라서 징계권자인 ○○고등학교장이나 징계위원들인 학생선도위원들이 이러한 원고의 소행, 평소의 학업 태도, 개전의 정 등을 참작하여 자율적인 판단에 따라 징계결정을 한 것으로 보이는 이 사건에서, 교사에 대한 불손한 반항이라는 위 징계사유와 아울러 위와 같은 여러 가지 징계양정 사유들을 참작하면, 이 사건 징계처분의 이유로 된 사실만으로 원고가 개전의 가망이 없다고 단정하기에는 부족하여 퇴학처분이라는 징계양정이 과하다고 볼 수는 있을지라도, 이 사건 징계에서 인정된 사실이 퇴학처분을 할 정도의 사유에 해당하지 아니함이 객관적으로 명백하였거나 징계권자 또는 징계위원들이 조금만 주의를 기울였더라면 이를 쉽게 알 수 있었던 경우에 해당한다고 보기는 어렵다. 또한 위와 같은 사정에다가 이 사건 징계결정에 앞서 담임교사가 수차례에 걸쳐 원고에게 종교교육 등에 대한 이의제기는 충분히 되었으니 자중하고 학교에 대해 사과하라는 등으로 충고하였고, ○○고등학교가 최종적인 퇴학처분에 앞서 원고에게 다른 학교로 전학을 갈 수 있는 선택권을 부여하기도 하였던 사정들을 종합해 볼 때, 비록 원고의 불손한 행동이 학교의 과도한 종교교육으로 인한 측면이 있고 결과적으로 이 사건 퇴학처분이 징계양정의 한계를 일탈하여 위법한 것으로 인정되었다는 사 정을 감안한다고 하더라도, 이는 법률전문가가 아닌 징계위원들이나 징계권자가 징계의 경중에 관한 법령의 해석을 잘못한 데 기인하는 것으로 보여서, 피고 학교법인에게 징계의 양정을 잘못한 것을 이유로 불법행위책임을 물을 수 있는 과실이 있다고 볼 수는 없다.

라. 그러므로 같은 취지의 원심의 판단은 정당하고, 원고의 이 부분 상고이유의 주장은 받아들일 수 없는 것이다.

6. 피고 서울특별시에 대한 상고이유에 관한 대법관 박시환, 대법관 이홍훈, 대법관 전수안의 반대의견

가. 서울특별시 교육감이 ○○고등학교의 종교교육 실시와 퇴학처분 등에 대하여 적절한 시정·변경명령 권한 등을 행사하지 아니한 것이 위법하다고 볼 수 없다는 다수 의견에는 아래와 같은 이유로 찬성할 수 없다.

나. 대법원은 종래 공무원의 부작위의 경우에도 공무원의 작위로 인한 국가배상책임을 인정하는 경우와 마찬가지로 '공무원이 직무를 집행하면서 고의 또는 과실로 법령을 위반하여 타인에게 손해를 입힌 때'라고 하는 국가배상법 제2조 제1항의 요건을 충족하면 국가배상책임이 인정됨을 밝혀 왔다. 여기서 '법령을 위반하여'라고 하는 것이 엄격하게 형식적 의미의 법령에 명시적으로 공무원의 작위의무가 규정되어 있는데도 이를 위반하는 경우만을 의미하는 것은 아니고, 국민의 생명, 신체, 재산 등에 대하여 절박하고 중대한 위험상태가 발생하였거나 발생할 우려가 있어서 국민의 생명, 신체, 재산 등을 보호하는 것을 본래적 사명으로 하는 국가가 초법규적, 일차적으로 그 위험 배제에 나서지 아니하면 국민의 생명, 신체, 재산 등을 보호할 수 없는 경우에는 형식적 의미의 법령에 근거가 없더라도 국가나 관련 공무원에 대하여 그러한 위험을 배제할 작위의무를 인정할 수 있는 것이며, 이를 위반하는 경우도 포함하는 것이다. 이러한 경우 위법성 판단의 전제가 되는 작위의무

는 공무원의 부작위로 인하여 침해된 국민의 법익 또는 국민에게 발생한 손해가 어느 정도 심각하고 절박한 것인지, 관련 공무원이 그와 같은 결과를 예견하여 그 결과를 회피하기 위한 조치를 취할 수 있는 가능성이 있는지 등을 종합적으로 고려하여 판단하여야 한다(대법원 1998. 10. 13. 선고 98다 18520 판결, 대법원 2001. 4. 24. 선고 2000다57856 판결, 대법원 2008. 10. 9. 선고 2007다40031 판결 등 참조). 이와 같이 국가배상법에서의 위법이라는 개념은 법령에 명문으로 정해진 작위의무의 위반뿐만 아니라 관련 법규 및 조리를 종합적으로 고려할 때 인정되는 공무원의 직무상 손해방지 의무에 대한 위반을 포함하는 것이다. 또한 위와 같은 사정 아래에서 작위의무를 인정하는 결과, 그 작위의무의 판단 자체에 공무원의 예견가능성이나 회피가능성이라는 과실 요소에 관한 판단이 포함되게 되므로 위와 같이 인정되는 작위의무를 위반한 경우에는 특별한 사정이 없는 한 과실은 당연히 인정된다고 보아야 한다. 이러한 관점에서 서울특별시 교육감의 시정·변경명령 등의 불행사가 국가배상법 제2조 제1항의 요건을 충족하는지 살펴본다.

다. 종교의 자유는 우리 법상의 최고의 가치인 인간의 존엄성을 실현하기 위한 불가결의 조건이고 정치와 종교가 분리되어 있고 사회 내의 다양한 종교들 사이에 종교적 관용이 요청되는 민주사회의 기초가 된다는 점에서, 그 중요성은 생명, 신체라는 법익에 결코 못지않고 재산권보다 오히려 우위에 있다고도 할 수 있다.

그리고 자신의 종교적 신념에 반하는 행동을 강제당하지 아니하는 것이 소극적 신앙고백의 자유와 소극적 신앙실행의 자유의 가장 본질적이고 유일한 내용이라 할 수 있으므로, 종립학교가 학교강제배정제도에 의하여 신앙을 가지지 않았거나 학교와 다른 신앙을 가졌음에도 그 학교에 입학하게 된 학생들을 상대로 참가의 실질적인 자율성을 보장하지 않거나 자유로운 상태에서의 동의를 받지 아니한 채 특정 종교교리를 전파하는 종파교육 형태의 종교교육을 강행하여 학생이 자신이 원하지 아니하는 종파교육에 노출되게 하는 것은 이러한 소극적 신앙고백의 자유와 소극적 신앙실행의 자유에 대한 본질적인 침해라고 할 수 있을 만큼 중대하고 절박한 침해라고 볼 수 있다.

나아가 종립학교가 공립학교와 동일하게 공교육체계에 편입되고 강제로 배정된 학생들을 대상으로 교육을 담당하고 있는 우리나라 교육 현실상 그러한 종립학교에서 이 사건 교육부고시를 제대로 이행하지 아니하거나 학생의 동의 없이 종파교육을 실시할 가능성이 상당함은 부정할 수 없으므로 학생에 대한 위와 같은 중대한 침해가 발생할 가능성이 매우 높다고 예견할 수 있고, 이러한 침해는 교육감의 적절한 시정·변경명령권의 행사로 충분히 회피할 수 있는 것이다. 이러한 교육감의 시정·변경명령 권한은 교육의 공공성 확보와 학생들의 종교의 자유 및 인격권이라는 헌법적인 가치의 수호를 위하여 적극적으로 활용될 필요가 있고, 초·중등교육법이 시정·변경명령이 일정 기간 내 불이행된 경우에는 교육감이 그 시정·변경명령의 대상이 된 행위를 직접 취소 또는 정지하거나 학교에 대하여 정원을 감축하는 등으로 강력한 제재를 가할 수 있도록 규정하여(제63조 제2항) 시정·변경명령의 이행 가능성을 담보하고 있는 것 역시 교육 시행과정에서 위와 같은 헌법적 가치를 수호할 교육감의 책무가 중요함을 잘 드러내고 있는 것이다.

원심에 제출된 증거에 의하면, 서울특별시 교육감 관할 고등학교 중학생의 의사와 무관하게 종교행사를 실시하고 대체과목의 개설 없이 종교과목 수업을 실시하는 학교가 상당한 수에 이르고 있음을 알 수 있고, 이러한 점과 서울시 공무원이 수차례 ○○고등학교를 방문하여 이 사건 교육부고시를 준수할 것을 지시하고 종교교육 현황을 점검하였다는 점 등을 종합하여 보면, 서울특별시 교육감은 ○○고등학교가 이 사건 교육부고시를 위반하면서 학생들에게 선택권을 부여함이 없이 종교교육을 강행하고 있었다는 것을 알고 있었거나 또는 충분히 알 수 있었다고 보인다.

따라서 종교의 자유라는 침해법익의 중대성·절박성 및 고도의 예견가능성이 인정되고 충분한 회피가능성이 보인다는 점을 종합적으로 고려한다면, 비록 초·중등교육법이 교육감에게 시정·변경명령 권한행사에 재량을 부여하였다고 하더라도 이와 같은 사정 아래에서는 서울특별시 교육감의 시정·변경명령 권한의 행사에는 재량의 여지가 거의 없어지고 특별한 사정이 없는 한 이를 행사할 의무만이 남게 된다고 할 것임에도, 위 교육감이 이를 행사하지 아니한 것은 고의 또는 과실로 법령을 위반한 것이라고 하지 않을 수 없다.

라. 초·중등교육법 제63조 제1항은 학교가 학사 및 기타 사항에 대하여 교육관계법령 또는 이에 의한 명령이나 학칙을 위반하는 경우에도 교육감에게 그 시정이나 변경을 명할 권한을 부여하고 있다. 그러므로 교육감은 학교장의 학생에 대한 퇴학처분 등 징계처분에 대하여도 당연히 시정·변경을 명할 권한을 가진다.

피고 학교법인에 대한 상고이유에 관한 다수의견에서 보듯이, 피고 학교법인의 원고에 대한 퇴학처분은 그 인정된 징계사유만으로는 학칙에서 정하는 퇴학처분 사유에 해당하지 아니함이 객관적으로 명백할 뿐만 아니라 징계처분권자 또는 징계위원들이 조금만 주의를 기울였더라면 이러한 사정을 쉽게 알 수 있었던 경우로서, 그러한 사유로 퇴학처분을 한 것은 징계권의 행사가 건전한 사회통념이나 사회상규상 용인될 수 없음이 분명하다.

이와 같이 사회통념이나 사회상규상 용인될 수 없이 원고에 대하여 불법행위를 구성할 정도로 심각한 불법성을 지닌 징계처분은 인간의 존엄성에 근거하는 인격권 및 교육을 받을 권리에 대한 중대한 침해이고 더구나 퇴학처분은 징계처분 중 가장 무거운 것으로 학생에게 심각하고 절박한 불이익을 가하는 것이 된다. 그런데 원심판결 이유에 의하면 서울특별시 교육감이 이러한 사실을 알았거나 충분히 알 수 있었던 것으로 보이므로, 그러한 상황 하에서 서울특별시 교육감이 ○○고등학교의 장에게 이에 대한 유효한 구제수단인 시정・변경명령 조치를 하지 않은 것 역시 조리 등에 의하여 인정되는 작위의무를 이행하지 아니한 것으로 고의 또는 과실로 법령을 위반한 것이라고 하지 않을 수 없다.

마. 한편 종립학교가 학교와 신앙이 다른 학생들에게 종파교육을 실시하는 경우 비록 이에 동의하지 아니하는 학생들에게 참여하지 아니할 자유를 보장한다고 하더라도, 그들이 학교 내에서 소수에 불과하다면 그러한 학생들은 불참가라는 사실 자체로 다른 다수의 학생들과 구별되게 되고 특별한 학생으로 취급받게 되므로 자신의 자유로운 의사에 따라 그러한 교육을 거부하는 것을 쉽게 기대하기는 어렵다. 교육과정에서의 학생의 지위는 성인이 공공장소에서 특정한 행사에 참가하거나 참가하지 않음으로써 자신의 신념을 표시할 수 있는 것과는 다르며, 주어진 학교 교육과정에 대하여 비판적으로 자신의 주장을 하기 어려운 미성년자라는 점을 고려하면 더욱 그러하다.

이러한 문제점은 학교가 학생에게 실질적인 참가의 자유를 보장하지 아니할 경우 더욱 심각하게 됨은 말할 나위가 없다. 종립학교가 종파교육을 실시하는 것을 전면적으로 금지할 수 없는 한 이를 해결하는 가장 좋은 방법은 그 학생에게 다른 학교로 전학할 수 있는 기회를 보장하는 것이라고 할 수 있다. 학생의 거주지 인근에 공립학교나 종파교육을 실시하지 아니하는 사립학교를 비교적 쉽게 찾을 수 있는 우리의 교육현실을 고려하면 이는 학생과 학교의 충돌하는 기본권을 직접 제한하지 않고 조화롭게 해결하는 좋은 대안이 될 수 있다.

따라서 학생의 전학에 관한 학칙을 인가하고(초・중등교육법 제8조 제1항), 교장이 학생의 교육상 교육환경을 바꾸어 줄 필요가 있다고 인정하여 전학을 추천한 자에 대하여 전학할 학교를 지정할 권한을 가지고 있는(초・중등교육법 시행령 제89조 제5항, 제73

조 제5항) 교육감은 종교가 다르다는 이유로 학교생활에 적응하지 못하는 학생들에게 인근의 공립학교나 비종교계 학교 혹은 학생과 동일한 종교교육을 실시하는 종립 학교로 전학할 수 있는 기회를 보장하여야 한다. 그런데 원심에 제출된 증거에 의하면, 서울특별시 교육감은 학교의 종교교육과 학생의 종교적 신념이 배치된다는 이유만으로는 전학이 불가능하도록 전학업무를 처리하여 왔음을 알 수 있는바, 이는 학생의 종교의 자유를 유효하게 보장할 수단을 학교나 학생이 선택할 수 없도록 한 것으로 적절하게 학사행정을 이끌고 지도할 교육감의 의무를 위반한 것에 다름 아니므로 이 역시 고의 또는 과실로 법령을 위반한 것이라는 점도 아울러 지적하여 둔다.

바. 그럼에도 원심이, 서울특별시 교육감이 시정·변경명령 등을 발하지 아니한 것이 위법하다고 단정하기 어렵다고 보아 피고 서울특별시의 손해배상책임을 부정한 조치에는 공무원의 부작위로 인한 국가배상책임의 성립요건에 관한 법리를 오해하여 판결에 영향을 미친 위법이 있다. 따라서 원심판결 중 피고 서울특별시에 관한 부분 역시 파기되어 원심법원으로 환송되어야 한다.

이상의 이유로 다수의견에 찬동하지 아니한다.

재판장 대법원장 이용훈, 주심 대법관 김영란,
대법관 양승태, 대법관 박시환, 대법관 김지형,
대법관 이홍훈, 대법관 김능환, 대법관 전수안,
대법관 안대희, 대법관 차한성, 대법관 양창수,
대법관 신영철, 대법관 민일영

[저자 소개]

• 전 용 득

검찰이사관
동의대학교대학원(법학박사)
동아대학교대학원(경영학박사)
고신대학교 겸임교수
타슈켄트 법과대학 교수
타슈켄트 동방학대학교 교수
All Naions Theological Seminary 교수

〈저 서〉

『교회생활과 법』(형지사, 2008)
『현대생활과 법』(청목출판사, 2008)
『생활법률강의』(신정, 2002)
『한국사회복지법강의』(공저, 학지사, 2003)
『법과 사회생활』(금정, 2003)
『피의자구속론』(법문사, 2000)
『기독교인을 위한 생활법률강좌』(제이컴, 2000)
『형법개설』(세종출판사, 2001)
『형사소송법개설』(세종출판사, 2001)

교회와 법(제2판)

2013년 2월 20일 중판인쇄
2013년 2월 25일 중판발행

저 자 전 용 득
발행인 유 성 열
발행처 **청목출판사**
서울특별시 영등포구 신길로 40길 20
전화 (02) 849-6157(代) · 2820
FAX (02) 849-0817
등록 제318-1994-000090호

파본은 바꾸어 드립니다. 값 17,000원

http : //www.chongmok.co.kr

ISBN 978-89-5565-520-9